Fortran 90 Kurs

technisch orientiert

Einführung in die Programmierung mit Fortran 90

von
Prof. Dipl.-Ing. Günter Schmitt

R. Oldenbourg Verlag München Wien 1996

Die Deutsche Bibliothek - CIP-Einheitsaufnahme

Schmitt, Günter:
Fortran-90-Kurs technisch orientiert : Einführung in die
Programmierung mit Fortran 90 / von Günter Schmitt. -
München ; Wien : Oldenbourg, 1996
  ISBN 3-486-23896-5

© 1996 R. Oldenbourg Verlag GmbH, München

Das Werk einschließlich aller Abbildungen ist urheberrechtlich geschützt. Jede Ver-
wertung außerhalb der Grenzen des Urheberrechtsgesetzes ist ohne Zustimmung des
Verlages unzulässig und strafbar. Das gilt insbesondere für Vervielfältigungen, Über-
setzungen, Mikroverfilmungen und die Einspeicherung und Bearbeitung in elektronischen Systemen.

Gesamtherstellung: R. Oldenbourg Graphische Betriebe GmbH, München

ISBN   3-486-23896-5
ISBN 978-3-486-23896-9

Inhaltsverzeichnis

Vorwort

Dieses Buch behandelt die Programmiersprache Fortran 90 mit technisch und naturwissenschaftlich orientierten Beispielen und Übungsaufgaben. Es entstand aus dem bewährten „Fortran Kurs" unter Berücksichtigung der neuen Fortran 90 Norm. Dabei wurde besonderer Wert auf die grundlegenden Programm- und Datenstrukturen gelegt, um auch dem Einsteiger, für den Fortran die erste Programmiersprache darstellt, allgemeingültige Programmierkenntnisse zu vermitteln. Besonderheiten des Fortran 90, die nur Anwendungsprogrammierer interessieren, wurden zugunsten der Grundlagen in Sonderabschnitte verlegt.

Alle Beispiele und Übungsaufgaben wurden mit einem Fortran 90 System (Literaturangabe [1] auf einem PC unter dem Betriebssystem DOS getestet. Die Lösungsvorschläge für die Übungen sind im Kapitel 8 abgedruckt. Die Begleitdaten enthalten neben den Quelltexten der Programmbeispiele und Lösungen der Übungsaufgaben auch die im Text eingestreuten unvollständigen Beispiele als komplette Programme. Die Daten sind unter http://www.oldenbourg.de erhältlich.

Günter Schmitt

1. Einführung

Dieses Kapitel beschreibt die Grundlagen der digitalen Rechentechnik. Die Verfahren und Schaltungen werden im Kapitel 6 mit Beispielprogrammen und Übungsaufgaben behandelt. Eilige Leser können diese Einführung zunächst überschlagen.

1.1 Die Darstellung von Daten

Daten sind Zahlen (Gehalt in DM), Zeichen (Buchstabe X), digitalisierte Meßwerte (Raumtemperatur) oder Steuersignale (Meldeleitung eines Druckers). Sie werden im Rechner *binär* gespeichert und verarbeitet. Binär bedeutet zweiwertig:

```
falsch   oder  .FALSE.  oder  0  oder  Low-Potential
 wahr    oder  .TRUE.   oder  1  oder  High-Potential
```

Bei der Ausgabe erscheinen binäre Speicherinhalte normalerweise in einer verkürzten oktalen bzw. hexadezimalen Darstellung entsprechend *Bild 1-1*.

binäre Darstellung				oktal		hexadezimal			dezimal
0	0	0	0	0	0	0	0H	$0	0
0	0	0	1	0	1	1	1H	$1	1
0	0	1	0	0	2	2	2H	$2	2
0	0	1	1	0	3	3	3H	$3	3
0	1	0	0	0	4	4	4H	$4	4
0	1	0	1	0	5	5	5H	$5	5
0	1	1	0	0	6	6	6H	$6	6
0	1	1	1	0	7	7	7H	$7	7
1	0	0	0	1	0	8	8H	$8	8
1	0	0	1	1	1	9	9H	$9	9
1	0	1	0	1	2	A	0AH	$A	10
1	0	1	1	1	3	B	0BH	$B	11
1	1	0	0	1	4	C	0CH	$C	12
1	1	0	1	1	5	D	0DH	$D	13
1	1	1	0	1	6	E	0EH	$E	14
1	1	1	1	1	7	F	0FH	$F	15

Bild 1-1: binäre, oktale, hexadezimale und dezimale Darstellungen

In Fortran und den anderen höheren Programmiersprachen arbeitet man bei der Eingabe und Ausgabe von Zahlen im gewohnten dezimalen Zahlensystem. Für die Beurteilung von numerischen Rechenungenauigkeiten und Fehlerzuständen ist es auch für den Fortranprogrammierer unerläßlich, sich mit der binären Darstellungs- und Arbeitsweise einer Rechenanlage vertraut zu machen. Die Normen der Fortran Sprache machen über die Art der Speicherung und Verarbeitung der Daten keine Aussage.

Ein *Bit* ist eine Speicherstelle, die einen der beiden logischen Zustände 0 oder 1 enthält. Ein *Byte* (8 bit) besteht aus 8 Bits, ein *Wort* (16 bit) aus zwei Bytes und ein *Doppelwort* (32 bit) aus vier Bytes. Weitere Einheiten sind das *Kilobyte* (1024 byte) und das Megabyte (1024 kilobyte). Die klein geschriebenen Bezeichnungen bit, byte usw. sind Maßeinheiten für den Informationsgehalt wie z.B. cm für die Länge; groß geschrieben bezeichnen sie Speicherstellen.

Die Assemblersprache kennzeichnet binäre Speicherinhalte durch ein vorangestelltes Zeichen % oder durch den nachgestellten Buchstaben B. Bei hexadezimalen Inhalten wird das Zeichen $ vorangestellt oder der Kennbuchstabe H angehängt; vor den Ziffern A bis F muß eine führende Null stehen. In Fortran verwendet man die Kennbuchstaben B (binär), O (oktal) und Z (hexadezimal) für BOZ Konstanten. Beispiele:

```
%0000 = 0000B =  0H = $0 = B'0000' = O'00' = Z'0'
%1001 = 1001B =  9H = $9 = B'1001' = O'11' = Z'9'
%1010 = 1010B = 0AH = $A = B'1010' = O'12' = Z'A'
%1111 = 1111B = 0FH = $F = B'1111' = O'17' = Z'F'
```

Für die binäre Speicherung von *Zeichen* verwendet man im Betriebssystem DOS den ASCII Code, einen auf 8 bit erweiterten Fernschreibcode; Windows arbeitet mit einem ähnlich aufgebauten ANSI Code. Im Bereich der üblichen Textzeichen sind beide Codes im wesentlichen gleich. Der Anhang zeigt die ASCII Codetabelle. Man unterscheidet:
- Steuerzeichen wie z.B. 00001101 = $0D für den Wagenrücklauf,
- Sonderzeichen wie z.B. 00101010 = $2A für das Zeichen *,
- Ziffern wie z.B. 00110000 = $30 für die Ziffer 0,
- Buchstaben wie z.B. 01000001 = $41 für den Buchstaben A sowie
- Umlaute wie z.B. ü als 10000001 = $81 (ASCII)   11111100 = $FC (ANSI).

Ziffer	0	1	2	3	4	5	6	7	8	9
Code	0000	0001	0010	0011	0100	0101	0110	0111	1000	1001

Bild 1-2: BCD Code zur Darstellung von Dezimalzahlen

Für die binäre Speicherung von Dezimalzahlen kann der in *Bild 1-2* dargestellte BCD Code verwendet werden. Er entsteht aus der Zeichencodierung der Ziffern durch Entfernen des linken Halbbytes. Beispiel für die Dezimalzahl 13:
```
Zeichencode: 00110001 00110011 binär = 3133 hexa
   BCD Code:     0001     0011 binär = 13 hexa
```

Wegen der schnelleren parallelen Rechenwerke arbeitet man jedoch fast ausschließlich nicht im dezimalen, sondern im **dualen Zahlensystem**. Dies ist ein Stellenwertsystem mit den beiden binären Ziffern 0 und 1; die Wertigkeiten der Dualstellen sind Potenzen zur Basis 2. Negative Exponenten ergeben Stellen hinter dem Dualkomma.

$$Z_3 * 2^3 + Z_2 * 2^2 + Z_1 * 2^1 + Z_0 * 2^0 + Z_{-1} * 2^{-1} + Z_{-2} * 2^{-2} \ ..$$

Bei der *Umrechnung* einer Dualzahl in eine Dezimalzahl werden die Dualstellen mit ihrer Stellenwertigkeit multipliziert; die Teilprodukte sind zu addieren. Zur Kennzeichnung des Zahlensystems kann man die Basis als tiefergestellten Index hinter die Ziffernfolge setzen. Beispiel:

```
1101,101=1*2³ + 1*2² + 0*2¹ + 1*2⁰ + 1*2⁻¹ + 0*2⁻² + 1*2⁻³
        =1*8 + 1+4 + 0*2 + 1+1 + 1*0,5 + 0*0,25 + 1*0,125
1101,101₂ = 13,625₁₀
```

Bei einer **Dezimal-Dualumwandlung** wird die Dezimalzahl in die dualen Stellenwertigkeiten zerlegt. Das folgende Beispiel verwandelt die Dezimalzahl 13,625 durch Subtrahieren der dualen Stellenwertigkeiten in eine Dualzahl. Stellen vor der höchsten und nach der niedrigsten Wertigkeit sind 0 und werden nicht berücksichtigt.

```
13,625    5,625    1,625    1,625    0,625    0,125    0,125
-8,000   -4,000   -2,000   -1,000   -0,500   -0,250   -0,125
------   ------   ------   -------   -----   ------   ------
 5,625    1,625 negativ!    0,625    0,125 negativ!    0,000 fertig!

=1*8    + 1*4    + 0*2    + 1*1    + 1*½    + 0*¼    + 1*⅛
=1101,101₂
```

Ist der Teiler enthalten, so wird er subtrahiert; und die Dualstelle ist 1. Ist er nicht enthalten, so ist die Dualstelle 0. Ersetzt man die Subtraktionen durch ganzzahlige Divisionen, so ist die Dualstelle gleich dem ganzzahligen Quotienten, das Verfahren ist mit dem ganzzahligen Rest fortzusetzen. Im Rechner werden die Dualzahlen in einer festen Länge als Byte, Wort oder Doppelwort gespeichert und verarbeitet, die Umwandlungsverfahren müssen also auch führende Nullen berücksichtigen.

Das **Teilerverfahren** dividiert die Vorkommastellen einer Dezimalzahl nacheinander durch die dualen Stellenwertigkeiten; bei einer 8-bit-Darstellung im dezimalen Bereich von 0 bis 255 beginnt man mit dem Teiler $2^7 = 128$. Der ganzzahlige Quotient liefert die höchste Dualstelle; der ganzzahlige Rest wird weiter zerlegt. Das folgende Beispiel verwandelt die Dezimalzahl 26 in acht Schritten in eine achtstellige Dualzahl.

```
26 : 128 = 0 Rest 26     26 = 0*128 + 26
26 :  64 = 0 Rest 26        = 0*64  + 26
26 :  32 = 0 Rest 26        = 0*32  + 26
26 :  16 = 1 Rest 10        = 1*16  + 10
10 :   8 = 1 Rest  2        = 1*16  + 1*8 + 2
 2 :   4 = 0 Rest  2        = 1*16  + 1*8 + 0*4 + 2
 2 :   2 = 1 Rest  0        = 1*16  + 1*8 + 0*4 + 1*2 + 0
 0 :   1 = 0 Rest  0        = 1*16  + 1*8 + 0*4 + 1*2 + 0*1 + 0

26 = 0*128 + 0*64 + 0*32 + 1*16 + 1*8 + 0*4 + 1*2 + 0*1
26₁₀  = 00011010₂
```

Das **Divisionsrestverfahren** dividiert die Vorkommastellen der Dezimalzahl durch die Basis des neuen Zahlensystems. Der ganzzahlige Divisionsrest ergibt eine Stelle des neuen Zahlensystems. Das Verfahren wird mit dem ganzzahligen Quotienten fortgesetzt, bis dieser Null ist. Das folgende Beispiel zerlegt die Dezimalzahl 26 in eine Dualzahl (Basis 2) ohne führende Nullen.

```
26 : 2 = 13 Rest 0
13 : 2 =  6 Rest 1
 6 : 2 =  3 Rest 0
 3 : 2 =  1 Rest 1
 1 : 2 =  0 Rest 1
fertig!
           Dualzahl: 1 1 0 1 0   mit führenden Nullen: 00011010₂
```

Die folgende Darstellung zeigt, wie die Reste fortlaufend zerlegt werden, so daß geschachtelte Klammern mit dem Faktor 2 entstehen. Multipliziert man in der letzten Zeile die Faktoren 2 wieder in die Klammern hinein, so entstehen Potenzen zur Basis 2.

$$26 = 2*\mathbf{13} + 0$$
$$= 2*(2*\mathbf{6} + 1) + 0$$
$$= 2*(2*(2*\mathbf{3} + 0) + 1) + 0$$
$$= 2*(2*(2*(2*\mathbf{1} + 1) + 0) + 1) + 0$$
$$= 2*(2*(2*(2*(2*0 + 1) + 1) + 0) + 1) + 0$$
$$= 0*2^5 + 1*2^4 + 1*2^3 + 0*2^2 + 1*2^1 + 0*2^0$$
$$= 011010_2 \qquad \text{mit führenden Nullen: } 00011010_2$$

Bei der ersten Division entsteht die niedrigste Dualstelle, bei der letzten die höchste. Ist die Speicherlänge vorgegeben, so darf das Verfahren nicht beim Quotienten Null abgebrochen werden, sondern ist entsprechend der Anzahl der Stellen mit führenden Nullen fortzusetzen.

Die Umwandlungsverfahren lassen sich auch auf andere Zahlensysteme anwenden. Das folgende Beispiel zeigt das Divisionsrestverfahren zur Umrechnung in das Hexadezimalsystem, das mit der Basis 16 und den Ziffern 0 bis 9 sowie A bis F für die Reste von 10 bis 15 arbeitet. Das **hexadezimale** Zahlensystem entsteht aus dem dualen durch Zusammenfassen bzw. Ausklammern von jeweils vier Dualstellen.

```
26 : 16 = 1  Rest  10    liefert  16*1 + 10
 1 : 16 = 0  Rest   1    liefert  16*(16*0 + 1) + 10

    Hexadezimalzahl: 1 A  = 1*16¹    + 10*16⁰  = 1A₁₆
                          = 0001*2⁴ + 1010*2⁰ = 00011010₂
```

Das **oktale** Zahlensystem arbeitet mit der Basis 8 und den Ziffern 0 bis 7. Es faßt jeweils drei Dualstellen zusammen. Die Umwandlung der Nachkommastellen wird im Zusammenhang mit der Darstellung reeller Zahlen behandelt. Bei der Speicherung von ganzen Zahlen unterscheidet man vorzeichenlose und vorzeichenbehaftete Dualzahlen.

Vorzeichenlose ganze Zahlen werden als natürliche Dualzahlen ohne Vorzeichen gespeichert, die linkeste Stelle hat die höchste Wertigkeit. Bei der Speichereinheit Byte (8 bit) ist dies der Wert 128. *Bild 1-3* zeigt die wichtigsten ganzzahligen Datentypen Byte, Wort und Doppelwort. In der Programmiersprache Fortran sind vorzeichenlose Zahlen standardmäßig nicht vorgesehen.

Typ	Länge	dezimal	hexadezimal	Fortran
Byte	8 bit	0...255	00....FF	
Wort	16 bit	0....65535	0000....FFFF	
Doppelwort	32 bit	0....4294967295	00000000....FFFFFFFF	

Bild 1-3: Vorzeichenlose (unsigned) duale Datentypen

Bei **vorzeichenbehafteten Dualzahlen** verwendet man aus rechentechnischen Gründen eine Zahlendarstellung, bei der negative Werte durch ihr *Komplement* dargestellt werden, positive Zahlen bleiben unverändert. Zur Beseitigung des negativen Vorzeichens addiert man zur negativen Zahl zunächst einen Verschiebewert, der nur aus den größten Ziffern des Zahlensystems (z.B. 11111111 bei 8 bit) besteht. Da der Verschiebewert nur die Ziffern 1 enthält, läßt sich die duale Subtraktion auf die Fälle 1 - 0 = 1 und 1 - 1 = 0 und damit auf die bitweise Negation zurückführen. Es entsteht das *Einerkomplement*, das rechentechnisch durch einen einfachen Negierer (aus 1 mach 0 und aus 0 mach 1) realisiert wird.

Addiert man einen um 1 größeren Verschiebewert (z.B. 11111111 + 1 = 100000000 bei 8 bit), so entsteht das *Zweierkomplement*, das sich durch Weglassen der linkesten (z.B. 9. Stelle) einfacher korrigieren läßt. Das folgende Beispiel zeigt die Darstellung der Zahl $-26_{10} = -00011010_2$ im Zweierkomplement.

```
Verschiebewert:     1 1 1 1 1 1 1 1    (für Einerkomplement)
 negative Zahl:  -  0 0 0 1 1 0 1 0
Einerkomplement:    1 1 1 0 0 1 0 1
             +                    1    (für Zweierkomplement)
Zweierkomplement:   1 1 1 0 0 1 1 0
```

Positive Zahlen werden nicht komplementiert, sie müssen in der linkesten Bitposition eine führende Null als positives Vorzeichen enthalten. Bei *negativen* Zahlen entsteht durch die Zweierkomplementdarstellung immer eine 1 in der linkesten Bitposition. Durch *Rückkomplementieren* läßt sich das negative Vorzeichen wiederherstellen. Dabei wird wieder *erst* komplementiert und *dann* eine 1 addiert. Das folgende Beispiel verwandelt die negative Zahl 11100110 aus der Zweierkomplementdarstellung wieder in eine Dualzahl mit Vorzeichen.

```
Zweierkomplementdarstellung:    1 1 1 0 0 1 1 0
     bilde Einerkomplement:     0 0 0 1 1 0 0 1
            addiere eine 1:  +                1
         negative Dualzahl:  -  0 0 0 1 1 0 1 0  = - 26₁₀
```

Vorzeichenbehaftete Dualzahlen der Länge 8 bit liegen im Bereich von -128 bis +127; die linkeste Bitposition ist keine Dualstelle, sondern enthält das Vorzeichen. Bei vorzeichenlosen Dualzahlen gleicher Länge, die den Zahlenbereich von 0 bis 255 umfassen, hat die linkeste Bitposition die Stellenwertigkeit $2^7 = 128$. *Bild 1-4* zeigt den Fortran Datentyp INTEGER, der in drei Speicherlängen (Arten) verfügbar ist.

Typ	Länge	dezimal	hexadezimal	Fortran
Byte	8 bit	-128....+127	80....7F	Art 1
Wort	16 bit	-32768....+32767	8000....7FFF	Art 2
Doppelwort	32 bit	±2147483647	80000000....7FFFFFFF	Art 4

Bild 1-4: Vorzeichenbehaftete (signed) INTEGER *Datentypen*

Reelle Zahlen können Stellen vor und hinter dem Dezimalkomma enthalten. Bei der Umwandlung einer reellen Dezimalzahl in eine Dualzahl werden die Vorkommastellen wie eine vorzeichenlose ganze Zahl behandelt; die Nachkommastellen müssen in die Stellenwertigkeiten $2^{-1} = 0,5$ bzw. $2^{-2} = 0,25$ bzw. $2^{-3} = 0,125$ usw. zerlegt werden. Das dem Divisionsrestverfahren entsprechende Umwandlungsverfahren multipliziert die Dezimalzahl kleiner 1 (nur Nachkommastellen!) fortlaufend mit der Basis des neuen Zahlensystems. Jedes der dabei entstehenden Produkte wird in eine Vorkommastelle und in die restlichen Nachkommastellen zerlegt. Die Vorkommastelle ergibt die Ziffer des neuen Zahlensystems; mit den Nachkommastellen wird das Verfahren fortgesetzt, bis das Produkt Null ist oder die gewünschte Anzahl von Nachkommastellen erreicht wurde. Die erste Multiplikation liefert die erste Stelle hinter dem Komma. Das folgende Beispiel verwandelt die Dezimalzahl 0,6875 in eine entsprechende Dualzahl durch fortlaufende Multiplikationen der Nachkommastellen mit dem Faktor 2.

```
0,6875 * 2 = 1,3750 = 1          + 0,3750
0,3750 * 2 = 0,7500 = 0          + 0,7500
0,7500 * 2 = 1,5000 = 1          + 0,5000
0,5000 * 2 = 1,0000 = 1          + 0,0000
0,0000 * 2 = 0,0000 = 0          + 0,0000
fertig!
        Dualzahl genau: 0,10110   mit folgenden Nullen: 0,10110000
```

Die folgende Darstellung zeigt, wie durch das Abspalten der Nachkommastellen geschachtelte Klammern mit dem Faktor 0,5 entstehen. Multipliziert man in der letzten Zeile die Faktoren 0,5 wieder in die Klammern hinein, so entstehen Potenzen zur Basis $0,5 = \frac{1}{2} = 2^{-1}$.

```
0,6875 = 0,5*(1 + 0,375)
       = 0,5*(1 + 0,5*(0 + 0,7500))
       = 0,5*(1 + 0,5*(0 + 0,5*(1 + 0,5)))
       = 0,5*(1 + 0,5*(0 + 0,5*(1 + 0,5*(1 + 0))))
       = 0,5*(1 + 0,5*(0 + 0,5*(1 + 0,5*(1 + 0,5*(0 + 0)))))
```

$$= 1*2^{-1} + 0*2^{-2} + 1*2^{-3} + 1*2^{-4} + 0*2^{-5} = 0,10110_2$$

Das Verfahren kann bei dem Produkt Null beendet werden, da dann nur noch nachfolgende Nullen entstehen, die man in der üblichen Zahlendarstellung fortläßt; bei rechnerinternen Darstellungen wird mit einer festen Anzahl von Nachkommastellen gearbeitet. Im Gegensatz zu Vorkommastellen, die sich immer in eine ganze Dualzahl umwandeln lassen, kann bei der Umwandlung eines endlichen Dezimalbruchs ein *unendlicher* Dualbruch entstehen; das Verfahren muß dann beim Erreichen einer bestimmten Anzahl von Dualstellen abgebrochen werden; der Rest bleibt als **Umwandlungsfehler** unberücksichtigt. Das folgende *abschreckende* Beispiel zeigt die Umwandlung der Dezimalzahl 0,4 in eine angenäherte Dualzahl mit 8 Dualstellen hinter dem Komma.

```
0,4000 * 2 = 0,8000 = 0              + 0,8000
0,8000 * 2 = 1,6000 = 1              + 0,6000
0,6000 * 2 = 1,2000 = 1              + 0,2000
0,2000 * 2 = 0,4000 = 0              + 0,4000
0,4000 * 2 = 0,8000 = 0              + 0,8000
0,8000 * 2 = 1,6000 = 1              + 0,6000
0,6000 * 2 = 1,2000 = 1              + 0,2000
0,2000 * 2 = 0,4000 = 0              + 0,4000
Abbruch!
    Dualzahl genähert: 0,0110 0110   + Restfehler!
```

Bei der Umwandlung der Dezimalzahl 0,4 ergibt sich eine Periode 0110 in den dualen Nachpunktstellen. Bricht man das Umwandlungsverfahren nach 8 Stellen ab, so entsteht ein Umwandlungsfehler; die Rückrechnung in das Dezimalsystem ergibt einen kleineren Wert. Beispiel:

```
0,4 dezimal ≈ 0,01100110 ... dual ≈ 0,3984375 dezimal
```

Reelle Dezimalzahlen werden zunächst getrennt nach Vorkomma- und Nachkommastellen in Dualzahlen verwandelt. Das folgende Beispiel zeigt die Dezimalzahl 26,6875 in der dualen *Festkommadarstellung* (Fixed Point oder Festpunkt) mit jeweils 8 Stellen vor und hinter dem Komma.

```
26,6875 dezimal = 00011010,10110000 dual
```

In der üblichen *Gleitkommadarstellung* (Floating Point oder Gleitpunkt) besteht die Zahl aus einer normalisierten Mantisse und einem Faktor mit einem ganzzahligen Exponenten zur Basis des Zahlensystems. In den folgenden Beispielen enthält die Mantisse eine Vorkommastelle; andere Darstellungen arbeiten nur mit Nachkommastellen.

```
   26,6875 dezimal = 2,66875    * 10¹  dezimal
11010,1011 dual    = 1,10101011 * 2⁴   dual
```

Normalisieren bedeutet, das Dezimal- bzw. Dualkomma so zu verschieben, daß es vor bzw. hinter der werthöchsten Ziffer steht; bei Zahlen kleiner als 1 wird der Exponent negativ. Die folgenden Beispiele zeigen den reellen Datentyp REAL der Programmiersprache Fortran, der 4 Bytes (32 bit) im Speicher belegt. Das Vorzeichen der Zahl steht in der linkesten Bitposition, dann folgt der *Absolutwert*, nicht das Komplement wie bei ganzen Zahlen. Die 8-bit-Charakteristik setzt sich zusammen aus dem dualen Exponenten und einem Verschiebewert (127 dezimal = 01111111 dual), der das Vorzeichen des Exponenten beseitigt. Damit ergibt sich ein Zahlenbereich von ca. $-3,4*10^{-38}$ bis $+3,4*10^{+38}$. Die 23-bit-Mantisse bedeutet eine Genauigkeit von ca. 7 Dezimalstellen. Die führende 1 der Vorpunktstelle wird bei der Speicherung unterdrückt und muß bei allen Umwandlungen und Rechnungen wieder hinzugefügt werden. Beispiel:

Zahlenumwandlung:

$$+26,6875_{10} = + 11010,1011000000000000000_2$$
$$= + 1,10101011000000000000000_2 * 2^4 \text{ normalisiert}$$

Darstellung als Datentyp REAL:

```
    Vorzeichen:    0
Charakteristik:    |10000011  = 4 + 127 = 131
     Mantisse:     |||||||||1010101100000000000000000
Speicher binär:    01000001110101011000000000000000
   hexadezimal:     4    1    D    5    8    0    0    0
```

Gemäß dem Standard IEEE 754 bestehen für den Wert Null sowohl Charakteristik als auch Mantisse aus lauter Nullerbits; wegen des Vorzeichenbits gibt es sowohl eine **+0** als auch eine **-0**. Ist die Charakteristik 0, die Mantisse aber ungleich 0, so entstehen sehr kleine nicht normalisierte Zahlen verminderter Genauigkeit, die unterhalb des normalisierten Zahlenbereiches liegen. Das Bitmuster $7F der Charakteristik dient nicht der Zahlendarstellung, sondern kennzeichnet arithmetische Fehlerzustände wie z.B. *unendlich*; dies kann zum Fehlerabbruch in Systemfunktionen führen. Die folgenden Beispiele sind abhängig vom verwendeten Fortran System. $ bedeutet hexadezimal.

$00000000 ergibt 0

$80000000 ergibt -0 (was sagt die Mathematik dazu?)

$00000001 ergibt 1.401298e-45 (1,401298*10^{-45} nicht normalisiert!)

$7F800000 ergibt +INF (<u>INF</u>inite = unendlich)

$FF800000 ergibt -INF

$7FC00000 ergibt +NAN (<u>N</u>ot <u>A</u> <u>N</u>umber = keine Zahl)

$FFC00000 ergibt -NAN

$7F800001 ergibt z.B. "Floating point error"

1.2 Rechen- und Speicherschaltungen

Die Rechen- und Speicherschaltungen bilden die Hardware des Computers. Sie lassen sich mit den in *Bild 1-5* zusammengestellten Symbolen der Digitaltechnik beschreiben.

Funktion	Nicht		Und			Oder			Eoder			Nand		
Symbol	x—[1]■—z		x—[&]—z (y)			x—[≥1]—z (y)			x—[=1]—z (y)			x—[&]■—z (y)		
Tabelle	x	z	x	y	z	x	y	z	x	y	z	x	y	z
	0	1	0	0	0	0	0	0	0	0	0	0	0	1
	1	0	0	1	0	0	1	1	0	1	1	0	1	1
			1	0	0	1	0	1	1	0	1	1	0	1
			1	1	1	1	1	1	1	1	0	1	1	0

Bild 1-5: Logische Grundfunktionen der digitalen Rechentechnik

Die *Nicht*-Schaltung liefert das Einerkomplement nach der Regel: aus 0 mach 1 und aus 1 mach 0. Die *Und*-Schaltung hat nur dann am Ausgang eine 1, wenn alle Eingänge 1 sind; sie liefert das Übertragbit der dualen Addition. Bei der *Oder*-Schaltung ist nur dann der Ausgang 0, wenn alle Eingänge 0 sind. Schließt man den Fall 1 1 an den Eingängen aus, so kann die *Oder*-Schaltung für eine einstellige duale Addition verwendet werden. Die *Eoder*-Schaltung liefert eine 1, wenn beide Eingänge ungleich sind, sie bildet das Summenbit der dualen Addition. Die in Bild 1-6 dargestellte Speicherschaltung ist aus *Nand*-Schaltungen aufgebaut. *Nand* bedeutet N̲ot A̲N̲D̲ = *Nicht-Und*.

Speicherschaltungen dienen dazu, binäre Zustände (0 oder 1) über längere Zeiträume aufzubewahren. Nichtflüchtige Speicher sind der Magnetspeicher (Disk) und die Festwertspeicherbausteine (EPROM = Erasable Programmable Read Only Memory) des Computers. Flüchtige Speicher verlieren (vergessen) ihren Speicherinhalt nach dem Abschalten der Versorgungsspannung. Dazu zählen der Arbeitsspeicher des Computers (RAM = Random Access Memory) und die Register des Mikroprozessors. *Bild 1-6* zeigt das Prinzip der elektronischen Speicherung in einem **Flipflop**.

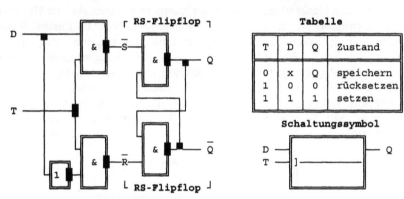

T	D	Q	Zustand
0	x	Q	speichern
1	0	0	rücksetzen
1	1	1	setzen

Bild 1-6: Das taktzustandsgesteuerte D-Flipflop

Das einfache *RS-Flipflop* besteht aus zwei rückgekoppelten *Nand*-Schaltungen. Es kann nur zwei stabile Zustände annehmen, also eine 0 oder eine 1 speichern. Eine logische 0 am Setzeingang S bringt die Schaltung in den Zustand Q = 1; eine logische 0 am Rücksetzeingang R bringt es in den Zustand Q = 0. Sind beide Eingänge 1, so speichert die Schaltung den zuletzt eingeschriebenen Zustand. Der Speicherinhalt kann am Ausgang Q abgegriffen werden, ohne daß sich der Zustand des Speichers ändert (zerstörungsfreies Lesen). Nach dem Einschalten der Versorgungsspannung hat das Flipflop einen zufälligen Anfangswert (0 oder 1). Dies gilt auch für aus Flipflops aufgebaute Register und Speicherbausteine (RAM); nach dem Einschalten ist ihr Inhalt nicht vorhersehbar.

Durch Vorsetzen einer **Taktschaltung** entsteht das *D-Flipflop*. Für den Takt T = 1 wird der am Eingang D anliegende Zustand in den Speicher übernommen; für T = 0 speichert die Schaltung den zuletzt eingeschriebenen Wert, Änderungen am Eingang D werden während T = 0 nicht wirksam. Bei einem taktflankengesteuerten Flipflop werden die Daten nur mit einer z.B. steigenden Flanke des Taktsignals übernommen. *Bild 1-7* zeigt ein aus vier taktflankengesteuerten Flipflops bestehendes **Register**.

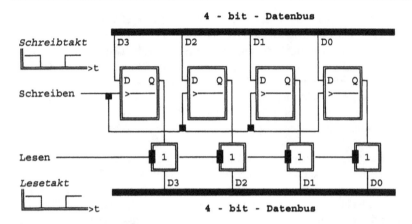

Bild 1-7: Paralleles 4-bit-Register

Mit der steigenden Flanke (0 nach 1) des *Schreibtaktes* übernehmen alle vier Flipflops gleichzeitig (parallel) die an den Eingängen anliegenden Daten. Im Zustand 0 des *Lesetaktes* wird der Inhalt der vier Flipflops zerstörungsfrei ausgelesen und auf den Datenbus geschaltet. Ein *Bus* ist ein Bündel von parallelen Leitungen, an die mehrere Sender und Empfänger angeschlossen sein können. Liegen die *Ausgänge* mehrerer Register parallel, so wird nur das ausgelesen, das einen *Lesetakt* erhält; alle anderen bleiben inaktiv. Bei parallel geschalteten *Eingängen* werden die Daten nur in dem Register gespeichert, das einen *Schreibtakt* erhält; alle anderen bleiben unverändert. Die Speicherauswahl erfolgt durch eine **Adresse**; *Bild 1-8* zeigt die Auswahlschaltung.

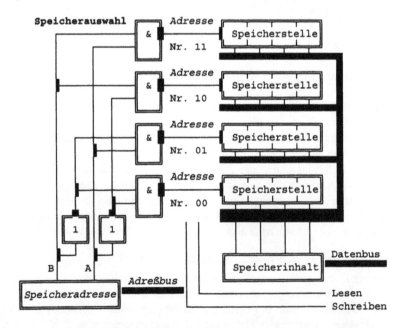

Bild 1-8: Speicherauswahl durch Adressen

Eine **Adresse**, eine vorzeichenlose Dualzahl, ist die "Hausnummer" einer Speicherstelle, über die auf den Inhalt zugegriffen wird. Die Speicherauswahl erfolgt durch logische Verknüpfung der Adreßbits. Z.B. wird für A = 1 und B = 1 das oberste *Nand* der Auswahlschaltung aktiv (Ausgang 0) und gibt die Speicherstelle mit der Adresse $11_2 = 3_{10}$ frei; alle anderen Speicherstellen sind durch ihre Auswahl-*Nands* gesperrt (Ausgänge 1). Ist gleichzeitig das Lesesignal aktiv, so wird die Speicherstelle durch einen Lesetakt ausgelesen ; bei aktivem Schreibsignal werden die am Datenbus anliegenden Daten mit einem Schreibtakt in die Speicherstelle geschrieben. Die auf dem Adreßbus anliegende Speicheradresse bestimmt, welche Speicherstelle gelesen oder beschrieben werden soll. Die Datenübertragung erfolgt über den Datenbus. Die Steuersignale *Lesen* und *Schreiben* bestimmen die Richtung.

Das **Rechenwerk** des Prozessors dient zur Verknüpfung der Daten. Bei der Addition zweier Dualstellen entsteht eine einstellige Summe und im Fall $1 + 1 = 10_2 = 2_{10}$ ein Übertrag auf die nächsthöhere Dualstelle. Die *Rechenregeln* der dualen Addition lauten:

```
0 + 0 = 0 0 = Übertrag 0 Summe 0
0 + 1 = 0 1 = Übertrag 0 Summe 1
1 + 0 = 0 1 = Übertrag 0 Summe 1
1 + 1 = 1 0 = Übertrag 1 Summe 0
```

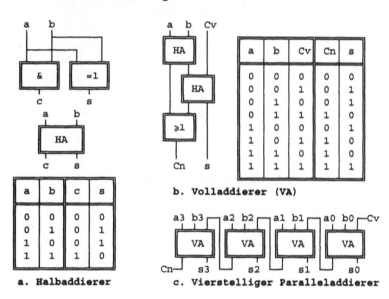

Bild 1-9: Additionsschaltungen

Für die rechentechnische Ausführung der dualen Addition lassen sich die in *Bild 1-9* dargestellten **Additionsschaltungen** verwenden. Der *Halbaddierer* nach Bild 1-9a verknüpft die beiden Dualstellen a und b zu einer Summe s (*Eoder*-Schaltung) und einem Übertrag c (*Und*-Schaltung) auf die nächsthöhere Dualstelle. Für mehrstellige Additionen ist ein *Volladdierer* (Bild 1-9b) erforderlich, der die beiden Dualstellen a und b und den Übertrag Cv der Vorgängerstelle zu einer einstelligen Summe s und einem Übertrag Cn auf die nächste Stelle addiert. Der erste Halbaddierer verknüpft die beiden Dualstellen a und b, der zweite die Summe des ersten Halbaddierers mit dem Übertrag Cv der Vorgängerstelle. Die *Oder*-Schaltung addiert die beiden Zwischenüberträge der Halbaddierer zu einem Gesamtübertrag Cn, der an die nachfolgende Dualstelle weitergereicht wird. Dabei ist sichergestellt, daß die beiden inneren Zwischenüberträge niemals gleichzeitig 1 sind. Der in Bild 1-9c dargestellte *Parallel-addierer* verknüpft zwei vierstellige Dualzahlen zu einer vierstelligen Summe. Ist der Übertrag Cn des linkesten Volladdierers eine 1, so bedeutet dies, daß eine fünfstellige Summe entstanden ist. *Bild 1-10* zeigt die Erweiterung des Paralleladdierers durch zwei Steuereingänge zum **Addierer/Subtrahierer** mit oder ohne *Zwischenübertrag*. Bewertungsschaltungen prüfen das Ergebnis auf Null, Vorzeichen und Überlauf.

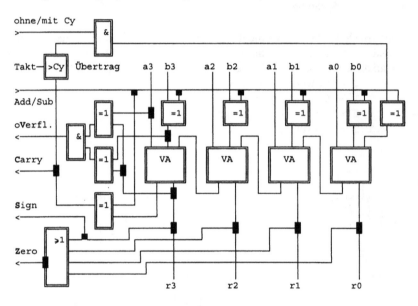

Bild 1-10: Addierer/Subtrahierer mit Bewertungsschaltungen

Bei der **Addition** *vorzeichenloser Dualzahlen* im Bereich von 0 (0000) bis 15 (1111) dient der Carryausgang als Überlaufmarke. Für C = 0 liegt die Summe im zulässigen 4-bit-Bereich; für C = 1 ist ein Ergebnis größer 15 (1111) entstanden. Durch Abschneiden der fünften Stelle entsteht ein Überlauffehler. Beispiel:

```
      1 1 1 1  = 15
    + 1 1 1 1  = 15
    --------------------
C = 1   1 1 1 0  = 30    abgeschnitten  1 1 1 0 = 14
```

Der Carryausgang wird in einem besonderen Speicherbit festgehalten und kann dann als *Zwischenübertrag* verwendet werden. Bei der Addition von Dualzahlen z.B. der Länge 16 bit mit einem 4-bit-Addierer beginnt man mit der wertniedrigsten 4-bit-Gruppe und muß bei den folgenden Gruppenadditionen den Übertrag der Vorgängergruppe mit berücksichtigen. Dazu enthält das Rechenwerk einen *Steuereingang* ohne/mit Cy. Die wertniedrigste Gruppe wird ohne Zwischenübertrag Cy addiert, alle anderen mit Cy. Nach der letzten Gruppe liefert das Carrybit wieder die Überlaufmarke.

Die Schaltung addiert auch vierstellige *vorzeichenbehaftete Dualzahlen* im Bereich von -8 (1000) bis +7 (0111). Ein Überlauf entsteht, wenn die Summe zweier positiver Zahlen größer als 7 wird; der Addierer liefert in diesem Fall ein negatives Vorzeichen! Bei einem Unterlauf wird die Summe zweier negativer Zahlen kleiner als -8; durch den Addierer entsteht für die Summe ein positives Vorzeichen! Dieser Vorzeichenwechsel wird durch eine Vergleicherschaltung als Overflow-Fehler erkannt. Beispiele:

```
    0 1 1 1 = +7              1 0 0 0 = -8
 +  0 1 1 1 = +7           +  1 1 1 1 = -1
 ---------------           ---------------
    1 0 0 0 = -8 Überlauf!    0 1 1 1 = +7 Unterlauf!
```

Die **Subtraktion** wird unabhängig von der Zahlendarstellung auf die Addition des Zweierkomplementes zurückgeführt nach der Formel "A - B = A + (-B)". Ist der *Steuereingang* Add/Sub gleich 1, so wird der Operand B durch die *Eoder*-Schaltungen negiert (Einerkomplement); durch die Addition einer 1 am negierten Eingang des wertniedrigsten Volladdierers entsteht das Zweierkomplement. Bei der Subtraktion vorzeichenloser Zahlen kann nun auch ein Unterlauf entstehen, also eine negative Differenz, die ebenfalls durch das nunmehr negierte Carrybit erkannt wird.

Das in Bild 1-10 dargestellte Rechenwerk addiert und subtrahiert sowohl vorzeichenlose als auch vorzeichenbehaftete Dualzahlen mit oder ohne Zwischenübertrag. Die Bewertungsschaltungen verknüpfen Bitmuster unabhängig von der Zahlendarstellung. Nach einer Operation mit *vorzeichenlosen* Dualzahlen ist das Carrybit auszuwerten:

C = 0: Ergebnis im zulässigen Bereich
C = 1: Überlauf (Addition) oder Unterlauf (Subtraktion)

Nach einer Operation mit *vorzeichenbehafteten* Dualzahlen sind das Overflowbit (V-Bit) und das Vorzeichenbit (S = Sign) auszuwerten:

V = 0: Ergebnis im zulässigen Bereich
V = 1: Überlauf oder Unterlauf (Addition bzw. Subtraktion)
S = 0: Ergebnis positiv
S = 1: Ergebnis negativ

Unabhängig von der Rechenoperation und der Zahlendarstellung prüft das Z-Bit (Zero = Null) das Ergebnis auf **Null**. Die *Oder*-Schaltung ist nur dann 0, wenn alle Eingänge und damit alle Bitpositionen des Ergebnisses 0 sind; mindestens eine 1 bringt den Ausgang des Oder auf 1. Durch die Negation entsteht folgende Zuordnung:

Z = 0: Ergebnis *nicht* Null (0 = nein)
Z = 1: Ergebnis *ist* Null (1 = ja)

Für die **Multiplikation** und **Division** muß der Addierer/Subtrahierer durch Schieberegister und Ablaufsteuerungen erweitert werden. Es gelten die gleichen Kontrollbedingungen wie für die Addition und Subtraktion. Die Division wird ganzzahlig durchgeführt und ergibt einen ganzzahligen Quotienten sowie einen ganzzahligen Rest; Stellen hinter dem Komma entstehen nur bei reellen Rechenwerken! Bei einer Division durch 0 bzw. bei einem Divisionsüberlauf liefert das Rechenwerk ein besonderes Signal "*Divisionsfehler*", das zum Abbruch des Programms führt. Beispiele für die Division:

```
9 : 3 = 3 Rest 0
9 : 2 = 4 Rest 1    nicht 4,5 wie bei reellen Zahlen!
9 : 0 = "Divisionsfehler!"
```

Für das Rechnen mit **reellen Zahlen**, die in der dualen Mantisse-Exponent-Darstellung vorliegen, sind besondere Verfahren erforderlich. Sie werden entweder durch Unterprogramme (Software) oder wesentlich schneller hardwaremäßig durch Arithmetikprozessoren (Numerikprozessoren oder Coprozessoren 80x87) ausgeführt, die in modernen Schaltungen bereits auf dem Prozessorbaustein integriert sind. Bei arithmetischen Operationen mit reellen Zahlen können Rundungs- und Anpassungsfehler auftreten. Für die Addition im reellen Rechenwerk wird der Exponent der kleineren Zahl dem der größeren angeglichen. Dies geschieht durch Verschieben des Kommas nach links um die Differenz der Exponenten. Das folgende *dezimale* Beispiel addiert die beiden Zahlen $1,000000*10^7$ und $1,234567*10^1$, die entsprechend dem Datentyp REAL mit sieben Dezimalstellen, einer Vorkomma- und sechs Nachkommastellen gespeichert werden sollen. Der Anteil $0,000000234567*10^7$ oder $0,234567*10^1$ oder $2,34567$ der kleineren Zahl geht verloren!

```
Speicher:              Reelles Rechenwerk:
1.000000*10⁷   =>      1.000000          * 10⁷  bleibt
1.234567*10¹   => +    0.000001 234567   * 10⁷  anpassen!
                       ------------------------------------
               =       1.000001          * 10⁷  abgeschnitten
```

Rundungs- und Anpassungsfehler, die besonders bei der Addition und Subtraktion reeller Zahlen entstehen, werden wie die bereits behandelten Fehler bei der Umwandlung von Nachkommastellen nicht berücksichtigt und können zu schwerwiegenden Rechenungenauigkeiten führen. Überschreitungen des Zahlenbereiches und eine Division durch Null werden bei der Rechnung mit reellen Zahlen erkannt und führen in der Regel zu einem Abbruch des Programms.

Vorsicht im Umgang mit Zahlen im Rechner!

Ganze Zahlen sind immer genau; es können Überlauffehler auftreten!
Reelle Zahlen können Umwandlungs- und Rundungsfehler enthalten!

Die Programmiersprache Fortran ist rechnerunabhängig definiert und legt nicht fest, wie die Daten intern gespeichert und verarbeitet werden. Dies gilt auch für das Verhalten bei Fehlerzuständen wie Überlauf oder Division durch Null. Dieses Kapitel ist daher nur als Einführung in die Probleme der digitalen Rechentechnik anzusehen. Der Abschnitt 2.8 Numerische Sonderfragen zeigt die genormten Modelle für ganze und reelle Zahlen sowie eine Reihe von Standardfunktionen, mit denen sich die "Ungenauigkeiten" der reellen Arithmetik untersuchen lassen.

1.3 Aufbau und Arbeitsweise eines Fortran Systems

Fortran ist eine höhere problemorientierte Programmiersprache für naturwissenschaftliche und technische Anwendungen wie Pascal oder C++. Die Sprachelemente wurden zuletzt als **Fortran 90** in den DIN Normen festgelegt. In der Sprache Fortran formulierte Programme müssen auf Rechenanlagen ablaufen; *Bild 1-11* zeigt eine zusammenfassende Übersicht über die Hardware und Software eines Personal Computers (PC).

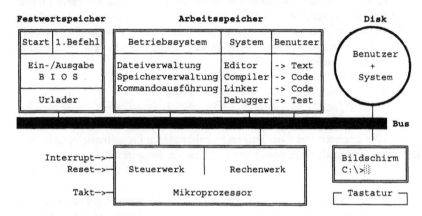

Bild 1-11: Hardware und Software einer Rechenanlage (PC)

Die **Hardware** des Rechners besteht aus dem Mikroprozessor, Speichereinheiten und der Peripherie, die durch ein Leitungsbündel, den Bus, miteinander verbunden sind. Der *Festwertspeicher* enthält ein fertiges Maschinenprogramm, das beim Einschalten des Rechners das Betriebssystem startet. Der *Arbeitsspeicher* hat beim Einschalten einen undefinierten Anfangszustand und kann während des Betriebes beschrieben und gelesen werden; beim Abschalten des Rechners gehen die Speicherinhalte verloren. Die *magnetischen Speichereinheiten* Festplatte (Harddisk) und Wechselplatte (Floppydisk) dienen dazu, Daten und Programme längerfristig aufzubewahren. Ein batteriegepufferter Speicher enthält Konfigurationsdaten (z.B. Größe des Arbeitsspeichers und Art der Laufwerke). Als *Peripherie* bezeichnet man die Geräte für die Eingabe und Ausgabe von Daten und Programmen wie den Bildschirm, die Tastatur und den Drucker.

Das **Betriebssystem** besteht aus fertigen Programmen, die beim Kauf des Rechners bereits vorinstalliert mitgeliefert werden. Man unterscheidet das Basissystem im Festwertspeicher und die Systemsoftware, die sich üblicherweise auf einem Festplattenlaufwerk befindet. Das Basissystem (BIOS) prüft in der Startphase die Hardware des Rechners, lädt die speicherresidenten Teile des Betriebssystems von der Festplatte in den Arbeitsspeicher und übernimmt dann die Eingabe und Ausgabe der Daten von bzw. zur Peripherie. Der Benutzer gibt über die Tastatur bzw. über die Maus *Kommandos* ein, die vom Betriebssystem ausgeführt werden. Die wichtigsten Aufgaben sind:
- Laden und Starten von Programmen,
- Dateiverwaltung auf den externen Speichereinheiten,
- Organisation des Arbeitsspeichers und
- Dienstleistungen bereitstellen wie z.B. Datum und Uhrzeit.

Betriebssysteme werden von verschiedenen Herstellern und in unterschiedlichen Versionen für verschiedene Rechnersysteme angeboten wie z.B.
- DOS (Disk Operating System) für die Eingabe von Kommandos über die Tastatur,
- Windows mit graphischer Bedienerführung und Mauseingabe und
- UNIX mit Abwandlungen (LINUX) und OS/2 für Workstations (Arbeitsplatzrechner).

Das Betriebssystem kann nur Programme laden und starten, die bereits im binären Maschinencode des Mikroprozessors vorliegen, die Übersetzung aus einer Programmiersprache in diesen ausführbaren Code ist die Aufgabe von Assemblern und Compilern, die zusätzlich zum Betriebssystem erworben werden müssen. Ein *Assembler* übersetzt aus einer prozessornahen symbolischen Programmiersprache in den binären Code des betreffenden Prozessors. Beispiel:

```
LADE        AKKU,X      Code: 1111 0001
ADDIERE     AKKU,Y      Code: 1100 0010
LADE        Z,AKKU      Code: 0011 0011
```

Ein *Compiler* übersetzt aus einer prozessorunabhängigen Programmiersprache in den binären Maschinencode eines bestimmten Prozessors. Beispiel:

```
z = x + y              Code: 1111 0001   1100 0010   0011 0011
```

Für die Eingabe und Ausgabe von Daten ruft der Compiler in der Regel betriebssystemabhängige Unterprogramme auf, die von einem *Linker* (Binder) mit dem übersetzten binären Programm verbunden werden müssen. Das Laden und Starten des ausführbaren Maschinenprogramms übernimmt des Betriebssystem.

Ein *Fortran Entwicklungssystem* besteht in der Regel aus
- einem *Texteditor*, mit dem der Programmierer den Quelltext eingibt und ändert,
- einem *Fortran Compiler*, der diesen Quelltext in einen Objektcode übersetzt,
- einem *Linker*, der aus dem Objektcode eine ausführbare Ladedatei erzeugt und
- einem *Debugger* (Testhilfeprogramm) zum Aufspüren von Laufzeitfehlern.

Fortran Compiler werden von mehreren Herstellern (z.B. Lahey, Microsoft und Watcom) für unterschiedliche Fortran Versionen (z.B. Fortran 77 und Fortran 90) und für verschiedene Rechner (z.B. PCs oder Workstations) und Betriebssysteme (z.B. Windows oder UNIX) angeboten. Die Fortran Norm beschreibt lediglich die Sprachelemente, aus denen der Quelltext aufzubauen ist; sie legt nicht fest, wie die Anweisungen im Rechner auszuführen sind. Für die Arbeit mit dem Betriebssystem stellen die meisten Compiler über die Norm hinausgehende Unterprogrammbibliotheken zur Verfügung, von denen man jedoch nur sparsam Gebrauch machen sollte, wenn der Quelltext mit einem anderen Compiler oder für ein anderes Rechnersystem übersetzt werden soll. Binäre Maschinenprogramme sind in der Regel nicht ohne weiteres auf andere Rechner übertragbar. In der praktischen Anwendung können sich besonders bei der Eingabe und Ausgabe von Daten sowie in der Behandlung von Fehlerzuständen erhebliche Unterschiede zwischen den Fortran Systemen und Rechnersystemen ergeben.

2. Grundlagen der Fortran Sprache

Dieses Kapitel führt in die Grundlagen ein, die nötig sind, um technische und mathematische Formeln mit einfachen Programmen auswerten zu können. Die Eingabeform der Beispielprogramme wurde so gewählt, daß diese sowohl von Fortran 77 als von Fortran 90 Compilern übersetzt werden können. Es wird vorausgesetzt, daß die Entwicklungsumgebung (Editor, Compiler, Binder und Lader) installiert ist und daß sich der Leser mit ihrer Bedienung sowie mit dem Betriebssystem vertraut gemacht hat.

Die Anweisungen der Fortran Sprache werden in diesem Buch meist in einem Rahmen dargestellt. Kennwörter erscheinen wie in den Beispielprogrammen in Großbuchstaben, vom Benutzer anzugebende Sprachelemente stehen kursiv. Eckige Klammern kennzeichnen optionale Elemente, die auch entfallen können. Elemente, die sich wiederholen lassen, werden durch [, ...] beschrieben. Das folgende Beispiel zeigt die Anweisung END, bei der das zusätzliche Kennwort PROGRAM und der vom Benutzer vergebene *Name* entfallen können.

```
END [ PROGRAM Name ]
```

2.1 Einführendes Beispiel

Aufgabe:
Es ist ein Programm zu entwickeln, das zwei ganze Zahlen liest und die Summe berechnet und ausgibt.

```
! k2b1.for  Bild 2-1: Einfuehrendes Beispiel
      PROGRAM Beispiel                        ! Programmanfang
      INTEGER a, b, c                         ! Variablen vereinbaren
      PRINT *, 'Bitte zwei ganze Zahlen -> '  ! Meldung ausgeben
      READ *, a, b                            ! Zwei Zahlen lesen
      c = a + b                               ! Summe berechnen
      PRINT *, 'Summe =', c                   ! Summe ausgeben
      PRINT *, 'Weiter -> '; READ *           ! Warten auf Taste
      END PROGRAM Beispiel                    ! Programmende
```

Bild 2-1: Einführendes Programmbeispiel

Die erste Zeile des in *Bild 2-1* dargestellten Programms enthält einen *Kommentar*. Er beginnt mit dem Ausrufezeichen ! als Marke in Spalte 1 der Eingabezeile. Der Kommentartext enthält Erklärungen für den Programmierer bzw. für den Leser; er wird vom Compiler bei der Übersetzung nicht beachtet. Die Bezeichnung k2b1.for ist der Name der Quelltextdatei im Inhaltsverzeichnis des Betriebssystems und bedeutet *Programm zum Kapitel 2 Bild 1* mit der Erweiterung for für Fortran. Die folgenden Eingabezeilen enthalten ebenfalls Kommentare, die von der Marke ! bis zum Ende der Eingabezeile reichen.

Die zweite Zeile beginnt in der gewählten Eingabeform erst ab Spalte 7. Das Kennwort PROGRAM kennzeichnet den Anfang des Hauptprogramms. Der hinter einem Leerzeichen stehende Programmname Beispiel wurde frei gewählt.

Die dritte Zeile enthält hinter dem Kennwort INTEGER eine Liste mit den Namen von drei Variablen, die später ganzzahlige Werte aufnehmen sollen.

Die vierte Zeile gibt hinter dem Kennwort PRINT * eine Meldung aus. Zur Laufzeit des Programms erscheint auf dem Bildschirm der zwischen den Hochkommazeichen stehende Text Bitte zwei ganze Zahlen ->.

Die Anweisung READ * der fünften Zeile verlangt die Eingabe von zwei Zahlen, die in den Speicherstellen a und b abgelegt werden. Zur Laufzeit des Programms muß der Bediener über die Tastatur zwei durch mindestens ein Leerzeichen getrennte Zahlenwerte eingeben. Die Eingabezeile ist durch einen *Wagenrücklauf* abzuschließen.

Die arithmetische Anweisung der sechsten Zeile berechnet die Summe der beiden Werte und legt sie in der Speicherstelle c ab.

In der siebenten Zeile werden der Text Summe = und der Inhalt der Speicherstelle c als Zahlenwert ausgegeben.

Die letzte Zeile beendet mit dem Kennwort END PROGRAM und der gewählten Programmbezeichnung Beispiel den Quelltext. Zur Laufzeit kehrt das Programm an dieser Stelle in das aufrufende System zurück, also in die Entwicklungsumgebung oder in das Betriebssystem.

Bei der Entwicklung des Programms gibt der Benutzer den Quelltext (Bild 2-1) zunächst mit einem *Editor* (Textverarbeitungsprogramm) in den Rechner ein. Dann folgen die Übersetzung durch den *Compiler* und die Verbindung mit Hilfsprogrammen durch den *Linker* (Binder). Werden dabei Fehler gemeldet, so sind diese mit dem Editor im Quelltext zu korrigieren. Nur fehlerfrei übersetzte und gebundene Programme lassen sich ausführen. *Bild 2-2* zeigt das Ergebnis zweier Testläufe, die aus dem Betriebssystem DOS gestartet wurden. Eingaben des Benutzers wurden unterstrichen.

```
D:\BSP>k2b1.exe
Bitte zwei ganze Zahlen -> 1 2
Summe =          3

D:\BSP>k2b1.exe
Bitte zwei ganze Zahlen -> 1000000000 2000000000
Summe = -1294967296

D:\BSP>
```

Bild 2-2: Ergebnisse der Testläufe

In dem ersten Testlauf wurde richtig 1 + 2 = 3 gerechnet. Der zweite Test lieferte ein unerwartetes Ergebnis: zwei positive Zahlen können keine negative Summe ergeben! Dieser Fehler entsteht durch einen Zahlenüberlauf im Rechenwerk und läßt sich nur schwer abfangen. Er zeigt, daß sich auch Computer irren können und daß man alle Ergebnisse kritisch beurteilen sollte!

```
K2B1    BAK         635   24.11.95    16:59
K2B1    FOR         635   24.11.95    17:20
K2B1    OBJ       1.363   24.11.95    17:20
K2B1    MAP      17.758   24.11.95    17:21
K2B1    EXE      60.544   24.11.95    17:21
```

Bild 2-3: Die Dateien des einführenden Beispiels (DOS)

Das einführende Beispiel wurde mit einem Fortran 90 Compiler unter den Betriebssystemen DOS und Windows getestet. *Bild 2-3* zeigt die Dateien des Beispielprogramms. Die Dateibezeichner bestehen aus einem maximal acht Zeichen langen Namen (z.B. K2B1) und einer aus maximal drei Zeichen bestehenden Erweiterung. Die Datei K2B1.FOR enthält den mit einem Editor aufgebauten Quelltext des Bildes 2-1. Die Datei K2B1.BAK (Backup) ist eine alte Sicherungsdatei. Bei der Übersetzung durch den Compiler entsteht die Datei K2B1.OBJ (Object) mit dem Maschinencode. Der Binder baut daraus das ablauffähige Programm K2B1.EXE (executable). Die Datei K2B1.MAP enthält eine Liste der gebundenen Programme. Der Benutzer gibt die Kommandos und Dateinamen des Betriebssystems wahlweise mit großen oder kleinen Buchstaben ein; die Ausgabe erfolgt wie in Bild 2-3 immer groß.

2.2 Eingabevorschriften

Der *Zeichensatz* für die Eingabe des Quelltextes besteht aus
- den großen Buchstaben von A bis Z,
- den kleinen Buchstaben von a bis z,
- den Ziffern von 0 bis 9,
- Sonderzeichen wie z.B. = + - * / ( ) , . ' ! " % & ; < > _ sowie
- Steuerzeichen wie z.B. *Wagenrücklauf* (neue Zeile).

Benutzerdefinierte Bezeichner dürfen keine deutschen Umlaute (Ä, Ö, Ü, ä, ö und ü) sowie das deutsche Zeichen ß enthalten. Von ihrer Verwendung in Kommentaren und Textkonstanten ist abzuraten, da bei der Übertragung des Textes auf ein anderes System unerwarte Zeichen auf der Ausgabe erscheinen können. Der Anhang enthält die Codetabelle des ASCII Zeichensatzes (DOS). Kleine Buchstaben haben in Bezeichnern die gleiche Bedeutung wie die entsprechenden großen Buchstaben. In den Beispielen dieses Buches werden alle vordefinierten Bezeichner (Kennwörter, Schlüsselwörter) groß geschrieben, benutzerdefinierte wie z.B. Variablennamen dagegen klein. Beispiele:
```
INTEGER laenge
READ *, laenge
```

Anweisungsmarken bestehen aus vorzeichenlosen ganzen Zahlen im Bereich von 1 bis 99999. Sie kennzeichnen Anweisungen bzw. Formatbeschreibungen, auf die sich eine andere Anweisung bezieht. Jede Marke darf in einem Programmtext nur einmal enthalten sein.

Kommentare sind Bemerkungen und Erläuterungen zum Programm, die vom Compiler weder geprüft noch übersetzt werden.

Die *spaltenorientierte* Eingabeform des Programmtextes (Fortran 77) stammt noch aus der Zeit der Lochkarte. Sie gilt auch für die moderne Bildschirmeingabe:
- Kommentare erhalten ein C oder * in Spalte 1 und reichen bis zum Zeilenende.
- Anweisungsmarken stehen in den Spalten 1 bis 5 der Eingabezeile.
- Ein Zeichen außer 0 in Spalte 6 kennzeichnet Fortsetzungszeilen (maximal 19).
- Kommentare lassen sich nicht fortsetzen, sondern erfordern eine neue Zeile.
- Die Fortran Anweisungen stehen in den Spalten 7 bis 72.
- Die Spalten 73 bis 80 werden wie Kommentare vom Compiler nicht ausgewertet.

Die meisten Fortran 77 Compiler lassen folgende *Erweiterungen* zu:
- Das Ausrufezeichen ! leitet ebenfalls Kommentare ein.
- Mehrere Anweisungen auf einer Zeile sind durch ein Semikolon ; zu trennen.

Die *freie Eingabeform* (Fortran 90) kennt keine besonderen Spalteneinteilung mehr.
- Es sind maximal 132 Zeichen auf einer Zeile zulässig.
- Das Ausrufezeichen ! leitet Kommentare bis zum Zeilenende ein.
- Mehrere Anweisungen auf einer Zeile sind durch ein Semikolon ; zu trennen.
- Das Zeichen & als letztes Zeichen kennzeichnet, daß der Text auf der *folgenden* Zeile fortgesetzt wird.
- Es sind maximal 39 Fortsetzungszeilen möglich.
- Die Fortsetzungszeile *kann* mit einem Zeichen & am Anfang gekennzeichnet werden.
- Kommentare lassen sich nicht fortsetzen.
- Leerzeichen dürfen nicht in Bezeichner eingefügt werden.
- Bei einigen vordefinierten Bezeichnern sind zwei Schreibweisen möglich, wie z.B. END PROGRAM oder ENDPROGRAM.

```
! k2b4.for  Bild 2-4: Allgemeine Eingabeform
! Kommentarzeile durch Ausrufungszeichen eingeleitet
      IMPLICIT NONE    ! Kommentar hinter Anweisung
      INTEGER a, b, c  ! Anweisung ab Spalte 7
      a = 1; b = 2     ! Anweisungen durch Semikolon getrennt
                       ! die folgende Zeile wird fortgesetzt
      c =                                                      &
     &a + b             ! & in Spalte 6 kennzeichnet Fortsetzung
      WRITE(*,100) c    ! formatierte Ausgabe statt PRINT *, c
100   FORMAT(' c =',I5) ! markiertes Ausgabeformat in Spalte 1 bis 3
      PRINT *, 'Weiter -> '; READ *          ! 2 Anweisungen
      END               ! Endemarke des Programms ohne PROGRAM
```

Bild 2-4: Allgemeines Eingabeformat

Das in *Bild 2-4* dargestellte Programmbeispiel zeigt ein *allgemeines Eingabeformat*, das von den meisten Fortran 77 und Fortran 90 Compilern verstanden wird:
- Kommentare beginnen mit einem Ausrufezeichen ! in Spalte 1 oder stehen hinter einer Anweisung.
- Anweisungen stehen in den Spalten 7 bis 72.
- Mehrere Anweisungen auf einer Zeile werden durch ein Semikolon ; getrennt.
- Ein & in Spalte 73 bis 80 setzt die Anweisung auf der nächsten Zeile fort.
- Die fortgesetzte Zeile erhält ein & in Spalte 6.
- Anweisungsmarken stehen in den Spalten 1 bis 5.
- Bei Anweisungen ohne Marke und Fortsetzungen bleiben die Spalten 1 bis 6 und 73 bis 80 frei!

Vordefinierte Bezeichner (Kennwörter, Schlüsselwörter, Funktionsnamen) müssen so geschrieben werden, wie sie in der Norm bzw. in den Unterlagen des Compilerherstellers vorgegeben sind. In den Beispielen dieses Buches erscheinen sie in großen Buchstaben. Sind mehrere Schreibweisen zulässig, so wird die übersichtlichere mit Leerzeichen bevorzugt.

Benutzerdefinierte Bezeichner (Namen) können aus maximal 31 Zeichen bestehen. Sie müssen mit einem Buchstaben beginnen und können danach auch Ziffern und den Unterstrich _ enthalten. In den Beispielen dieses Buches erscheinen sie in kleinen Buchstaben. Die deutschen Umlaute und das Zeichen ß sind nicht zulässig. Auf die Möglichkeit, auch Kennwörter als Namen zu verwenden, sollte man tunlichst verzichten. Beispiele für Bezeichner von Variablen:
```
flaeche
x_neu
k4711
```

Ein einfaches Fortran Programm besteht aus einem *Vereinbarungsteil* und einem *Anweisungsteil*. Grundsätzlich müssen alle Namen (Bezeichner) vor ihrer Verwendung vereinbart worden sein.

```
[PROGRAM Name]

Vereinbarungen

Anweisungen

END [PROGRAM Name]
```

Der Anfang des Programmtextes *kann* mit dem Kennwort PROGRAM und einem vom Benutzer vergebenen Programmnamen gekennzeichnet werden, der keine besondere Bedeutung hat. Der Programmtext *muß* mit dem Kennwort **END** abgeschlossen werden; das Kennwort PROGRAM und der Programmname können entfallen. Das END dient nicht nur als Endemarke für den Quelltext, sondern bewirkt auch einen Rücksprung an die Stelle des Aufrufs, also in das Betriebssystem oder in die Entwicklungsumgebung.

Bei einigen Systemen ist es üblich, im Vereinbarungsteil Textdateien einzufügen, die Steuergrößen enthalten. Hinter dem Kennwort INCLUDE (füge ein) steht eine Textkonstante zwischen den Begrenzungszeichen " oder ' mit dem Betriebssystemnamen einer Textdatei, deren Inhalt eingefügt und vom Compiler mit übersetzt wird. Beispiel:

```
INCLUDE  "defs.for"    ! Definitionsdatei einfuegen
```

Mit USE können vordefinierte Module mit Definitionen und Modulunterprogrammen zugeordnet werden. In dem folgenden Beispiel enthält ein Modul bool Vereinbarungen und Operatoren eines benutzerdefinierten logischen Datentyps (Boolsche Algebra).

```
USE  bool  ! benutzerdefinierter Datentyp mit Operatoren
```

2.3 Datenvereinbarungen

Daten bestehen aus Zahlen (z.B. 47.11), Zeichen (z.B. dem Text Eingabe ->) oder logischen Zuständen (z.B. .TRUE. für wahr), die im Rechner binär gespeichert und verarbeitet werden. Die *vordefinierten Datentypen* des Fortran werden mit folgenden Kennwörtern bezeichnet:

> **INTEGER** für ganze Zahlen
>
> **REAL** für reelle Zahlen einfacher Genauigkeit
>
> **DOUBLE PRECISION** für reelle Zahlen höherer Genauigkeit
>
> **COMPLEX** für komplexe reelle Zahlen
>
> **CHARACTER** für Zeichen und Texte
>
> **LOGICAL** für logische Größen

Jedes Datum muß einem bestimmten Datentyp angehören. Damit sind die Form der binären Darstellung im Rechner, der Wertebereich, die zulässigen Operationen, die Form der Eingabe und Ausgabe sowie die Schreibweise der Konstanten festgelegt.

Konstanten sind Daten, deren Wert bei der Programmierung bereits bekannt ist und die im Programm nicht mehr verändert werden. Im einfachsten Fall erscheinen sie in den Anweisungen in Form von *Literalen* (z.B. Zahlenwerten). Beispiele:

```
REAL  durch, umfang        ! Typvereinbarung fuer Variablen
durch = 0.5                ! Wertzuweisung durch Konstante
umfang = durch * 3.1415927 ! Zahlenkonstante fuer pi
PRINT *, "Durchmesser = "  ! Textkonstante
```

INTEGER *Literale* sind ganze Dezimalzahlen ohne Dezimalpunkt, dabei kann ein positives Vorzeichen entfallen. Der Wertebereich ist systemabhängig. Beispiele:

1234
-5678
+4711

REAL *Literale* schreibt man immer mit einem Dezimalpunkt anstelle eines Kommas. In der Exponentenschreibweise steht der Kennbuchstabe **e** oder **E** vor dem ganzzahligen Zehnerexponenten. Beispiele:

```
3.1415927
1.5E10
-1.5e-10
1e12
```

DOUBLE PRECISION *Literale* können in der REAL Darstellung oder mit dem Kennbuchstaben **d** bzw. **D** für den Zehnerexponenten geschrieben werden. Beispiele

```
1d12
1.234D-4
```

COMPLEX *Literale* bestehen aus einem Realteil und einem Imaginärteil, die durch ein Komma getrennt und in runde Klammern gesetzt werden. Beide Anteile sind REAL.

```
(1.2, 4.5)
```

LOGICAL *Literale* sind die Konstanten .FALSE. bzw. .false. für *falsch* und .TRUE. bzw. .true. für *wahr*. Die Punkte dienen als Begrenzungszeichen.

```
marke = .FALSE.
```

CHARACTER *Literale* sind einzelne Zeichen oder Texte zwischen den Begrenzungszeichen " oder ', die nicht Bestandteil des Textes sind. Erscheint im Text ein Begrenzungszeichen, so ist es zu wiederholen. Beispiele:

```
"X"
'Eingabe -> '
```

Variablen sind Speicherstellen, deren Wert erst zur Laufzeit des Programms durch eine Wertzuweisung oder durch Lesen bestimmt wird. Entsprechend der automatischen *Namensregel* sind alle Variablen, deren Namen mit den Buchstaben I, J, K, L, M oder N beginnt, vom Datentyp INTEGER; alle anderen sind vom Datentyp REAL. Dies gilt auch für die kleinen Buchstaben von i bis n. Für die anderen Datentypen gibt es keine Voreinstellung. Die Zuordnung des Datentyps durch den Anfangsbuchstaben des Variablennamens läßt sich erweitern.

```
IMPLICIT Datentyp (Buchstabenliste) [, . . . ]
```

Die Buchstaben stehen durch jeweils ein Komma getrennt in einer Liste oder werden als Bereich mit einem Bindestrich zwischen dem Anfangs- und dem Endbuchstaben angegeben. Das folgende Beispiel *beschreibt* die automatische Namensregel mit kleinen Buchstaben.

```
IMPLICIT INTEGER (i,j,k,l,m,n), REAL (a-h, o-z)
```

In der modernen Programmiertechnik ist es üblich, auf die Namensregel zu verzichten und alle Variablen *explizit* (ausdrücklich) zu vereinbaren. Durch die Anweisung

```
IMPLICIT NONE
```

wird die implizite Namensregel außer Kraft gesetzt. Für jede Variable **muß** nun in einer expliziten Typvereinbarung der Datentyp festgelegt werden. Dies geschieht in der einfachen Form durch die Anweisung

```
Datentyp   Variablenliste
```

Als Datentypen dienen die vordefinierten Bezeichner wie z.B. INTEGER oder REAL. Die Variablenliste enthält durch Komma getrennt vom Benutzer vergebene Bezeichner. Beispiele:

```
INTEGER   a, b, c        ! Variablen fuer ganze Zahlen
REAL    durch, flaeche   ! Variablen fuer reelle Zahlen
```

Beim *Start des Programms* ist der Inhalt der Variablen undefiniert, die meisten Systeme übergeben numerische Variablen mit dem Anfangswert 0, Zeichenvariablen mit Leerzeichen und logische Variablen mit dem Anfangswert falsch. Mit der Anweisung

```
DATA   Variablenliste / Konstantenliste / [, . . .]
```

erhalten die in der Variablenliste aufgezählen Speicherstellen bereits bei der Übersetzung die in der Konstantenliste angegebenen Werte, mit denen sie beim Start des Programms vorbesetzt übergeben werden. Mehrere gleiche Konstanten lassen sich mit einem Wiederholungsfaktor vor dem Zeichen * zusammenfassen. Beispiele:

```
INTEGER   a, b, c, x, y, z  ! Typvereinbarung
DATA   a, b, c /1, 2, 3/    ! Anfangswerte
DATA   x, y, z / 3*0 /      ! Wiederholungsfaktor
```

Die Konstanten müssen in Anzahl und Typ mit den Variablen übereinstimmen. Als Anfangswerte sind nur Literale, keine Ausdrücke zulässig. Der Abschnitt Felder zeigt weitere Möglichkeiten der DATA Anweisung. Im Abschnitt 2.8 werden binäre, oktale und hexadezimale Anfangswerte (BOZ) behandelt.

Erscheinen Konstanten mehrmals in einem Programm oder müssen sie öfters geändert werden, so ist es einfacher, nicht Literale, sondern *benannte Konstanten* zu verwenden. Die Anweisung

```
PARAMETER   ( Name = Wert [, . . . ] )
```

weist einem bereits vereinbarten Namen einen Wert zu, der im Programm nicht mehr verändert werden darf. Als Werte können Literale oder Ausdrücke verwendet werden, die bereits bei der Übersetzung berechnet werden können. Beispiele:

```
REAL  pi                         ! Typvereinbarung
PARAMETER  (pi = 3.14159265)     ! Wertangabe
INTEGER  a, b, c                 ! Typvereinbarung
PARAMETER (a = 1, b = 2, c = a + b)  ! Werte und Ausdruck
```

Die moderne Form der expliziten Typvereinbarung (Fortran 90) legt neben dem Datentyp auch besondere Eigenschaften (Attribute) und Spezifikationen (z.B. Anfangswerte) der Daten fest.

> *Datentyp* [, *Attributliste*] :: *Variablenliste*

Die *Attribute* gelten für alle in der Liste aufgeführten Variablen. Für die Vereinbarung von nicht vorbesetzten Variablen, von Variablen mit Anfangswerten und von benannten Konstanten lautet die explizite Typvereinbarung:

> *Datentyp* :: *Name* [= *Wert*] [, . . .]
> *Datentyp*, **PARAMETER** :: *Name* = *Wert* [, . . .]

In einer durch :: gekennzeichneten expliziten Typvereinbarung kann wahlweise einzelnen Variablen ein Anfangswert zugewiesen werden, der nur aus einem Literal (z.B. einer Zahl) bestehen darf. Dieser Wert läßt sich später durch Anweisungen ändern. Mit dem Attribut **PARAMETER** gekennzeichnete explizite Typvereinbarungen beschreiben *benannte Konstanten*. Sie müssen Werte erhalten, die auch aus Ausdrücken bestehen dürfen, wenn diese zur Übersetzungszeit berechenbar sind. Benannte Konstanten dürfen durch Anweisungen nicht mehr verändert werden. Beispiele:

```
INTEGER    :: i, j=47, k=11      ! Anfangswerte j, k
REAL, PARAMETER :: pi = 3.14159265   ! benannte Konstante
INTEGER, PARAMETER :: a=1,b=2,c=a+b  ! Ausdruck
j = 10 * k                       ! j = neuer Wert
pi = 47.11                       ! FEHLERMELDUNG ! ! !
```

Die Form der Darstellung der Daten im Rechner und damit der zulässige Wertebereich sowie seine Kontrolle sind systemabhängig. *Bild 2-5* zeigt eine Tabelle aus dem Handbuch eines Compiler Herstellers. Die mit einem * gekennzeichneten Artparameter (KIND) sind bei diesem Compiler bereits voreingestellt. Abschnitt 2.8 zeigt Möglichkeiten, dies durch entsprechende Vereinbarungen zu ändern.

Der zulässige Wertebereich wird bei den ganzzahligen Datentypen oft nicht kontrolliert, so daß Überläufe bzw. Unterläufe unerwartete Ergebnisse liefern können; siehe auch den zweiten Testlauf Bild 2-2! Bei den reellen Datentypen findet standardmäßig eine Kontrolle durch den Compiler bzw. zur Laufzeit des Programms statt.

Datentyp	Art	Länge	Bereich
INTEGER	1	8 bit	-127 bis +127
INTEGER	2	16 bit	-32767 bis +32767
INTEGER	4*	32 bit	-2147483647 bis +2147483647
REAL	4*	32 bit	1.18E-38 bis 3.40E+38 7 bis 8 Dezimalstellen
REAL	8	64 bit	2.23E-308 bis 1.79E+308 15 bis 16 Dezimalstellen
DOUBLE PRECISION	8*	64 bit	wie REAL der Art 8
COMPLEX	4*	je 32 bit	wie REAL der Art 4
COMPLEX	8	je 64 bit	wie REAL der Art 8
LOGICAL	1	8 bit	=0: .FALSE. und ≠0: .TRUE.
LOGICA1	4*	32 bit	=0: .FALSE. und ≠0: .TRUE.
CHARACTER	1*	8 bit	ASCII-Zeichensatz

Bild 2-5: Vordefinierte Datentypen eines Fortran Systems (* bedeutet voreingestellt)

2.4 Die Wertzuweisung zur Programmierung von Formeln

Die häufigste Aufgabe der technisch orientierten Programmierung besteht darin, Formeln auszuwerten. Ein einfaches Beispiel ist die Berechnung der Kreisfläche F aus dem Durchmesser d.
Formel:

$$F = \frac{\pi * d^2}{4}$$

Zunächst werden der Datentyp und die Variablennamen der Formelgrößen festgelegt. Aufgrund der Aufgabenstellung kommen nur REAL Größen in Frage. Die Zahl π wird als benannte Konstante vereinbart und steht auch in anderen Formeln zur Verfügung.
```
REAL, PARAMETER :: pi = 3.14159265 ! benannte Konstante
REAL :: flae, durch               ! Variable vereinbaren
durch = 1.5                       ! Testwert zuweisen

flae = pi * durch ** 2 / 4.0      ! Formel in Fortran
```

Die **Zuweisung** eines *Wertes* an eine *Variable* hat die allgemeine Form

```
Variable = Ausdruck
```

Links vom Zuweisungszeichen = steht der Name einer *Variablen*, der das Ergebnis des rechts stehenden Ausdrucks zugewiesen wird. Der alte Inhalt der Variablen geht verloren und wird durch den neuen Wert überschrieben. *Rechts* vom Zuweisungszeichen steht ein *Ausdruck* aus Konstanten, Variablen, Operatoren und Funktionsaufrufen. Beispiele:

```
REAL :: x, y = 2.5                  ! Typvereinbarung
REAL, PARAMETER :: pi = 3.1415927   ! benannte Konstante
x = 1.5                  ! Literal Konstante
x = pi                   ! benannte Konstante
x = y                    ! Variable gleichen Typs
x = (x + y) * (x - y)    ! arithmetischer Ausdruck
x = SQRT(y)              ! Ergebnis der Wurzelfunktion
```

Rang	Operator	Wirkung	Beispiel
1	( )	Formelklammer	x = (a + b) / (a -b)
1	*Name* ( )	Funktionsaufruf	x = 2 * SQRT(a**2 + b**2)
2	**	Exponentiation	x = b ** 2
3	* und /	Multiplikation und Division	x = a * b
4	+ und -	Vorzeichen	x = -b
4	+ und -	Addition und Subtraktion	x = a + b

Bild 2-6: Arithmetische Operatoren

Die in *Bild 2-6* zusammengestellten arithmetischen Operatoren lassen sich auf alle numerischen Datentypen (INTEGER, REAL, DOUBLE PRECISION und COMPLEX) anwenden. Operatoren einer niederen Rangstufe werden *vor* denen einer höheren Rangstufe ausgeführt; gleichrangige Operationen mit Ausnahme der Exponentiation von links nach rechts. Es folgen die wichtigsten Regeln zur Bildung von arithmetischen Ausdrücken.

Die *Division* zweier INTEGER Operanden ergibt wieder einen ganzzahligen Quotienten ohne Stellen hinter dem Komma. Die Funktion MOD liefert den Divisionsrest. Beispiel:

```
INTEGER :: i = 11, j = 3, quot, rest  ! 11 : 3 = 3 Rest 2
quot = i / j                          ! Quotient 3
rest = MOD(i, j)                      ! Rest 2
```

Das Verhalten bei einer *Division durch Null* ist systemabhängig. Bei den ganzzahligen Datentypen führt die Division durch Null üblicherweise zu einem Fehlerabbruch des Programms. Bei den reellen Datentypen kann das System den Quotienten durch eine Fehlermarke (z.B. NAN oder INF) kennzeichnen und das Programm fortsetzen. Testen Sie Ihren Rechner!

Runde Klammern sind paarweise anzuordnen, geschachtelte Klammerpaare werden von innen nach außen abgearbeitet. Sie haben Vorrang vor allen arithmetischen Operatoren!

Der *Schrägstrich* ist kein Bruchstrich, sondern ein Divisionszeichen, das vor der Addition bzw. Subtraktion ausgeführt wird. Gegebenenfalls sind Zähler und Nenner durch Klammern vorrangig zu berechnen. Beispiel:

Formel:

$$x = \frac{a + b}{a - b}$$

Anweisung:
```
x = (a + b) / (a - b)
```

Reihenfolge:
```
berechne a + b
berechne a - b
dividiere Summe durch Differenz
```

In der nicht aufgabengerechten Schreibweise x = a + b / a - b hätte die Division Vorrang. Die Reihenfolge wäre: dividiere b/a, addiere zum Quotienten a und subtrahiere b.

Operatoren dürfen nicht unmittelbar aufeinander folgen, sondern sind durch Klammerausdrücke zu trennen. Das Multiplikationszeichen zwischen zwei Klammern muß immer gesetzt werden. Beispiele:
```
x = 12.5 * (-a)       ! negatives Vorzeichen klammern
x = (a + b)*(a - b) ! Multiplikationszeichen erforderlich
```

Die *Exponentiation* mit dem Operator ** wird *vor* den anderen arithmetischen Operationen ausgeführt. Folgen mehrere Exponentiationen aufeinander, so beginnt die Ausführung mit dem rechten Operator. Beispiele:
```
x = a ** b + c        ! wie (a ** b) + c
x = a ** b ** c       ! wie a ** (b ** c)
```

Die Exponentiation mit einem *ganzzahligen* Exponenten wird bei den meisten Systemen auf eine mehrmalige Multiplikation zurückgeführt. Ist der Exponent negativ, so wird über den Kehrwert gerechnet. Dies führt bei einem ganzzahligen negativen Exponenten immer zum Ergebnis 0. Eine negative reelle Basis ist bei mehrmaliger Multiplikation zulässig. Beispiele für x vom Datentyp REAL:
```
x = 2 ** 3            !  x = 2 * 2 * 2 = 8
x = 2 ** (-3)         !  x = 1 / 8 = 0
x = (-2) ** 3         !  x = (-2) * (-2) * (-2) = -8
x = (-2) ** (-3)      !  x = 1 / (-8) = 0
x = (-2.5) ** 2       !  x = (-2.5) * (-2.5) = 6.25
```

Die Exponentiation mit einem *reellen* Exponenten wird über die Logarithmusfunktion berechnet.

$$y^x = 10^{\,x \,\cdot\, \log y}$$

Da das Argument der Logarithmusfunktion nicht negativ sein darf, brechen die meisten Systeme bei einem reellen Exponenten und einer negativen, auch ganzzahligen, Basis das Programm mit einer Fehlermeldung ab. Die komplexe Exponentiation liefert den Hauptwert. Beispiele für x vom Typ REAL und c vom Typ COMPLEX:

```
x = 2.0 ** (-2.0)        ! x = 0.25 besser 2.0 ** (-2)
c = (1.0, 1.0) ** (1.0, 1.0)  ! c = (0.273957, 0.583701)
x = (-2.0) ** 2.5        ! Fehlerabbruch Basis negativ
x = (-2) ** 2.5          ! Fehlerabbruch Basis negativ
```

Gemischte Ausdrücke entstehen, wenn durch einen Operator Variablen bzw. Konstanten verknüpft werden, die unterschiedlichen numerischen Datentypen angehören. Dazu formt der Compiler automatisch den Operanden des kleineren Zahlenbereiches in die Zahlendarstellung des Operanden des größeren Bereiches um.
Es gilt die Umformungsregel:

```
ganzzahlig nach reell bzw. doppelt genau bzw. komplex
reell nach komplex bzw. doppelt genau
doppelt genau nach komplex (Stellenverlust möglich)
```

Ausnahme: ganzzahlige Exponenten werden meist als mehrfache Multiplikation ausgeführt und nicht umgewandelt.

Das Ergebnis erscheint im umgeformten Datentyp und wird in dieser Darstellung für die nächste Operation verwendet. Die Reihenfolge der Operationen richtet sich nach der in Bild 2-6 dargestellten Rangordnung. Man beachte, daß die Division zweier ganzzahliger Größen immer ein ganzzahliges Ergebnis ohne Nachkommastellen liefert, das gegebenenfalls erst danach reell umgewandelt wird. Ist jedoch einer der beiden Operanden reell, so wird reell dividiert; mit dem reellen Ergebnis wird weitergerechnet. Beispiele:

```
REAL :: r
r = 12.5 + 1 / 2    ! Ergebnis r = 12.5 da 1 / 2 = 0
r = 12.5 + 1.0 / 2  ! Ergebnis r = 13.0 da 1.0 / 2 = 0.5
```

Gehört bei einer **Wertzuweisung** die links stehende Variable einem anderen Datentyp als der rechts stehende Ausdruck an, so wird das Ergebnis der rechten Seite immer in den Datentyp der links stehenden Variablen umgeformt. Weist man einer ganzzahligen Variablen des Ergebnis eines reellen Ausdrucks zu, so werden alle Nachkommastellen abgeschnitten! Ist die rechte Seite (z.B. reell) größer als im links stehenden Datentyp (z.B. ganzzahlig) gespeichert werden kann, so ist das Ergebnis unbestimmt. Beispiele:

```
INTEGER :: i
REAL :: x = 47.11, y = 9999999999.0
i = x               ! Ergebnis i = 47
i = y               ! Ergebnis unbestimmt da y > 2147483647
```

Abschnitt 2.8 zeigt, daß für jeden vordefinierten Datentyp unterschiedliche Artparameter und damit unterschiedliche Speicherlängen vereinbart werden können, die bei gemischten Ausdrücken und Wertzuweisungen ebenfalls zu berücksichtigen sind.

Ergebnis	Funktion	Parameter	Wirkung
ganz	INT	(numerisch)	liefert ganzzahligen Anteil durch Abschneiden
ganz	NINT	(reell)	liefert ganzzahligen Anteil durch Runden
reell	AINT	(reell)	schneidet Nachpunktstellen ab
reell	ANINT	(reell)	rundet Nachpunktstellen zur nächsten ganzen Zahl
ganz	CEILING	(reell)	liefert nächstgrößere ganze Zahl
ganz	FLOOR	(reell)	liefert nächstkleinere ganze Zahl
reell	REAL	(numerisch)	liefert reelle Zahlendarstellung
doppelt	DBLE	(numerisch)	liefert doppelt genaue Zahlendarstellung
komplex	CMPLX	(numerisch)	ergibt nur Realteil, Imaginärteil = 0 gesetzt
komplex	CMPLX	(num. , num.)	ergibt Realteil (1. Oper.) und Imaginärteil (2.Oper.)
ganz	IFIX	(reell)	liefert ganzzahlige Darstellung durch Abschneiden
reell	FLOAT	(ganz)	liefert reelle Darstellung eines ganzzahligen Wertes
Zeichen	CHAR	(ganz)	liefert Zeichen entsprechend dem Zeichensatz
ganz	ICHAR	(Zeichen)	liefert den Zahlenwert des Zeichensatzes

Bild 2-7: Umwandlungsfunktionen

Bild 2-7 zeigt die *generischen Namen* der Umwandlungsfunktionen, mit denen in Ausdrücken explizite Typumformungen vorgenommen werden können. Generisch bedeutet, daß alle numerischen Datentypen (INTEGER, REAL, DOUBLE PRECISION und COMPLEX) als Parameter zugelassen sind. Beim Aufruf mit *spezifischen* Namen müssen die Parameter einem bestimmten Datentyp angehören. Beispiele sind die Funktion FLOAT zur Umwandlung von INTEGER nach REAL und IFIX zur Umwandlung von REAL nach INTEGER. Erscheint der Datentyp COMPLEX als Parameter, so wird nur der Realteil verwendet.

Die in *Bild 2-8* zusammengestellten numerischen und mathematischen Standardfunktionen erscheinen mit ihren generischen (typunabhängigen) Namen. Die Bezeichnung *reell* bedeutet, daß INTEGER Parameter nicht zugelassen sind und mit einer Umwandlungsfunktion (REAL oder FLOAT) reell gemacht werden müssen. Die Funktionen sind auch für den Datentyp DOUBLE PRECISION verfügbar; SQRT, SIN, COS, EXP und LOG auch für COMPLEX. Die Compiler Handbücher enthalten die spezifischen Namen sowie weitere Funktionen, die z.T. über die Norm hinausgehen. Man beachte, daß die trigonometrischen Funktionen im Bogenmaß arbeiten. Beispiel:

```
REAL, PARAMETER :: pi = 3.14159265  ! benannte Konstante
REAL :: wert, bogen, winkel = 45.0  ! Winkel von 45 Grad
bogen = winkel * pi / 180.0         ! nach Bogen
wert = SIN (bogen)                  ! sin(45 Grad)
```

Ergebnis	Funktion	Parameter	Wirkung
numerisch	ABS	(x) numerisch	liefert Absolutwert (Betrag) von x
numerisch	MOD	(x, y) numerisch	liefert Divisionsrest $x - \text{INT}(x/y)*y$
numerisch	MODULO	(x, y) numerisch	liefert für x reell $x - \text{FLOOR}(x/y)*y$
numerisch	SIGN	(x, y) numerisch	liefert den Wert von x mit Vorzeichen von y
numerisch	DIM	(x, y) numerisch	liefert für $x > y$ die Differenz $x - y$ sonst 0
numerisch	MAX	(x, y [,...])	liefert den Maximalwert der Listenelemente
numerisch	MIN	(x, y [,...])	liefert den Minimalwert der Listenelemente
doppelt	DPROD	(x, y) reell	liefert Produkt x*y zweier reeller Faktoren
reell	SQRT	(x) reell	liefert $\sqrt[2]{x}$ für x positiv
reell	SIN	(x) reell	liefert sin(x) für x im Bogenmaß
reell	COS	(x) reell	liefert cos(x) für x im Bogenmaß
reell	TAN	(x) reell	liefert tan(x) für x im Bogenmaß
reell	ASIN	(x) reell	liefert arcsin(x) im Bogen $-\pi/2$ bis $+\pi/2$
reell	ACOS	(x) reell	liefert arccos(x) im Bogen $-\pi/2$ bis $+\pi/2$
reell	ATAN	(x) reell	liefert arctan(x) im Bogen $-\pi/2$ bis $+\pi/2$
reell	ATAN2	(y, x) reell	liefert arctan(y/x) im Bogen $-\pi$ bis $+\pi$
reell	SINH	(x) reell	$\sinh(x) = \frac{1}{2}(e^x - e^{-x})$ hyperbol. Sinus
reell	COSH	(x) reell	$\cosh(x) = \frac{1}{2}(e^x + e^{-x})$ hyperbol. Cosinus
reell	TANH	(x) reell	$\tanh(x) = \sinh(x)/\cosh(x)$ hyperbol. Tangens
reell	EXP	(x) reell	e^x Exponentialfunktion
reell	LOG	(x) reell	ln(x) Logarithmus zur Basis e $\quad x > 0$
reell	LOG10	(x) reell	log(x) Logarithmus zur Basis 10 $\quad x > 0$

Bild 2-8: Standardfunktionen (Auszug)

Mit dem in *Bild 2-9* dargestellten Testprogramm läßt sich das Verhalten der Standardfunktionen untersuchen, besonders natürlich für die Zahlenbereiche, die mathematisch bedenklich sind. Das für den Test verwendete Fortran System brach das Programm mit einer *Fehlermeldung* ab für die Fälle:
- zweiter Parameter (Divisor) der MOD-Funktion gleich 0,
- Parameter der SQRT Funktion negativ und
- beide Parameter der ATAN2 Funktion gleich 0.

```
! k2b9.for  Bild 2-9: Untersuchung der Standardfunktionen
      IMPLICIT NONE
      INTEGER :: i, j
      REAL :: wi, bo, a, b, x
      REAL, PARAMETER :: pi = 3.14159265
      PRINT *, '1. Zahl ganz -> '; READ *, i
      PRINT *, 'ABS =', ABS(i), '  SQRT =', SQRT(REAL(i))
      PRINT *, '2. Zahl ganz -> '; READ *, j
      PRINT *, 'MOD =', MOD(i,j), '  SIGN =', SIGN(i,j)
      PRINT *, 'Winkel reell -> '; READ *, wi
      bo = wi * pi / 180
      PRINT *, 'SIN =', SIN(bo), '  COS =', COS(bo)
      PRINT *, 'TAN =', TAN(bo), ' COTAN =', 1/TAN(bo)
      PRINT *, 'Real , Imaginaer fuer atan -> '; READ *, a, b
      PRINT *, ' ATAN =', ATAN(b/a)*180/pi, ' Grad'
      PRINT *, 'ATAN2 =', ATAN2(b,a)*180/pi, ' Grad'
      PRINT *, 'x fuer EXP, LOG und LOG10 -> '; READ *, x
      PRINT *, 'EXP =',EXP(x), ' LOG =', LOG(x), 'LOG10 =', LOG10(x)
      END
```

Bild 2-9: Testprogramm der Standardfunktionen

Die trigonometrischen Funktionen zeigten bemerkenswerte Ungenauigkeiten; so lieferte z.B. der COS(90°) nicht 0, sondern -0.437114E-07. Der TAN(90°), LOG(-1.0) und LOG10(-1.0) ergaben ohne Abbruch numerische Fehlermarken.

2.5 Die listengesteuerte Eingabe und Ausgabe

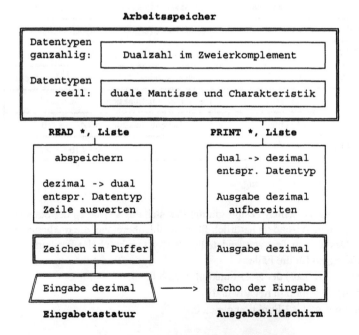

Bild 2-10: Die einfache listengesteuerte Eingabe und Ausgabe

Die in *Bild 2-10* dargestellte listengesteuerte Eingabe und Ausgabe über ein Terminal wird vorzugsweise für einfache Übungs- und Testprogramme verwendet. Sie ist in vielen Einzelheiten (z.B. Zahlendarstellung und Fehlerbehandlung) abhängig vom verwendeten Fortran System. Bei der Ausführung der Anweisung

> PRINT *, *Ausgabeliste*

werden die Ausdrücke der Liste auf der Konsole (Bildschirm) ausgegeben. Bei den numerischen Datentypen findet eine Umwandlung aus der maschineninternen dualen Darstellung in eine dem Datentyp entsprechende dezimale Darstellung statt, die standardmäßig so aufgebaut ist, daß alle signifikanten Dezimalstellen mit mindestens einem führenden Leerzeichen auf der Ausgabe erscheinen. Bei den reellen Datentypen kann es zu Fehlern durch Rundung oder Abschneiden kommen, so daß der ausgegebene dezimale Wert nicht genau der maschineninternen dualen Darstellung entspricht.

In der *Ausgabeliste* können Konstanten, Variablen und beliebige arithmetische Ausdrücke erscheinen. Texte sind zwischen Hochkommas oder Anführungszeichen zu setzen. Die Form der Ausgabe ist systemabhängig. Das untersuchte Fortran System ließ bei der listengesteuerten Ausgabe die erste Spalte der Ausgabezeile frei. Es konnten nur 79 Spalten ab Spalte 2 ausgegeben werden. *Bild 2-11* zeigt Beispiele für die listengesteuerte Ausgabe der vordefinierten Datentypen. Numerische Fehlermarken (NAN, INF), die durch Standardunterprogramme oder durch eine reelle Division durch 0 entstanden, wurden bei dem verwendeten System durch Sterne markiert.

```
! k2b11.for  Bild 2-11: listengesteuerte Datenausgabe
      IMPLICIT NONE
      INTEGER :: i = 1, j = 2147483647, k = -2147483647
      REAL :: a = 1.0, b = 1.18e-38, c = 3.40E+38
      DOUBLE PRECISION :: d = 1
      COMPLEX :: e = (1.1, 2e3)
      LOGICAL :: l1 = .FALSE., l2 = .TRUE.
      CHARACTER :: zei = '*'
      PRINT *, 0, 4711, i, i-2, j, k     ! INTEGER: 6 Werte/Zeile
      PRINT *, 1.3, a, b, c-a, a/0.0     !    REAL: 5 Werte/Zeile
      PRINT *, 1.3D100, d, LOG10(-d)     !  DOUBLE: 3 Werte/Zeile
      PRINT *, (-1.0e-20, 1), e          ! COMPLEX: 2 Werte/Zeile
      PRINT *, .TRUE., l1, l2, .FALSE.   ! LOGICAL: 1z T oder 1z F
      PRINT *, 'Zeichen ', zei ," Stern" ! CHARACT: max 80 Zeichen
      END


          0        4711           1          -1  2147483647 -2147483647
   1.30000        1.00000       0.118000E-37   0.340000E+39***************
   0.130000000000000D+101    1.00000000000000       ***********************
 (-0.100000E-19,1.00000)  (1.10000,2000.00)
 T F T F
Zeichen * Stern
```

Bild 2-11: Beispiele für listengesteuerte Datenausgabe

Bei der Ausführung der Anweisung

```
READ *, Variablenliste
```

wartet das System auf die Eingabe von der Tastatur. Die Zeichen gelangen zunächst in einen Eingabepuffer und erscheinen als Echo auf dem Bildschirm. Vor dem abschließenden *Wagenrücklauf cr* sind Korrekturen mit der *Rücktaste* bzw. *Cursor_links* möglich. Die Auswertung des Eingabepuffers wird durch die Variablen der Liste gesteuert; die Daten sind daher in der Reihenfolge und in den Datentypen einzugeben, in denen die Variablen in der Liste erscheinen. Ist die Variablenliste leer, so wartet das System auf die Eingabe eines *Wagenrücklaufs cr*. Werden mehr Daten als erforderlich eingegeben, so geht der überzählige Rest bis zum Ende der Eingabe verloren. Werden zu wenig Daten eingegeben, so werden solange weitere angefordert, bis alle Variablen der Liste Werte erhalten haben. Die Datensätze sind durch ein Komma oder mindestens ein Leerzeichen voneinander zu trennen. Die folgenden Beispiele zeigen für jeden Datentyp eine Typvereinbarung, eine READ Anweisung und die Eingabezeile.

```
INTEGER :: i, j, k              ! ganze Zahlen mit oder
READ *,     i,    j,      k     ! ohne Vorzeichen

Eingabe: +123    456    -789


REAL :: a, b, c, d              ! mit oder ohne Dezimalpunkt
READ *,     a,    b,    c,  d   ! e oder E fuer Zehnerexponent

Eingabe: 1    1.2    1E3    -1.4e-20


DOUBLE PRECISION :: e, f, g, h  ! mit oder ohne Dezimalpunkt
READ *,    e,    f,    g,      h  ! d oder D fuer Zehnerexponent

Eingabe: 1    1.2    1d5    -1.3D-100


COMPLEX :: x, y, z              ! zwei REAL-Zahlen wahlweise
READ *,    x,        y,      z  ! in Klammern eingeschlossen

Eingabe: (1,2) (1.0e3 1e4) 12.5 -13.7


CHARACTER :: zei                ! einzelnes Zeichen ausser
READ *, zei                     ! Leerzeichen und Steuerzeichen

Eingabe: x

CHARACTER (LEN = 80) :: name    ! Text aus maximal 80 Zeichen
READ *, name                    ! Leerzeichen = Endemarke !!!

Eingabe: Testbeispiel
```

```
LOGICAL  :: l1, l2, l3, l4        ! Woerter mit f, F, t oder T
READ *,    l1,  l2,  l3,  l4      ! mit oder ohne Punkt davor
```

Eingabe: falsch .F   T   .tja

Datensätze lassen sich auch durch ein Komma trennen. Befindet sich zwischen zwei Kommas kein Datensatz, so bleibt die entsprechende Variable unverändert. Ein Schrägstrich / bricht die Auswertung der Eingabe ab und beendet die READ Anweisung; noch nicht behandelte Variablen der Liste bleiben unverändert. Bei einigen Systemen kann unter dem Betriebssystem DOS das Programm durch Eingabe von *Strg* und *C* (^C) abgebrochen werden. Mehrere gleiche Datensätze lassen sich zusammenfassen. Unmittelbar vor dem Zeichen * steht der Wiederholungsfaktor, unmittelbar dahinter steht der zu wiederholende Datensatz. Beispiel:

```
INTEGER  :: i, j, k               ! 3*4711 wirkt wie
READ *,    i, j, k                ! 4711 4711 4711
```

Eingabe: 3*4711

Bei der Dateneingabe können Fehlerzustände durch Überschreiten des Zahlenbereiches oder bei der Eingabe von Buchstaben anstelle von Ziffern auftreten, die standardmäßig zu einem Abbruch des Programms führen. Durch die Umwandlung der dezimalen Eingabe in die maschineninterne duale Darstellung können bei den reellen Datentypen Fehler durch Runden oder Abschneiden nicht darstellbarer Ziffern entstehen.

In der praktischen Anwendung ist es zweckmäßig, vor einer READ Anweisung mit PRINT eine Meldung mit Angaben über die einzugebenden Datensätze auszugeben. Die Anweisungen PRINT und READ schreibt man oft durch ein Semikolon getrennt in eine Programmzeile. Eine READ Anweisung ohne Variablenliste kann dazu dienen, das System auf die Eingabe eines *Wagenrücklaufs* warten zu lassen. *Bild 2-12* zeigt ein Beispiel für die Auswertung einer Formel mit listengesteuerter Eingabe und Ausgabe. Die gleiche Aufgabe wird in Bild 2-13 mit formatgebundener Ein-/Ausgabe gelöst.

```
! k2b12.for  Bild 2-12: Listengesteuerte Eingabe und Ausgabe
      IMPLICIT NONE
      REAL :: durch, flae
      REAL, PARAMETER :: pi = 3.14159265
      PRINT *, 'Durchmesser reell in cm -> '; READ *, durch
      flae = pi * durch ** 2 / 4.0
      PRINT *, 'Flaeche =', flae, ' qcm'
      PRINT *, 'Weiter mit cr -> '; READ *
      END

Durchmesser reell in cm -> 3.5

Flaeche =    9.62113     qcm
Weiter mit cr ->
```

Bild 2-12: Listengesteuerte Eingabe und Ausgabe

2.6 Übungen zur Formelprogrammierung

Für die Formelgrößen sind Zahlenwerte einzulesen, die Ergebnisse sind mit Einheiten versehen auszugeben. Die Lösungsvorschläge (Kapitel 8) machen noch keinen Gebrauch von den Lese- und Kontrollschleifen des nächsten Kapitels.

1. Aufgabe:
Man lese den Durchmesser D einer Kugel und berechne daraus das Volumen V und die Oberfläche M nach folgenden Formeln:

$$V = \frac{\pi \cdot D^3}{6} \qquad M = \pi \cdot D^2$$

2. Aufgabe:
Man berechne den Widerstand Z [Ω] einer Spule aus dem Ohmschen Widerstand R [Ω], der Induktivität L [Henry] und der Frequenz f [Hz] nach der Formel:

$$Z = \sqrt{R^2 + (2 \cdot \pi \cdot f \cdot L)^2}$$

3. Aufgabe:
Für einen Träger der Länge l [m] bei einer Belastung von q [kp/m] berechnet man die Auflagerkraft A [kp] und das Biegemoment M [kpm] nach den Formeln:

$$A = \frac{q \cdot l}{2} \qquad M = \frac{q \cdot l^2}{8}$$

4. Aufgabe:
Für zwei Widerstände R_1 und R_2 in der Einheit Ohm sind Zahlenwerte zu lesen; die Ersatzwiderstände der Reihenschaltung R_r und der Parallelschaltung R_p sind zu berechnen und auszugeben. Man untersuche die Sonderfälle, daß einer der beiden Widerstände 0 ist bzw. daß beide 0 sind.

$$R_r = R_1 + R_2 \qquad R_p = \frac{R_1 \cdot R_2}{R_1 + R_2}$$

5. Aufgabe:
Man entwerfe ein Testprogramm, mit dem sich das Verhalten eines Fortran Systems bezüglich Eingabefehler, Zahlenüberlauf, Division durch 0 und Parameter der Standardfunktionen untersuchen läßt.

2.7 Die formatgebundene Eingabe und Ausgabe

Die formatgebundene Ein-/Ausgabe enthält neben den einzulesenden Variablen bzw. auszugebenden Ausdrücken zusätzliche Angaben über den Aufbau der Datensätze. *Bild 2-13* zeigt das in Bild 2-12 dargestellte listengesteuerte Beispiel nunmehr mit Formaten.

```
! k2b13.for  Bild 2-13: Formatgebundene Eingabe und Ausgabe
      IMPLICIT NONE
      REAL   :: durch, flae
      REAL, PARAMETER :: pi = 3.14159265
      PRINT 100, 'Durchmesser reell in cm -> '
100   FORMAT (1X, A)
      READ (*, 200) durch
200   FORMAT (F10.0)
      flae = pi * durch ** 2 / 4.0
      WRITE(*, 300) flae
300   FORMAT (1X, 'Flaeche = ', F8.3, ' qcm')
      PRINT 400
400   FORMAT (1X, "Weiter ->")
      READ (*, *)
      END

Durchmesser reell in cm -> 10

Flaeche =    78.540 qcm
Weiter ->
```

Bild 2-13: Beispiel einer formatgebundenen Ein-/Ausgabe

Die Formatbeschreibungen befinden sich in dem Beispiel in FORMAT Anweisungen, die mit einer Marke (z.B. 100) in den Spalten 1 bis 5 gekennzeichnet sind. Sie können aber auch als Textkonstanten oder Textvariablen direkt in den Ein-/Ausgabeanweisungen erscheinen. Sie bestehen aus einer Liste zwischen den Begrenzungszeichen *runde Klammer auf* und *runde Klammer zu* und enthalten
- Umwandlungsvorschriften für Datensätze (z.B. F8.3),
- Steuerzeichen (z.B. 1X) sowie
- auszugebende Texte (z.B. Flaeche =).

Die in *Bild 2-14* zusammengestellten **Umwandlungsformate** beschreiben den Aufbau eines Datensatzes bei der Eingabe einer Variablen oder bei der Ausgabe eines Ausdrucks. Die Kennbuchstaben sind in Großschrift dargestellt. Die kleinen Buchstaben kennzeichnen ganzzahlige Zahlenkonstanten mit Längen- und Positionsangaben; variable Angaben sind nicht möglich! Wahlfreie (optionale) Angaben erscheinen in eckigen Klammern. Die in *Bild 2-15* zusammengestellten Formatangaben führen nur Steuerfunktionen aus; in den Datenlisten stehen ihnen keine Variablen oder Ausdrücke gegenüber.

Datentyp	Angabe	bei der Eingabe	bei der Ausgabe
ganz	Iw[.m]	w Spalten dezimal	w Spalten dezimal
ganz	Bw[.m]	w Spalten binär	w Spalten binär
ganz	Ow[.m]	w Spalten oktal	w Spalten oktal
ganz	Zw[.m]	w Spalten hexadezimal	w Spalten hexadezimal
	[.m]	m ohne Bedeutung	mindestens m Stellen (führende Nullen)
reell	Fw.d	w Spalten d Nachpunkt-stellen Exponent möglich	Festpunktdarstellung w Spalten d Nachpunktstellen
reell	Ew.d[Ee]	wie F	Exponentendarstellung w Spalten Mantisse mit d Nachpunktstellen
reell	ENw.d[Ee]	wie F	wie Ew.d jedoch Exp. durch 3 teilbar
reell	ESw.d[Ee]	wie F	wie Ew.d jedoch eine Vorpunktstelle
	[Ee]	ohne Bedeutung	e Exponentenstellen ausgeben
doppelt	Dw.d[Ee]	wie F jedoch D oder d	wie Ew.d jedoch D für Exponent
komplex	wie reell	zwei REAL Zahlen	zwei REAL Zahlen
logisch	Lw	w Spalten	w Spalten Buchstabe T bzw. F
Zeichen	A[w]	w Spalten	w Spalten
alle	Gw.d[Ee]	für alle Datentypen	für alle Datentypen

Bild 2-14: Umwandlungsformate für formatgebundene Ein-/Ausgabe

Angabe	Wirkung bei der Eingabe	Wirkung bei der Ausgabe
nX	n Spalten überlesen	n Leerzeichen ausgeben
/	Ende der Eingabezeile	neue Zeile
:	Ende der Umwandlung	Ende der Umwandlung
Tn	Tabulator auf Position n setzen	Tabulator auf Position n setzen
TLn	Tabulator n Positionen nach links	Tabulator n Positionen nach links
TRn	Tabulator n Positionen nach rechts	Tabulator n Positionen nach rechts
kP	Skalenfaktor vor Angaben F, E, G und D	Skalenfaktor vor Angaben F, E, G und D
BN	Leerzeichen ignorieren	keine
BZ	Leerzeichen als 0 bewerten	keine
SP	keine	Vorzeichen + ausgeben
SS	keine	kein Vorzeichen + ausgeben
S	keine	Vorzeichen wie voreingestellt

Angabe	Wirkung bei der **Eingabe**	Wirkung bei der **Ausgabe**
`"Text"`	keine	Textkonstante ausgeben
`'Text'`	keine	Textkonstante ausgeben
`nHText`	keine	die folgenden n Textzeichen ausgeben

Bild 2-15: Steuerangaben für formatgebundene Ein-/Ausgabe

Folgen mehrere *gleiche Formatangaben* aufeinander, so können sie mit einem Wiederholungsfaktor zusammengefaßt werden; Gruppen von Formatangaben und Textkonstanten sind in runde Klammern zu setzen. Beispiele:

```
   3F10.3    wirkt wie   F10.3, F10.3, F10.3
3(1X, I3)    wirkt wie   1X, I3, 1X, I3, 1X, I3
   3('-')    wirkt wie   '---'
```

Die Angaben der Formatliste werden in der gleichen Reihenfolge ausgeführt wie die Elemente der Datenliste in den Ein-/Ausgabeanweisungen angeordnet sind. Enthält die Formatliste mehr Angaben als erforderlich, so werden überflüssige Umwandlungsformate nicht mehr ausgeführt; Texte (Steuerangabe!) werden jedoch noch ausgegeben. Ist die Liste der Formatangaben zu klein, so wird sie solange wiederholt, bis alle Elemente der Datenliste gelesen bzw. ausgegeben wurden. Bei mehrfach geschachtelten Klammern wird die Auswertung unter Beachtung von Faktoren mit der augenblicklichen Gruppe fortgesetzt.

Wird die Formatbeschreibung in einer besonderen FORMAT Anweisung abgelegt, so muß diese eine **Anweisungsmarke** von 1 bis 99999 in den Spalten 1 bis 5 erhalten. Eine **FORMAT** Anweisung kann von mehreren Ein-/Ausgabeanweisungen verwendet werden, die sich dann auf die gleiche Marke beziehen.

```
Marke FORMAT (Liste von Formatangaben)
```

Der Compiler untersucht die Liste der FORMAT Anweisungen genauer auf formale Fehler als die in Konstanten oder Variablen abgelegten Formattexte. Fehlerhafte Formatangaben machen sich oft erst bei der Ausführung der Ein-/Ausgabeanweisungen bemerkbar, wenn sie zur Datenumwandlung benötigt werden. Die Anweisung

```
PRINT   Format, Ausgabeliste
```

dient zur Ausgabe auf einem fest zugeordneten Ausgabegerät, meist dem Bildschirm. Die Angabe `Format` kann bestehen aus:
- dem Zeichen * für listengesteuerte Ausgabe (Abschnitt 2.5) oder
- einer *Marke* (Zahl von 1 bis 99999) der entsprechenden FORMAT Anweisung oder
- einer *Textkonstanten* mit Formatangaben zwischen den Zeichen " bzw. ' oder
- einer *Textvariablen*, die die Formatangaben enthält.

Die folgenden Beispiele zeigen die Ausgabe der berühmten Zahl pi im Format F15.6 (Festpunkt in 15 Spalten mit 6 Nachpunktstellen rechtsbündig).

```
      REAL, PARAMETER :: pi = 3.14159265
      CHARACTER *80 :: ausgabe    ! Textvariable
      PRINT *, pi                 ! listengesteuert G15.6
      PRINT 100, pi               ! FORMAT Anweisung 100
100   FORMAT(1X, F15.6)           !
      PRINT "(1X, F15.6)", pi     ! Textkonstante
      ausgabe = "(1X, F15.6)"     !
      PRINT ausgabe, pi           ! Textvariable
```

Die Anweisungen **READ** zur Eingabe und **WRITE** zur Ausgabe sind wesentlich vielseitiger als die PRINT Anweisung. In einfachen Anwendungen können die zusätzlichen *Steuerangaben* entfallen.

```
READ    (Einheit, Format [, Steuerangaben]) Variablenliste
WRITE   (Einheit, Format [, Steuerangaben]) Ausgabeliste
```

Die Angabe *Einheit* ist eine zugeordnete Gerätenummer. Verwendet man den *, so erfolgt die Eingabe von der Tastatur und die Ausgabe auf dem Bildschirm. Die Angabe *Format* kann wie bei PRINT bestehen aus:
- dem Zeichen * für listengesteuerte Ausgabe (Abschnitt 2.5) oder
- einer *Marke* (Zahl von 1 bis 99999) der entsprechenden FORMAT Anweisung oder
- einer *Textkonstanten* mit Formatangaben zwischen den Zeichen " bzw. ' oder
- einer *Textvariablen*, die die Formatangaben enthält.

Die folgenden Beispiele lesen mit READ eine ganze Zahl im Format I10 (INTEGER 10 Spalten) ein und geben sie mit WRITE im Format I5 (INTEGER 5 Spalten rechtsbündig) mit einem vorangestellten Leerzeichen (1X) aus. Das Ausgabeformat einer Variablen ist völlig unabhängig vom Eingabeformat, da die Werte sowohl bei der Eingabe als auch bei der Ausgabe in die bzw. aus der maschineninternen dualen Darstellung umgewandelt werden. Das letzte Beispiel mit zusätzlicher Fehler- und Endebedingung wird im Abschnitt Leseschleifen und im Abschnitt Kontrollschleifen ausführlich mit Beispielen behandelt.

```
      INTEGER :: wert, test
      CHARACTER*80 :: ausgabe        ! Zeichenvariable
      ausgabe = "(1X, I5)"           ! Formatangabe
      WRITE (*, *) 'Eingabe -> '     ! listengesteuert
      READ (*, 200) wert             ! FORMAT 200 verwendet
200   FORMAT(I10)                    ! Eingabe: 10 Spalten
      WRITE (*, 300) wert            ! FORMAT 300 verwendet
300   FORMAT(1X, I5)                 ! Ausgabe: 5 Spalten
      WRITE (*, "(1X, I5)" ) wert    ! Textkonstante
      WRITE (*, ausgabe) wert        ! Textvariable
! listengesteuerte Eingabe mit Fehler- und Endebedingung
      READ (*, *, IOSTAT = test) wert
```

Bei der Ausgabe erscheinen die Daten rechtsbündig in einem Feld der angegebenen
Weite w. Neben den auszugebenden Stellen noch sind das Vorzeichen und bei reellen
Zahlen der Punkt und gegebenenfalls auch noch der Exponent zu berücksichtigen.
Reicht der Platz nicht aus, so erscheinen Sterne als Fehlermarke. Das untersuchte
System gab auch Sterne aus, wenn reelle Variablen numerische Fehlermarken (z.B.
Division durch 0) enthielten. Beispiel:

```
       REAL :: x = 1.0, y = 0.0, z
       INTEGER :: i = 123456          ! 6 Dezimalstellen
       WRITE(*, 100) i
100    FORMAT(1X, 'i=', I5, '#')      ! mindestens I6
       z = x / y                    . ! Division durch 0.0
       WRITE(*, 200) z                ! was enthält z ?
200    FORMAT(1X, 'z=', F10.3, '#')   ! Ausgabe 10 Spalten
```

Ausgabe:
```
 i=*****#
 z=**********#
```

Das *erste Zeichen* der Ausgabezeile dient bei der formatgebundenen Ausgabe als
Vorschubsteuerzeichen für einen (oft gedachten) Drucker und wird nicht ausgegeben.
Die in *Bild 2-16* zusammengestellten Wirkungen sind jedoch bei der Bildschirmausgabe
abhängig vom Fortran System. Beispiele:

```
       WRITE(*, 100)
100    FORMAT(1X, '1X ergibt Leerzeichen als Vorschub')
       WRITE(*, 200)
200    FORMAT(' Leerzeichen am Anfang des Textes')
       WRITE(*, 300)
300    FORMAT ('#fehlt hier')
       PRINT *,'#listengesteuert ab Spalte 2 ausgegeben'
```

Ausgabe:
```
 1X ergibt Leerzeichen als Vorschub
 Leerzeichen am Anfang des Textes
 fehlt hier
 #listengesteuert ab Spalte 2 ausgegeben
```

1. Zeichen	Wirkung bei der *formatgebundenen Ausgabe*
Leerzeichen	Vorschub auf den Anfang der nächsten Zeile
0 (Null)	Vorschub auf den Anfang der übernächsten Zeile (eine Leerzeile)
+ (Plus)	kein Vorschub, Rücksetzen auf den Anfang der Zeile
1 (Eins)	neue Seite, am Bildschirm ohne Wirkung

Bild 2-16: Steuerzeichen für den (Drucker) Vorschub (systemabhängig)

Alle nicht aufgeführten Zeichen werden unterdrückt und bewirken einen Vorschub auf den Anfang der nächsten Zeile. Die optionale Angabe ADVANCE der formatgebundenen WRITE Anweisung steuert die Beendigung der WRITE Ausgabezeile. Mit ADVANCE = "YES" (meist voreingestellt) beginnt die folgende formatgesteuerte WRITE Ausgabe immer am Anfang der nächsten Zeile. Mit ADVANCE = "NO" wird die folgende formatgesteuerte WRITE Ausgabe an das letzte Zeichen angehängt. Beispiel:

```
        WRITE(*, 100, ADVANCE = "NO")
100     FORMAT(' Hier geht es ')
        WRITE(*, 200)
200     FORMAT('weiter')
```

*Ausgabe:*Hier geht es weiter

Die *listengesteuerte Ausgabe* beginnt am Anfang einer neuen Zeile; das Echo der Tastatureingabe erscheint standardmäßig hinter dem letzten mit WRITE bzw. PRINT ausgegebenen Zeichen. Bei Systemen, die das Echo auf der folgenden Zeile ausgeben, kann es mit ADVANCE = "NO" an die Ausgabe angehängt werden. Beispiel:

```
        WRITE (*, *, ADVANCE = "NO") ' Eingabe -> '
        READ (*, *) i, j, k          ! listengesteuert
```

Ausgabe: Eingabe -> 1 , 2, 3

Die *formatgebundene Eingabe* von Daten verlangt, daß die in der Formatbeschreibung vereinbarte Spalteneinteilung w genau eingehalten wird. Zahlen gibt man wie bei der Listensteuerung ein, jedoch ohne das Trennzeichen Komma. Das folgende Beispiel liest drei INTEGER Werte:

```
        INTEGER :: i, j, k
        READ(*, 100) i, j, k          ! formatgebunden
100     FORMAT(I5, I5, I5)
```

Eingabe: 1   2   3
*Spalten:*123451234512345

Der Zahlenwert 1 für i steht rechtsbündig in den ersten fünf Spalten, der Wert 2 für j steht in der Mitte der nächsten fünf Spalten, und der Wert 3 für k steht linksbündig im nächsten Feld aus fünf Spalten. Die Eingabe von reellen Zahlen erfolgt unabhängig von den Kennbuchstaben F, E oder G mit oder ohne Exponent in einem Feld von w Spalten. Wird der Dezimalpunkt eingegeben, so ist die Angabe d wirkungslos. Das folgende Beispiel zeigt die Eingabe von drei REAL Werten in je einem Feld aus 10 Spalten, der Punkt wird immer eingegeben. Die Variable x erhält den Wert 47.11, y den Wert 1.0E-10 und z den Wert 1.2345.

```
        REAL :: x, y, z
        READ(*, 200) x, y, z          ! formatgebunden
200     FORMAT(F10.3, E10.2, G10.1)
```

Eingabe: 47.11   1.0e-101.2345
*Spalten:*12345678901234567890123456789
0

Das Verhalten bei *Eingabefehlern* ist abhängig vom verwendeten Fortran System. Fehlerzustände, die zu einem Abbruch des Programms führen, können mit optionalen Steuerangaben der formatgebundenen READ Anweisung abgefangen werden. Wurden weniger Daten eingegeben als in der Variablenliste und im Format vereinbart, so wies das untersuchte System den restlichen numerischen Variablen den Wert 0 zu; bei Eingabe eines *Wagenrücklaufs* am Anfang der Dateneingabezeile erhielten alle Variablen den Wert 0! Überzählige Daten der Eingabezeile wurden standardmäßig auch von nachfolgenden Eingabeanweisungen nicht ausgewertet und gingen verloren.

Die optionale Angabe ADVANCE der formatgebundenen READ Anweisung steuert die Beendigung der Eingabezeile. Mit ADVANCE = "YES" (meist voreingestellt) gehen noch nicht ausgewertete Zeichen der Eingabezeile verloren; die folgende formatgesteuerte READ Eingabe beginnt immer am Anfang der nächsten Eingabe. Mit ADVANCE = "NO" wertet die folgende formatgesteuerte READ Anweisung noch nicht verarbeitete Zeichen der vorhergehenden Eingabe aus.

In der praktischen Anwendung ist die formatgebundene Eingabe anfällig gegen Eingabefehler; besonders, wenn mehrere Werte auf einer Zeile einzugeben sind. Die formatgebundene Ausgabe wird vorzugsweise für den Aufbau von Listen und Tabellen verwendet.

2.8 Numerische Sonderfragen

Dieser Abschnitt zeigt speziell für Fortran 90, wie man Programme möglichst system-unabhängig gestaltet und numerische Probleme mit Standardfunktionen untersucht. Leser, die nur mit den voreingestellten Datentypen arbeiten wollen, können diesen Abschnitt zunächst übergehen.

Ein Fortran System stellt vordefinierte Datentypen mit voreingestellten Eigenschaften zur Verfügung, die durch *Kennzahlen* beschrieben werden. Die Standardfunktion

```
KIND(Ausdruck)
```

liefert für den Datentyp des Ausdrucks einen Artparameter (*englisch* kind = Art, Sorte, Weise) als ganze Zahl. Diese ist in den meisten Systemen identisch mit der Anzahl der Bytes, in denen Werte des betreffenden Datentyps gespeichert werden. Beispiel:
```
INTEGER  x        ! voreingestellter ganzzahliger Datentyp
PRINT *, KIND(x) ! gibt Artparameter z.B. 4 (Bytes) aus
```

Die Unterlagen der Compilerhersteller enthalten für jeden vordefinierten Datentyp Angaben über die voreingestellte Art sowie weitere mögliche Arten und die entsprechenden Wertebereiche und Genauigkeiten. Bild 2-5 zeigt als Beispiel, daß auf dem vorliegenden System für den ganzzahligen Datentyp INTEGER der Artparameter 4 voreingestellt ist, der einen Zahlenbereich von -2147483647 bis +2147483647 umfaßt; möglich sind auch die Arten 1 und 2. Für Variablen und benannte Konstanten der nicht voreingestellten Arten sind besondere Angaben in den Typvereinbarungen erforderlich; an Literalkonstanten wird die gewünschte Art mit einem Unterstrich angehängt.

```
Datentyp*Art Variablenliste
Datentyp (Art) [::] Variablenliste
Datentyp (KIND = Art) [,Attribute] [::] Liste

Literalkonstante_Art
```

Die in eckige Klammern gesetzten Angaben können entfallen. Die **Art** ist eine vorzeichenlose ganze Zahl oder eine entsprechende Konstante. Die folgenden Beispiele vereinbaren Variablen und Konstanten mit dem Artparameter 2.

```
INTEGER (KIND = 2) :: a            ! Variable der Art 2
INTEGER (2),PARAMETER::b = 1_2 ! benannte Konstante Art 2
a = 123_2                          ! Literalkonstante Art 2
```

Verwendet man als Artparameter eine *benannte Konstante*, so läßt sich ein Programm durch Änderung der entsprechenden Vereinbarung leicht an andere Systeme anpassen.

```
INTEGER, PARAMETER :: dopp = 8            ! Artparameter 8
REAL   (KIND = dopp) :: a, b = 1.0_dopp ! Variablen Art 8
a = 1e10_dopp                             ! Literalkonstante
```

Mit dem Wert dopp = 4 anstelle von 8 würde das Beispiel für die Variablen a und b sowie für die Konstanten mit dem Artparameter 4 übersetzt werden. Die Artparameter sind zunächst nur Kennzahlen, die noch keine direkte Aussage über die interne Zahlendarstellung sowie über ihren Zahlenumfang und die Genauigkeit enthalten. Mit den Standardfunktionen SELECTED_INT_KIND und SELECTED_REAL_KIND lassen sich dezimale Vorgaben machen; der Compiler wählt den dafür erforderlichen Artparameter. Die in Bild 2-17 und 2-19 zusammengestellten Standardfunktionen ermitteln die Eigenschaften der verwendeten Zahlendarstellung; ihnen liegen allgemeine rechnerunabhängige Zahlenmodelle zugrunde.

Das *ganzzahlige Zahlenmodell* der INTEGER Datentypen lautet:

$$i = s * \sum_{k=1}^{q} W_k * r^{k-1}$$

s = Vorzeichen der Zahl +1 oder -1 z.B. für positive Zahlen s = +1
r = Basis des Zahlensystems z.B. im dualen System r = 2
q = Anzahl der Stellen der Zahl z.B. für ein Byte q = 8
W = Ziffer entsprechend dem Wertevorrat z.B. im dualen System 0 oder 1

Beispiel:
```
i= W₈*2⁷ + W₇*2⁶ + W₆*2⁵ + W₅*2⁴ * W₄*2³ + W₃*2² +W₂*2¹ + W₁*2⁰
```
$$i= W_8*2^7 + W_7*2^6 + W_6*2^5 + W_5*2^4 * W_4*2^3 + W_3*2^2 + W_2*2^1 + W_1*2^0$$
$$i= 0*128 +0*64 +0*32 + 1*16 + 1*8 + 0*4 + 1*2 + 0*1$$
$$i= 26_{10}$$

Die Standardfunktion

SELECTED_INT_KIND (*Bereich*)

---

liefert den Artparameter, der erforderlich ist, um ganze Dezimalzahlen im Bereich von $-10^{Bereich}$ bis $+10^{Bereich}$ zu verarbeiten. Es wird die kleinstmögliche Speicherlänge gewählt; das Ergebnis -1 zeigt, daß für den gewünschten dezimalen Exponenten kein Artparameter zur Verfügung steht. Die Eigenschaften der Artparameter lassen sich mit den in *Bild 2-17* zusammengestellten Standardfunktionen abfragen. Die Parameter geben nur den Datentyp an; ihre Werte sind ohne Bedeutung. *Bild 2-18* zeigt ein Testprogramm, das einen Artparameter für den dezimalen Bereich von -1000 bis +1000, also mit drei Dezimalstellen, anfordert. Für den voreingestellten Datentyp INTEGER gibt das Programm die Kennwerte aus.

Ergebnis	Funktion	Parameter	Wirkung
ganz	RADIX	(ganz)	liefert die Basis r des Zahlenmodells
ganz	DIGITS	(ganz)	liefert die Stellenzahl q des Zahlenmodells
ganz	RANGE	(ganz)	liefert den Exponentenbereich dezimal
ganz	HUGE	(ganz)	liefert die größte Zahl des Modells dezimal

Bild 2-17: Standardfunktionen für INTEGER Artparameter

```
! k2p18.for  Bild 2-18: Artparameter fuer ganze Zahlen
      IMPLICIT NONE
      INTEGER, PARAMETER :: klein = SELECTED_INT_KIND (3) ! 10**3
      INTEGER (KIND = klein) :: neu = 12345_klein        ! neu
      INTEGER :: vor = 1234567890                        ! vordef.
      PRINT 100, KIND(vor), RADIX(vor), DIGITS(vor)
100   FORMAT(' INTEGER Art =',I2,' Basis =',I2,' Dualstellen =',I3)
      PRINT 200, RANGE(vor), HUGE(vor), -HUGE(vor)
200   FORMAT(' Bereich 10**',I1, ' von', I11, ' bis', I12)
      PRINT 300, KIND(neu), RADIX(neu), DIGITS(neu)
300   FORMAT('0 kleine Art =',I2,' Basis =',I2,' Dualstellen =',I3)
      PRINT 400, RANGE(neu), HUGE(neu), -HUGE(neu)
400   FORMAT(' Bereich 10**',I1, ' von', I11, ' bis', I12)
      END

INTEGER Art = 4 Basis = 2 Dualstellen = 31
Bereich 10**9 von 2147483647 bis -2147483647

 kleine Art = 2 Basis = 2 Dualstellen = 15
Bereich 10**4 von       32767 bis       -32767
```

Bild 2-18: Artparameter und Kennwerte für ganze Zahlen

Das *reelle Zahlenmodell* der reellen Datentypen lautet:

$$x = s * b^e * \sum_{k=1}^{p} f_k * b^{-k}$$

s = Vorzeichen +1 oder -1 z.B. für positive Zahlen s = +1
b = Basis des Zahlensystems z.B. für duale Zahlen b = 2
p = Stellenzahl der Mantisse z.B. für REAL voreingestellt p = 24
f = Ziffern der Mantisse, $f_1 > 0$ z.B. für duale Zahlen 0 oder 1 mit f_1 = 1
e = Exponent von e_{min} bis e_{max} z.B. e = 4
Beispiel:
```
X=2⁴ *(0.5 + 0*0.25 + 1*0.125 + 1*0.0625 + 1*0.003125 + ..)
X= 16 * 0.71875 = 11.5₁₀
```

Die Standardfunktion

> **SELECTED_REAL_KIND**(*Stellen, Bereich*)

liefert den Artparameter, der erforderlich ist, um reelle Dezimalzahlen mit *Stellen* Ziffern im Bereich von $-10^{Bereich}$ bis $+10^{Bereich}$ zu verarbeiten. Es wird die kleinstmögliche Speicherlänge gewählt; ein negatives Ergebnis zeigt, daß für die gewünschten dezimalen Vorgaben kein Artparameter zur Verfügung steht.

Die Eigenschaften der reellen Arten lassen sich mit den Standardfunktionen in *Bild 2-19* abfragen. Die Werte der Parameter sind ohne Bedeutung; nur der Datentyp wird verwendet. *Bild 2-20* zeigt ein Testprogramm, das einen Artparameter für den Bereich von 10^{-100} bis 10^{+100} bei 12 Dezimalstellen anfordert und damit eine Variable neu vereinbart. Für den voreingestellten Datentyp REAL gibt das Programm alle Kennwerte aus.

Ergebnis	Funktion	Parameter	Wirkung
ganz	RADIX	(reell)	liefert die Basis b des Zahlenmodells
ganz	DIGITS	(reell)	liefert die Stellenzahl p der Mantisse
ganz	MINEXPONENT	(reell)	liefert den kleinsten Exponenten e_{min} des Modells
ganz	MAXEXPONENT	(reell)	liefert den größten Exponenten e_{max} des Modells
ganz	RANGE	(reell)	liefert den dezimalen Exponentenbereich
ganz	PRECISION	(reell)	liefert die dezimale Stellenzahl
reell	HUGE	(reell)	liefert die größte Dezimalzahl
reell	TINY	(reell)	liefert die kleinste Dezimalzahl ungleich Null
reell	EPSILON	(reell)	liefert die nächste Zahl größer als 1.0

Bild 2-19: Kennwerte der REAL Zahlendarstellung

```
! k2b20.for   Bild 2-20: Artparameter fuer reelle Zahlen
      IMPLICIT NONE
      INTEGER, PARAMETER :: gross = SELECTED_REAL_KIND (12,100)
      REAl (KIND = gross) :: neu = 123456789.0E50_gross          ! neu
      REAL :: vor = 123456.0
      PRINT 100, KIND(neu), RANGE(neu), PRECISION(neu)
100   FORMAT(' REAL neu: Art =',I2,' Bereich 10**',I3,I4,' Stellen')
      PRINT 200, KIND(vor), RADIX(vor)
200   FORMAT('0REAL voreingestellt: Art =',I2,' Basis =',I2)
      PRINT 300, DIGITS(vor), MINEXPONENT(vor), MAXEXPONENT(vor)
300   FORMAT(I4,' Stellen Mantisse Eponent 2**',I4,' bis 2**+',I3)
      PRINT 400, RANGE(vor), PRECISION(vor)
400   FORMAT(' Bereich 10**',I2,I4,' Dezimalstellen')
      PRINT 500, TINY(vor), HUGE(vor), EPSILON(vor), 2.0**(-23)
500   FORMAT(1x,ES14.8,' bis',ES15.8,' Epsilon =',2ES14.7)
      END


REAL neu: Art = 8 Bereich 10**307  15 Stellen

REAL voreingestellt: Art = 4 Basis = 2
 24 Stellen Mantisse Eponent 2**-126 bis 2**+128
Bereich 10**37   6 Dezimalstellen
1.17549435E-38 bis 3.40282347E+38 Epsilon = 1.1920929E-07 1.1920929E-07
```

Bild 2-20: Testprogramm für typabhängige Kennwerte

Die in *Bild 2-21* dargestellten Standardfunktionen ermitteln die numerischen Eigenschaften der als Parameter übergebenen reellen Ausdrücke. Sie orientieren sich an dem
reellen Zahlenmodell. *Bild 2-22* zeigt ein entsprechendes Testprogramm.

Ergebnis	Funktion	Parameter	Wirkung
ganz	EXPONENT	(reell)	liefert Exponentenanteil der Zahl dezimal
reell	FRACTION	(reell)	liefert gebrochenen Anteil (Mantisse) der Zahl
reell	SPACING	(reell)	liefert absoluten Abstand zur nächsten Zahl
reell	NEAREST	(X reell, i)	i positiv: liefert nächstgrößere Zahl von X i negativ: liefert nächstkleinere Zahl von X
reell	RRSPACING	(reell)	liefert Reziprokwert des relativen Abstandes zur nächsten Zahl gleich Mantisse $*b^p$
reell	SCALE	(X reell, i)	liefert Zahl $X*b^i$ durch Addition von i zum Exp.
reell	SET_EXPONENT	(X reell, i)	liefert Zahl, bei der der Exponent auf i gesetzt und die Mantisse von X übernommen wird

Bild 2-21: Standardfunktionen für REAL Werte

```
! k2b22.for  Bild 2-22: reelle Sonderfunktionen
      IMPLICIT NONE
      INTEGER (2) :: i, b, p, e
      REAL :: x, rb
      PRINT *, 'x reell eingeben -> '; READ *, x
      b = RADIX(x); rb = REAL(b); p = DIGITS(x); e = EXPONENT(x)
      PRINT *,'      Basis b =', b, ' Mantisse p =', p
      PRINT *,'   EXPONENT e =', EXPONENT(x)
      PRINT *,'     FRACTION =', FRACTION(x)
      PRINT *,'      SPACING =', SPACING(x), rb**(e-p)
      PRINT *,'    RRSPACING =', RRSPACING(x), ABS(x*rb**(-e))*rb**p
      PRINT "(A,G16.8)",' NEAREST ->+ =', NEAREST(x, +1.0)
      PRINT "(A,G16.8)",' NEAREST ->- =', NEAREST(x, -1.0)
      PRINT *,'Faktor i ganz -> '; READ *, i
      PRINT *,'        SCALE =', SCALE(x, i), x*rb**i
      PRINT *,'SET_EXPONENT =', SET_EXPONENT(x, i), x*rb**(i-e)
      END
```

```
x reell eingeben -> 1.5

    Basis b =        2 Mantisse p =        24
 EXPONENT e =        1
    FRACTION =    0.750000
     SPACING =    0.119209E-06    0.119209E-06
   RRSPACING =    0.125829E+08    0.125829E+08
NEAREST ->+ =    1.5000001
NEAREST ->- =    1.4999999
Faktor i ganz -> 3

       SCALE =    12.0000         12.0000
SET_EXPONENT =    6.00000         6.00000
```

Bild 2-22: Testprogramm für wertabhängige Kennwerte

Bild 2-23 zeigt die Wirkung der numerischen Standardfunktionen an einem sehr einfachen dezimalen Modell, das nur mit positiven Zahlen im Bereich von 0.9E+2 bis 0.1E-2 arbeitet. Die Bereiche von 0.7 bis 0.2 der Mantissen wurden nicht dargestellt. Der Parameter x liefert Kennwerte des Datentyps, z liefert Kennwerte der Zahl z.

Zahlenwerte	Kennwerte
	$RADIX(x) = b = 10$ *Basis des Zahlensystems*
$+ \infty$	$DIGITS(x) = p = 1$ *Stellen der Mantisse*
	$MAXEXPONENT(x) = e_{max} = +2$ *größter Exponent*
fehlen	$MINEXPONENT(x) = e_{min} = -2$ *kleinster Exponent*
$0.9\ E+2 = 90$	$maxi=HUGE(x) = (1 - b^{-p})*b^{emax} = (1-10^{-1})*10^2 = 90$
$0.8\ E+2 = 80$	$RANGE(x) = INT(MIN(LOG10(maxi), -LOG10(mini)))$
....	$= INT(MIN(1.95), -(-3))) = INT(1.95) = 1$
$0.2\ E+2 = 20$	*Bereich 10^{+1} bis 10^{-1} voll dargestellt*
$0.1\ E+2 = 10$	
$0.9\ E+1 =\ 9$	$PRECISION(x) = INT(p-1)*LOG10(b) + k$ $k=1$ *für* $b = 10$
$0.8\ E+1 =\ 8$	$= INT(0)*1 + 1 = 1$ *sonst* $k = 0$
....	*Genauigkeit 1 Dezimalstelle*
$0.2\ E+1 =\ 2$	$EPSILON(x) = b^{1-p} = 10^{1-1} = 10^0 = 1$
$0.1\ E+1 =\ 1$	$= mittlerer\ absoluter\ Abstand = SPACING(1.0)$

```
Zahlenwerte        Kennwerte
0.9 E 0 =   0.9
0.8 E 0 =   0.8    z = 0.8E0 Beispiel für wertabhängige Kennwerte
..                 e = EXPONENT(z) = 0
0.2 E 0 =   0.2    f = FRACTION(z) = 0.8
0.1 E 0 =   0.1    NEAREST(z,+1) = z + b^(e-p) = z + 10^(0-1)=z+0.1=0.9
0.9 E-1 =   0.09   NEAREST(z,-1) = z - b^(e-p) = z - 10^(0-1)=z-0.1=0.7
0.8 E-1 =   0.08   SPACING(z) = b^(e-p) = 10^(0-1) = 10^(-1) = 0.1
.......            RRSPACING(z) = |z*b^(-e)|*b^p = f*b^p
0.2 E-1 =   0.02                = |0.8*10^(-0)|*10^1 = 0.8 * 10 = 8
0.1 E-1 =   0.01   SCALE(z,i)  = z * b^i
0.9 E-2 =   0.009  SCALE(z,+1) = 0.8E0 * 10^1 = 8.0
0.8 E-2 =   0.008  SET_EXPONENT(z,i) = z * b^(i-e) = f * b^i
.......            SET_EXPONENT(z,2) = 0.8 * 10^2 = 80
0.2 E-2 =   0.002
0.1 E-1 =   0.001  mini = TINY(x) = b^(emin-1) = 10^(-3) = 0.001

   fehlen

   Null
```

Bild 2-23: Numerische Kennwerte eines reellen dezimalen Zahlenmodells

Bei der reellen Arithmetik treten folgende Probleme gegenüber der Rechnung mit ganzen Zahlen auf:
- der Exponent bestimmt den darstellbaren Zahlenbereich,
- die Anzahl der Mantissenstellen bestimmt die Genauigkeit,
- nicht darstellbare Stellen der Ergebnisse müssen gerundet werden,
- der absolute Abstand zweier Zahlen ist abhängig vom Exponenten,
- bei der Dezimal-Dualumwandlung müssen unendliche Dualbrüche gerundet werden (z.B. 0.4 gibt 0.0110 0110 ....) und
- bei der Dual-Dezimalumwandlung sollen überschaubare dezimale Mantissen entstehen (z.B. 2.0 statt 1.9999998).

Aus diesem Grunde liefern die meisten Fortran Compiler eine Warnung, wenn man versucht, zwei reelle Werte auf Gleichheit zu prüfen: "*WARNING - Floating-point comparisons for equality may produce inconsistent results*". Die folgenden Beispiele zeigen Möglichkeiten, mit den numerischen Standardfunktionen Rundungs- und Umwandlungsfehler abzufangen; die Ergebnisse sind systemabhängig:

```
INTEGER :: n = 2                     ! Mindestfaktor ist 2
REAL :: x, y = 0.3                   ! Test reelle Division
x = 0.9 / 3.0                        ! muesste 0.3 ergeben
IF (x .EQ. y)  PRINT *, 'EQ'            ! gibt WARNUNG
IF (ABS(x-y) .LT. n*SPACING(x))  PRINT *, '< n*SPACING'
IF (ABS(x-y) .LE. SPACING(x))  PRINT *, '<= SPACING'
IF (ABS(x-y) .LT. EPSILON(x))  PRINT *, '< EPSILON'
IF (y.GE.NEAREST(x,-1.0) .AND. y.LE.NEAREST(x,+1.0)) ...
```

Für die Untersuchung systemabhängiger numerischer Probleme kann es erforderlich sein, Speicherinhalte binär, oktal oder hexadezimal zu lesen und auszugeben. Dazu dienen die BOZ Formate Bw.m (binär), Ow.m (oktal) und Zw.m (hexadezimal); durch die Angabe m können auch führende Nullen ausgegeben werden. BOZ Konstanten lassen sich nur mit DATA vereinbaren. Sie bestehen aus Textkonstanten mit vorgesetztem Kennbuchstaben. Alle drei Beispiele ergeben die Dezimalzahl 26:

```
      INTEGER (1) :: binaer, oktal, hexa, x    ! Art = 1 Byte
      DATA binaer /B'00011010'/, oktal/O'032'/, hexa /Z'1A'/
      PRINT 100, binaer, oktal, hexa, binaer, oktal, hexa
100   FORMAT(1X, B9.8, O4.3, Z3.2, 3I3)
      PRINT *, ' 2 Hexaziffern -> '; READ 200, x
200   FORMAT(Z2)
      PRINT 300, x, x
300   FORMAT(' Dezimal:', I4, ' Binaer:', B9.8)
```

Da sich die BOZ Formate und BOZ Konstanten nur auf die INTEGER Datentypen anwenden lassen, müssen reelle Größen mit der Übertragungsfunktion

> **TRANSFER** (*Quelle*, *Form* [,Länge])

auf ganzzahlige Größen und umgekehrt umgesetzt werden. Das Ergebnis der Funktion ist ein Wert vom Datentyp *Form* mit dem Inhalt des Ausdrucks *Quelle*. Im Gegensatz zu Wertzuweisungen finden keine Typumwandlungen wie bei gemischten Ausdrücken statt. Das folgende Beispiel gibt das hexadezimale Bitmuster 80000000 sowohl als reelle als auch als ganze Zahl aus.

```
INTEGER :: test          ! Art = 4 Bytes
REAL :: a                ! Art = 4 Bytes
DATA test /Z'80000000'/  ! hexadezimale Konstante
a = TRANSFER(test, a)    ! unveraendert nach REAL
PRINT *, a, test         ! als reelle und als ganze Zahl
```

Der Funktionsaufruf a = TRANSFER(test,a) überträgt den Inhalt der INTEGER Quelle test in eine REAL Variable vom vordefinierten Datentyp a, ohne wie bei einer Wertzuweisung a = test eine Zahlenumwandlung vorzunehmen. Eine andere Möglichkeit wäre, mit der Vereinbarung

> **EQUIVALENCE** (*Variablenliste*)

die in der Liste genannten und vorher zu vereinbarenden Variablen auf dem gleichen Speicherplatz anzuordnen. Sind die Artparameter gleich, so werden ohne Wertzuweisungen Änderungen der einen Variablen auch in den anderen wirksam. Das folgende Beispiel verwendet die Vereinbarung EQUIVALENCE anstelle von TRANSFER.

```
INTEGER :: test          ! Art = 4 Bytes
REAL :: a                ! Art = 4 Bytes
DATA test /Z'80000001'/  ! hexadezimale Konstante
EQUIVALENCE (test, a)    ! test und a auf gleicher Adresse
PRINT *, a, test         ! als reelle und als ganze Zahl
```

Auf dem untersuchten System lieferte die hexadezimale Konstante 80000000 die ganze Dezimalzahl -2147483648, die um 1 größer ist als die größte negative Zahl -2147483647 des ganzzahligen Zahlenmodells. Für das Bitmuster 80000001 ergab sich die reelle Zahl -0.140129846E-44 ebenfalls außerhalb des reellen Zahlenmodells.

```
! k2b24.for  Bild 2-24: Untersuchung numerischer Probleme
      IMPLICIT NONE
      INTEGER (1), DIMENSION(4) :: f  ! Feld aus 4 Bytes
      INTEGER :: ganz, i             ! Art = 4 voreingestellt
      REAL :: reell, x, y, z, n      ! Art = 4 voreingestellt
      EQUIVALENCE (ganz,reell,f(1))   ! haben gleiche Adresse
      PRINT *, ' 8 Hexastellen -> '; READ (*, "(Z8)" ) ganz
      PRINT 100, ganz, ganz, reell
100   FORMAT(' Hexadez.:',Z9.8,' = INTEGER:',I11,' = REAL:',G12.6)
      PRINT 200, ganz, (f(i), i = 1,4)
200   FORMAT(' Register:', Z9.8, '  Speicher:', 4Z3.2/)
      PRINT *, '  Nenner -> '; READ *, n
      PRINT *, '  Zaehler -> '; READ *, z
      x = n / z
      PRINT *, ' Quotient = ', x, ' Vergleichswert -> '; READ *, y
      PRINT 300, x, TRANSFER(x, ganz), y, TRANSFER(y, ganz)
300   FORMAT(' X =', E17.10, B35.32 /' Y =', E17.10, B35.32/)
      IF (x .EQ. y) THEN         ! die WARNING beachten wir nicht
        PRINT *, '  .EQ. liefert: x  gleich  y'
      ELSE
        PRINT *, '  .EQ. liefert: x ungleich y'
      END IF
      IF (ABS(x-y) .LE. SPACING(x)) THEN          ! keine WARNING
        PRINT *, 'SPACING liefert: x  gleich  y'
      ELSE
        PRINT *, 'SPACING liefert: x ungleich y'
      END IF
      END


 8 Hexastellen -> 41d58000

Hexadez.: 41D58000 = INTEGER: 1104510976 = REAL: 26.6875
Register: 41D58000  Speicher: 00 80 D5 41

  Nenner -> 0.9

  Zaehler -> 3.0

 Quotient =    0.300000    Vergleichswert -> 0.3

X = 0.2999999820E+00   00111110100110011001100110011001
Y = 0.3000000120E+00   00111110100110011001100110011010

  .EQ. liefert: x ungleich y
SPACING liefert: x  gleich  y
```

Bild 2-24: Untersuchung numerischer Probleme

Das in *Bild 2-24* dargestellte Programmbeispiel untersucht die Darstellung und numerischen Fehler der reellen Zahlen. Die Ergebnisse des Testlaufes zeigen, daß die vier Bytes des Artparameters 4 mit dem wertniedrigsten Byte zuerst im Speicher abgelegt werden. Die einfache Division 0.9 / 3.0 ergibt nicht genau 0.3. Der berechnete Quotient ist zu klein, der eingegebene Vergleichswert (unendlicher Dualbruch!) ist zu groß. Die Abweichung in der letzten Stelle der Mantisse wird mit Hilfe der Funktion SPACING berücksichtigt. Noch größere Abweichungen können sich durch fortlaufende Rechenoperationen in Schleifen ergeben. Das in *Bild 2-25* dargestellte Testprogramm zeigt den Überlauf der kleinen ganzzahligen Datentypen sowie die Ungenauigkeiten der reellen Arithmetik; die Ergebnisse lassen keine Rückschlüsse auf das Verhalten anderer Rechner oder Compiler zu.

```
! k2b25.for   Bild 2-25: Test Summationsfehler
        IMPLICIT NONE
        INTEGER (1) klein              ! Laenge 1 byte   -128 .. +127
        INTEGER (2) mittel             ! Laenge 2 byte   -32768..+32767
        INTEGER (4) gross, i, j        ! Laenge 4 byte   ±2147483647
        REAL (4) einfach, es           ! Laenge 4 byte
        REAL (8) doppel, ds            ! Laenge 8 byte
        PRINT *, ' i klein  mittel    gross  einfach      doppel'
        DO i = 1, 10                   ! Summanden von 1, 2, 3, ... , 10
          klein = 0; mittel = 0; gross = 0   ! ganzzahlige Zaehler = 0
          einfach = 0.0; doppel = 0.0        ! reelle Zaehler loeschen
          es = i / 10.0                ! reelle Summanden  0.1, 0.2 ...1.0
          ds = i / 1.0D1               ! doppelt genaue Summanden 0.1. 1.0
          DO j  = 1, 1000000           ! summiere 1 Million mal
            klein = klein + i          ! ganze 1 byte Zahlen
            mittel = mittel + i        ! ganze 2 byte Zahlen
            gross = gross + i          ! ganze 4 byte Zahlen
            IF (gross.LT.0) PRINT *, einfach, doppel          ! dummy
            einfach = einfach + es     ! reelle 4 byte Zahlen
            doppel = doppel + ds       ! reelle 8 byte Zalen
          END DO                       ! Summen ausgeben
          PRINT 100, i, klein, mittel, gross, einfach, doppel
100       FORMAT(1x, I2, I6, I8, I9, F13.4, F19.10)
        END DO
        END


 i klein  mittel     gross      einfach              doppel
 1     64   16960   1000000   100958.3440   100000.0000013329
 2   -128  -31616   2000000   201916.6880   200000.0000026658
 3    -64  -14656   3000000   299546.6880   299999.9999943424
 4      0    2304   4000000   403833.3750   400000.0000053316
 5     64   19264   5000000   500000.0000   500000.0000000000
 6   -128  -29312   6000000   599093.3750   599999.9999886848
 7    -64  -12352   7000000   692988.5630   699999.9999944658
 8      0    4608   8000000   807666.7500   800000.0000106632
 9     64   21568   9000000   892043.5630   900000.0000153046
10   -128  -27008  10000000  1000000.0000  1000000.0000000000
```

Bild 2-25: Untersuchung von Summationsfehlern

3. Programmstrukturen

Dieses Kapitel behandelt Verzweigungen und Schleifen mit "modernen" Anweisungen, die sich direkt durch Struktogramme beschreiben lassen. Abschnitt 3.8 enthält "veraltete" Anweisungen wie GOTO, das arithmetische IF, CONTINUE, PAUSE und STOP, die in der "strukturierten" Programmierung vermieden werden sollten.

Die bisher behandelten Programme bestehen aus Vereinbarungen z.B. von Variablen und benannten Konstanten sowie aus *Anweisungen*, die Daten einlesen, Formeln berechnen und die Ergebnisse ausgeben. *Bild 3-1* zeigt, wie man eine *Folge* von Anweisungen durch ein Struktogramm darstellt.

```
! k3b1.for   Bild 3-1: Programm und Struktogramm einer Folge
!     Vereinbarungen erscheinen nicht im Struktogramm
      IMPLICIT NONE
      REAL a, b, c , f
!     Anweisungen           !
      PRINT *, 'a -> '       !
      READ *, a              !         Eingabedaten lesen        Meldung a lesen
      PRINT *, 'b -> '       !                                   Meldung b lesen
      READ *, b              !
      c=SQRT(a**2 + b**2)    !                                   c = Hypothenuse
      f = 0.5 * a * b        !         Formeln berechnen
      PRINT *, 'c = ', c     !                                   f = Fläche
      PRINT *, 'F = ', f     !
      PRINT *, 'Weiter->'    !         Ergebnisse ausgeben       Ausgabe c und f
      READ *                 !                                   warte auf Taste
      END                    !
```

Fortran Programm   *Grobstruktogramm*   *Feinstruktogramm*

Bild 3-1: Programm und Struktogramm einer Folge

Das **Struktogramm** nach Nassi-Shneiderman verwendet als Grundsymbol das Rechteck, das eine auszuführende Aktion (Tätigkeit) beschreibt. Die Oberkante kennzeichnet den Anfang der Tätigkeit, die Unterkante das Ende. In einer Folgestruktur werden die Anweisungsblöcke nacheinander von oben nach unten ausgeführt. Beim Entwurf beginnt man mit dem umfassenden Rechteck (Grobstruktogramm), das in immer feinere Blöcke (Feinstruktogramm) unterteilt werden kann. Abgeschlossene Teilaufgaben lassen sich durch ein eigenes Struktogramm darstellen und als Unterprogramm ausführen. Die Beschriftung der Strukturblöcke ist dem Benutzer freigestellt. Der Anhang enthält eine Übersicht der genormten Symbole.

Der **Programmablaufplan** verwendet einzelne Symbole, die durch Ablauflinien miteinander verbunden werden. Diese in höheren problemorientierten Programmiersprachen unübliche Darstellungsweise wird in den Beschreibungen der Fortran Anweisungen dazu benutzt, die entsprechenden Abläufe im Rechner zu erklären. Bei Bedarf lassen sich auch Datenstrukturen graphisch darstellen.

3.1 Vergleiche und logische Größen

Bei der Beschreibung von Verfahren ergeben sich oft Aussagen, die eine oder mehrere
Bedingungen enthalten:
Wenn A gleich B, dann . . .
Für x > 0 *und* y < 0 setze . . .
Für 0 < x < 10 berechne . . .
Wenn z > 0 berechne die Wurzel, *sonst* . . .
Solange Zähler <= 100 gib das Quadrat aus. . .

Ist die Bedingung *erfüllt* bzw. lautet die Antwort *ja*, so ist das Ergebnis *wahr* oder
.TRUE., und die Anweisung wird ausgeführt. Bei *nicht erfüllt* bzw. *nein* ist das Ergebnis *falsch* oder .FALSE., und die Ausführung unterbleibt. Zuweilen müssen mehrere
Bedingungen erfüllt sein. *Bild 3-2* zeigt Operatoren, die numerische Daten vergleichen
und die Ergebnisse logisch miteinander verknüpfen.

Rang	Operator	Wirkung	Bemerkung
1-4	( ) ** * / + -	numerisch	Rangfolge siehe Tabelle Bild 2-6
6	.EQ. *oder* ==	beide gleich	IF(a .EQ. b) IF(a == b)
6	.GE. *oder* >=	größer oder gleich	IF(x .GE. 0) IF(x >= 0)
6	.GT. *oder* >	größer als	IF(i .GT. j) IF(i > j)
6	.LE. *oder* <=	kleiner oder gleich	IF(i .LE. 0) IF(i <= 0)
6	.LT. *oder* <	kleiner als	IF(0 .LT. x) IF(0 < x)
6	.NE. *oder* /=	ungleich	IF(a .NE. b) IF(a /= b)
7	.NOT.	logisches Nicht	IF(.NOT. a .EQ. 0)
8	.AND.	logisches Und	IF(0.LE.x .AND. x.LE.1)
9	.OR.	logisches Oder	IF(x.LT.0 .OR. x .GT.1)
10	.EQV.	Äquivalenz	IF(fehler .EQV. ende)
10	.NEQV.	Antivalenz logisches Eoder	IF(fehler .NEQV. ende)

Bild 3-2: Vergleichs- und Verknüpfungsoperatoren

Als Vergleichsoperanden dienen arithmetische Ausdrücke; die Ergebnisse sind vom
Datentyp LOGICAL. Ein *logischer Ausdruck* besteht aus logischen Operanden wie z.B.
Vergleichsergebnissen und aus Verknüpfungsoperatoren wie z.B. .AND. für das
logische Und; das Ergebnis ist wieder eine logische Größe. Sie wird verwendet, Aus-
wahlbedingungen IF(..) THEN . . . zu formulieren. Die arithmetischen Operationen (Rang 1 bis 4) werden vor den Vergleichen (Rang 6) und diese vor den logischen
Verknüpfungen der Vergleichsergebnisse (Rang 7 bis 10) ausgeführt. Beispiel:

```
IF (a+b .EQ. c-d .AND. a-b .NE. c+d) PRINT *, 'gut'
```
Reihenfolge:
- Berechne die Summen und Differenzen (+ und -).
- Vergleiche die Summen und Differenzen (.EQ. bzw. .NE.).
- Verknüpfe die Vergleichsergebnisse logisch (.AND.).
- Ist das Endergebnis .TRUE. so gib den Text aus.

Auf *ganzzahlige* (INTEGER) Datentypen lassen sich alle Vergleichsoperatoren anwenden, da keine Rundungs- und Umwandlungsfehler zu befürchten sind. Bereichsabfragen wie z.B. "0 < i < 10" müssen in zwei logisch verknüpfte Vergleiche der Eckwerte "0 < i *UND* i < 10" zerlegt werden. Beispiele:
```
INTEGER :: i = 1, j = 2, k = 3
IF (i .EQ. 1) PRINT *, 'gleich'
IF (0   <  i .AND. i   <  10) PRINT *, ' Bereich'
IF (0 .LT. i .AND. i .LT. 10) PRINT *, ' Bereich'
IF (i+j .EQ. k) PRINT *, 'Summe gleich k'
```

Bei der Untersuchung von *reellen* (REAL) Datentypen auf Gleichheit (== oder .EQ.) und Ungleichheit (/= oder .NE.) geben einige Compilerversionen eine Warnung aus, da bereits geringfügige Abweichungen in den wertniedrigsten Stellen der Mantisse zu unerwarteten Ergebnissen führen können. Konstanten und eingelesene Werte sowie Zahlen, die nur Vorpunktstellen enthalten, sind weniger bedenklich als Zahlen mit Nachpunktstellen und Rechenergebnisse. Die *komplexen* (COMPLEX) Datentypen, die sich nur auf Gleichheit bzw. Ungleichheit prüfen lassen, sind ebenfalls nur Näherungswerte. Die Ungenauigkeiten der reellen Zahlendarstellung lassen sich mit den Standardfunktionen des Abschnitts 2.8 Numerische Sonderfragen abfangen. Beispiele:
```
REAL :: a = 0.9, b = 3.0, c = 0.3, d
d = a / b;                        ! muesste d = 0.3 ergeben
IF (c .EQ. d) PRINT *, 'gleich' ! WARNUNG ? beachten ?
IF (ABS(c - d) .LE. SPACING(c)) PRINT *,'gleich' ! besser
```

Gehören die zu vergleichenden Operanden unterschiedlichen numerischen Datentypen oder Arten an, so gelten die in Abschnitt 2.4 dargestellten Regeln für gemischte Ausdrücke; ganzzahlige Operanden werden in die reelle Zahlendarstellung umgeformt.

Zeichen und Texte vom Datentyp CHARACTER werden in diesem Kapitel nur auf Gleichheit bzw. Ungleichheit untersucht, erst der Abschnitt 5.5 Textverarbeitung zeigt Verfahren zum alphabetischen Sortieren. Das folgende Beispiel prüft, ob der Benutzer als Antwort *nein* oder *Nein* eingegeben hat.
```
CHARACTER*80 ant
PRINT *, 'ja oder nein eingeben -> '; READ *, ant
IF (ant .EQ. 'nein' .OR. ant .EQ. 'Nein') PRINT *, 'ENDE'
```

Logische (LOGICAL) Datentypen lassen sich nicht vergleichen, sondern nur logisch verknüpfen. Will man ein Vergleichsergebnis erst später oder mehrmals auswerten, so vereinbart man mit

$$\boxed{\textbf{LOGICAL}\ \textit{Variablenliste}}$$

eine sogenannte *Schaltervariable* und weist ihr das Ergebnis einer Vergleichs- bzw. Verknüpfungsoperation zu. Das folgende Beispiel vereinbart einen Schalter ende und weist ihm den Anfangswert .FALSE. zu. Er nimmt das Ergebnis einer Abfrage auf und wird später an zwei Stellen abgefragt. Der Operator .NOT. negiert den Schalter bei der Auswertung.

```
LOGIGAL :: ende = .FALSE.
CHARACTER*4  ant
PRINT *, 'Ende ? ja oder nein -> '; READ *, ant
ende = ant .EQ. 'ja'        ! oder ende = ant == 'ja'
IF (ende) PRINT *, 'fertig'
IF (.NOT. ende) PRINT *, 'weiter'
```

Logische Größen lassen sich mit den Bezeichnungen **F** für .FALSE. bzw. **T** für .TRUE. mit PRINT oder WRITE ausgeben. Das in *Bild 3-3* dargestellte Programm gibt die Wahrheitstabellen der logischen Verknüpfungsoperationen aus.

```
! k3b3.for  Bild 3-3: Vergleiche und logische Verknuepfungen
      IMPLICIT NONE
      INTEGER  a, b               ! Vergleichsdaten
      LOGICAL  schalt, x, y       ! logische Variablen
      CHARACTER*80 ant            ! Textvariable fuer Antwort
      PRINT *, 'Zwei ganze Zahlen -> '; READ *, a, b
      PRINT *, ' Vergleich a == b :', a .EQ. b
      PRINT *, ' Tabelle? ja oder nein -> '; READ*, ant
      schalt = ant.EQ.'j' .OR. ant.EQ.'ja' .OR. ant .EQ. 'Ja'
      IF (schalt) PRINT *, 'Tabelle der logischen Funktionen'
      PRINT *, '  x   y AND   OR  EQV NEQV'
      x = .FALSE. ; y = .FALSE.
      PRINT "(6L5)", x, y, x.AND.y, x.OR.y, x.EQV.y, x.NEQV.y
      x = .FALSE. ; y = .TRUE.
      PRINT "(6L5)", x, y, x.AND.y, x.OR.y, x.EQV.y, x.NEQV.y
      x = .TRUE. ; y = .FALSE.
      PRINT "(6L5)", x, y, x.AND.y, x.OR.y, x.EQV.y, x.NEQV.y
      x = .TRUE. ; y = .TRUE.
      PRINT "(6L5)", x, y, x.AND.y, x.OR.y, x.EQV.y, x.NEQV.y
      END

Zwei ganze Zahlen -> 0 0

 Vergleich a == b : T
 Tabelle? ja oder nein -> j

Tabelle der logischen Funktionen
   x   y  AND   OR  EQV NEQV
   F   F   F    F    T    F
   F   T   F    T    F    T
   T   F   F    T    F    T
   T   T   T    T    T    F
```

Bild 3-3: Schaltervariablen und logische Funktionen

3.2 Programmverzweigungen

Als Programmverzweigung bezeichnet man die Möglichkeit, durch einen Vergleich eingelesener oder berechneter Daten bestimmte Anweisungen ausführen zu lassen. Der Compiler übersetzt die Fortran Anweisungen in bedingte und unbedingte Maschinenbefehle, die durch Programmablaufpläne dargestellt werden können.

Die bedingte Anweisung oder *logische IF Anweisung*

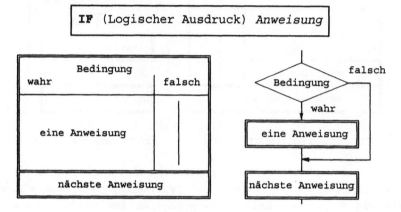

```
IF (Logischer Ausdruck) Anweisung
```

Struktogrammdarstellung   Programmablaufplan

wird nur dann ausgeführt, wenn der hinter dem Kennwort IF stehende logische Ausdruck *wahr* (.TRUE.) ist. Es ist nur eine einzige einfache Anweisung wie z.B. zur Ausgabe von Daten oder zur Zuweisung eines Wertes möglich, jedoch keine weitere Verzweigungs- oder Schleifenkonstruktion. Der logische Ausdruck kann aus einem Vergleich arithmetischer Größen, aus logischen Verknüpfungen oder aus einer logischen Variablen (Schalter) bestehen. Beispiele:

```
LOGICAL null
REAL   radi
PRINT *, 'Radikand -> '; READ *, radi
IF (radi .GT. 0) PRINT *, SQRT(radi)
IF (radi .LT. 0) PRINT *, SQRT(ABS(radi)), 'imaginaer'
null = radi .EQ. 0
IF (null) PRINT *, 'Null'
```

Das logische IF hat den Vorteil, daß die auszuführende Anweisung direkt hinter dem Bedingungsausdruck angeordnet wird; jedoch ist nur eine einzige einfache Anweisung möglich. Im Gegensatz dazu gestatten die IF Strukturen (Block IF) die bedingte Ausführung einer Folge von Anweisungen, die aus weiteren Strukturen bestehen können.

Die *einseitig bedingte* **Block IF Struktur**

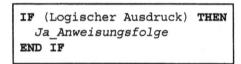

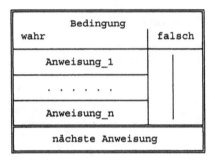   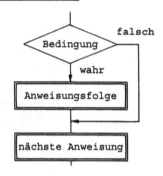

       Struktogrammdarstellung   *Programmablaufplan*

besteht aus einer **IF THEN** Anweisung, einer Folge von Anweisungen, die bei *wahr*
(.TRUE.) ausgeführt werden, und einer **END IF** Anweisung, die die Struktur beendet.
Bei *falsch* (.FALSE.) wird keine Anweisung ausgeführt. Der logische Ausdruck kann
aus einem Vergleich numerischer Ausdrücke, logischen Verknüpfungen oder einer
Schaltervariablen bestehen.

Meldung und Radikand radi lesen	
radi >= 0	
wahr	falsch
wurz = SQRT(radi) radi und wurz ausgeben	
radi < 0	
wahr	falsch
wurz = SQRT(ABS(radi)) radi und wurz ausgeben	
Ende des Programms	

```
! k3b4.for  Bild 3-4: Folge einseitig bedingter Anweisungen
      IMPLICIT NONE
      REAL radi, wurz
      PRINT *, 'Radikand -> '; READ *, radi
      IF (radi .GE. 0) THEN
        wurz = SQRT(radi)
        PRINT *, 'Wurzel aus', radi, ' =', wurz, ' reell'
      END IF
```

```
IF (radi .LT. 0) THEN
   wurz = SQRT(ABS(radi))
   PRINT *, 'Wurzel aus', radi, ' =', wurz, ' imaginaer'
END IF
END
```

Bild 3-4: Beispiel einer einseitig bedingten Struktur

Das in *Bild 3-4* dargestellte Programmbeispiel zeigt die einfache Aufgabe, die Wurzel aus einem einzulesenden Radikanden zu berechnen und auszugeben. Das Vorzeichen des Radikanden wird durch eine Folge zweier einseitig bedingter Anweisungen berücksichtigt. Bei der Formulierung von Bedingungen, die zwei Fälle unterscheiden, schleichen sich oft logische Fehler ein. Ein abschreckendes Beispiel sind die beiden Bedingungen IF (radi .GT. 0) und IF (radi .LT. 0), die den Fall radi gleich 0 nicht enthalten. In diesem Fall wäre es besser, eine Alternative zu programmieren, bei der immer einer der beiden Zweige ausgeführt wird.

Die *zweiseitig* bedingte **Block IF Struktur** (Alternative)

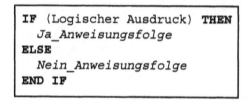

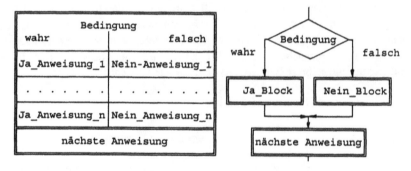

Struktogrammdarstellung   Programmablaufplan

besteht aus einer **IF THEN** Anweisung und einer Folge von Anweisungen, die nur dann ausgeführt werden, wenn der logische Ausdruck *wahr* (.TRUE.) ist. Die **ELSE** Anweisung leitet eine Folge von Anweisungen ein, die nur dann ausgeführt werden, wenn der logische Ausdruck *falsch* (.FALSE.) ist. Eine **END IF** Anweisung beendet die Struktur. Es ergibt sich eine Alternative: entweder wird die *Ja_Anweisungsfolge* oder die *Nein_Anweisungsfolge* ausgeführt.

```
┌─────────────────────────────────────────────────────┐
│          Meldung und Radikand radi lesen             │
├─────────────────────────────────────────────────────┤
│                    radi >= 0                          │
│  wahr                         │         falsch         │
├───────────────────────────────┼───────────────────────┤
│  wurz = SQRT(radi)            │ wurz=SQRT(ABS(radi))  │
│  radi und wurz                │ radi und wurz          │
│  ausgeben                     │ ausgeben               │
├─────────────────────────────────────────────────────┤
│               Ende des Programms                      │
└─────────────────────────────────────────────────────┘
```

```
! k3b5.for   Bild 3-5: Zweiseitig bedingte Anweisung
      IMPLICIT NONE
      REAL radi, wurz
      PRINT *, 'Radikand -> '; READ *, radi
      IF (radi .GE. 0) THEN
        wurz = SQRT(radi)
        PRINT *, 'Wurzel aus', radi, ' =', wurz, ' reell'
      ELSE
        wurz = SQRT(ABS(radi))
        PRINT *, 'Wurzel aus', radi, ' =', wurz, ' imaginaer'
      END IF
      END
```

Bild 3-5: Beispiel einer alternativen Struktur

Das in *Bild 3-5* dargestellte Programm unterscheidet das Vorzeichen des Radikanden durch ein alternatives Block IF. Damit ist sichergestellt, daß immer einer der beiden Zweige ausgeführt wird. Für eine Auswahl von mehr als zwei Programmzweigen können einseitig bedingte und alternative Block IF Strukturen als Folge aneinandergereiht oder auch geschachtelt werden. Wesentlich einfacher und sicherer ist die Auswahlstruktur, die mehrere Bedingungen und Zweige vorsieht.

Die *bedingte* **Block IF Auswahlstruktur**

```
[Name:] IF (Logischer Ausdruck_1) THEN
            Ja_Anweisungsfolge_1
        ELSE IF (Logischer Ausdruck_2) THEN [Name]
            Ja_Anweisungsfolge_2
        ELSE IF (Logischer Ausdruck_3) THEN [Name]
            Ja_Anweisungsfolge_3
        . . . . . . . . . . . . . . . . . . . . . .
        ELSE [Name]
            Keine_Bedingung_Anweisungsfolge
        END IF [Name]
```

IF Bedingung_1 wahr	ELSE IF Bedingung_2 wahr	ELSE IF Bedingung_3 wahr	. . .	ELSE keine Bedin- gung wahr
Anweisung_1 Anweisung_2 . . . . . Anweisung_n	Anweisung_1 Anweisung_2 . . . . . Anweisung_n	Anweisung_1 Anweisung_2 . . . . . Anweisung_n	. . . .	Anweisung_1 Anweisung_2 . . . . . Anweisung_n
nächste Anweisung				

ist die **allgemeine** Form des Block IF. Sie enthält die einseitig bedingte Struktur (IF und END IF) und die zweiseitig bedingte Struktur (IF, ELSE und END IF) als Sonderfälle. Die zusätzlichen **ELSE IF** Anweisungen leiten Zweige mit eigenen Bedingungen ein. Nach der Ausführung des ersten Programmzweiges, für den die Auswahlbedingung *wahr* (.TRUE.) ergibt, wird die Auswahlstruktur beendet; dahinter liegende Zweige werden nicht mehr geprüft. Der Compiler kontrolliert bei der Übersetzung nicht, ob sich die Bedingungen der Auswahlzweige überschneiden.

Für eine *Auswahl* verschiedener Programmzweige verwendet man oft Kennzahlen oder Kennbuchstaben, die der Benutzer einzugeben hat. Das in *Bild 3-6* dargestellte Programmbeispiel zeigt die Auswahl von drei trigonometrischen Funktionen durch die Buchstaben s (für Sinus), c (für Cosinus) und t (für Tangens). Dabei wird auch der Fehlerfall berücksichtigt, daß keine der vereinbarten Kennungen eingegeben wurde.

```
┌─────────────────────────────────────────────┐
│   winkel und kenn lesen, bogen =             │
├─────────────────────────────────────────────┤
│              kenn = 's'                       │
│   wahr            │       falsch              │
├───────────────────┴───────────────────────────┤
│   Sinus ausgeben  │         |                 │
├─────────────────────────────────────────────┤
│              kenn = 'c'                       │
│   wahr            │       falsch              │
├───────────────────┴───────────────────────────┤
│   Cosinus ausgeben│         |                 │
├─────────────────────────────────────────────┤
│              kenn = 't'                       │
│   wahr            │       falsch              │
├───────────────────┴───────────────────────────┤
│   Tangens ausgeben│         |                 │
├─────────────────────────────────────────────┤
│              sonst                            │
│   wahr            │       falsch              │
├───────────────────┴───────────────────────────┤
│   Fehlermeldung ausgeben  │     |             │
├─────────────────────────────────────────────┤
│            Ende des Programms                 │
└─────────────────────────────────────────────┘
```

```
! k3b6.for  Bild 3-6: Auswahlanweisung
      IMPLICIT NONE
      REAL, PARAMETER :: pi = 3.14159265
      REAL win, bog
      CHARACTER kenn
      PRINT *, 'Winkel [Grad] -> '; READ *, win
      PRINT *, 's = Sinus  c = Cosinus  t = Tangens -> '
      READ *, kenn
      bog = win * pi / 180
      IF (kenn .EQ. 's') THEN
        PRINT *, 'Sin(', win, ') = ', SIN(bog)
      ELSE IF (kenn .EQ. 'c') THEN
        PRINT *, 'Cos(', win, ') = ', COS(bog)
      ELSE IF (kenn .EQ. 't') THEN
        PRINT *, 'Tan(', win, ') = ', TAN(bog)
      ELSE
        PRINT *, 'Eingabefehler'
      END IF
      END
```

Bild 3-6: Auswahlstruktur

Normalerweise entfällt in einfachen Block IF Strukturen die Angabe eines Strukturnamens, der mit einem Doppelpunkt vor die erste IF Anweisung und hinter die ELSE
IF, ELSE und END IF Anweisungen gesetzt werden kann. Das in *Bild 3-7* dargestellte
Beispiel verschachtelter bedingter Anweisungen verwendet die Bezeichner sinus,
cosin und tange, um die geschachtelten Block IF Strukturen voneinander zu
trennen. Die gleiche Aufgabe wurde in Bild 3-6 mit einer Auswahlstruktur behandelt.

```
+-------------------------------------------------------------+
|        winkel und kenn lesen, bogen berechnen               |
+-------------------------------------------------------------+
|        kenn = 's'                                           |
| wahr                                      falsch            |
+-------------------------------------------------------------+
|                    kenn = 'c'                               |
|              wahr                 falsch                    |
+-------------------------------------------------------------+
|                         kenn = 't'                          |
|                    wahr          falsch                     |
+-------------------------------------------------------------+
| Sinus       Cosinus     Tangens     Fehlerm.                |
| ausgeben    ausgeben    ausgeben    ausgeben                |
+-------------------------------------------------------------+
|              Ende des Programms                             |
+-------------------------------------------------------------+
```

```
! k3b7.for  Bild 3-7: Verschachtelte bedingte Anweisungen
      IMPLICIT NONE
      REAL, PARAMETER :: pi = 3.14159265
      REAL win, bog
      CHARACTER kenn
      PRINT *, 'Winkel [Grad] -> '; READ *, win
      PRINT *, 's = Sinus  c = Cosinus  t = Tangens -> '
      READ *, kenn
```

```
bog = win * pi / 180
sinus: IF (kenn .EQ. 's') THEN
          PRINT *, 'Sin(', win, ') = ', SIN(bog)
       ELSE sinus
cosin:    IF (kenn .EQ. 'c') THEN
             PRINT *, 'Cos(', win, ') = ', COS(bog)
          ELSE cosin
tange:       IF (kenn .EQ. 't') THEN
                PRINT *, 'Tan(', win, ') = ', TAN(bog)
             ELSE tange
                PRINT *, 'Eingabefehler: ', kenn
             END IF tange
          END IF cosin
       END IF sinus
END
```

Bild 3-7: Geschachtelte bedingte Anweisungen mit Strukturnamen

Die Block IF Strukturen werden von logischen Ausdrücken gesteuert; Texte und ganzzahlige numerische Daten sind durch Vergleiche bzw. logische Operationen miteinander zu verknüpfen. Dabei schleichen sich oft Fehler in der Formulierung der Auswahlbedingung ein. Für den häufigen Fall, daß eine Variable mit einer oder mit mehreren Konstanten zu vergleichen ist, läßt sich die Block IF Struktur durch eine Fallunterscheidung ersetzen, in der die Daten ohne Vergleich direkt zur Auswahl verwendet werden.

Die Struktur der *Fallunterscheidung*

```
[Name:]  SELECT CASE (Auswahlausdruck)
            CASE (Konstantenausdruck_1) [Name]
               Gleich_Anweisungsfolge_1
            CASE (Konstantenausdruck_2) [Name]
               Gleich_Anweisungsfolge_2
            . . . . . . . . . . . .
            CASE DEFAULT
               Kein_Fall_Anweisungsfolge
            END SELECT [Name]
```

Auswahlausdruck				
CASE (..) gleich Konstante_1	CASE (..) gleich Konstante_2	CASE (..) gleich Konstante_3	. . .	CASE DEFAULT keine Fall gleich
Anweisung_1 Anweisung_2 . . . . Anweisung_n	Anweisung_1 Anweisung_2 . . . . Anweisung_n	Anweisung_1 Anweisung_2 . . . . Anweisung_n	. . . . . .	Anweisung_1 Anweisung_2 . . . . Anweisung_n
nächste Anweisung				

verwendet in der **SELECT CASE** Anweisung einen Auswahlausdruck vom Datentyp INTEGER, LOGICAL oder CHARACTER; reelle Datentypen (REAL) sind nicht zulässig. Es folgen beliebig viele **CASE** Anweisungen mit konstanten Auswahlwerten (Selektor) und einer Folge von Anweisungen, die nur dann ausgeführt werden, wenn der Wert des Auswahlausdrucks mit dem konstanten Auswahlwert (Selektor) übereinstimmt. Die Struktur der Fallunterscheidung wird mit der **END SELECT** Anweisung abgeschlossen. Als Auswahlausdruck verwendet man in einfachen Anwendungen Variablen vom Datentyp INTEGER oder CHARACTER; logische Variablen lassen sich besser mit dem Block IF auswerten. Beispiele:

```
INTEGER   kenn
CHARACTER*80   ant
PRINT *, 'Kennwert 1..3 -> '; READ *, kenn
SELECT CASE (kenn)

PRINT *, 'Ja oder Nein -> '; READ *, ant
SELECT CASE (ant)
```

Die konstanten Auswahlwerte (Selektor) bestehen aus Ausdrücken mit Literal Konstanten oder benannten Konstanten vom gleichen Datentyp wie der Auswahlausdruck. Es sind folgende Angaben zulässig:

CASE(konstanter Ausdruck)	*gleich Wert*
CASE(Liste konstanter Ausdrücke)	*einer der Werte*
CASE(Anfangsausdruck : Endausdruck)	*Bereich von Werten*
CASE(Anfangsausdruck :)	*Bereich größer/gleich*
CASE(: Endausdruck)	*Bereich kleiner/gleich*
CASE(Bereichsliste)	*Liste von Bereichen*
CASE DEFAULT	*kein Fall, wahlfrei*

Die konstanten Auswahlwerte müssen zur Übersetzungszeit aus Literal Konstanten oder benannten Konstanten berechenbar sein; Variable oder variable Ausdrücke wie bei den Block IF Strukturen sind nicht möglich. Beispiele:

```
INTEGER, PARAMETER :: test = 12
SELECT CASE (kenn)     ! kenn ist vom Datentyp INTEGER
CASE  (1)              ! Literal Konstante 1
CASE  (test)           ! benannte Konstante 12
CASE  (2, 3, 4, 5)     ! 2 oder 3 oder 4 oder 5
CASE  (6 : 9)          ! 6 oder 7 oder 8 oder 9
CASE  (14 : )          ! größer oder gleich 14
CASE  ( : 0)           ! kleiner oder gleich 0
CASE  (test+1)         ! arithmetischer Ausdruck 12 + 1 = 13

SELECT CASE (ant)      ! ant ist vom Datentyp CHARACTER
CASE  ('nein')         ! Zeichenkonstante
CASE  ('ja', 'Ja')     ! Liste von Zeichenkonstanten
CASE  DEFAULT          ! weder 'nein' noch 'ja' noch 'Ja'
```

Da die Auswahlwerte zur Übersetzungszeit berechenbar sein müssen, kontrolliert der Compiler bei der Übersetzung, ob ein konstanter Auswahlwert (Selektor) mehrfach erscheint. Damit ist sichergestellt, daß nur ein Zweig ausgeführt werden kann. Es ist zweckmäßig, auch den DEFAULT Fall anzugeben, um fehlerhafte Angaben abzufangen. Die Vergabe eines Strukturnamens ist wahlfrei und wird nur bei verschachtelten Strukturen verwendet. Das in *Bild 3-8* dargestellte Programmbeispiel zeigt die Auswahl der trigonometrischen Funktionen mit einer Fallunterscheidung anstelle einer Block IF Struktur.

winkel und kenn lesen, bogen berechnen			
Fallunterscheidung kenn			
Fall 's'	Fall 'c'	Fall 't'	sonst
Sinus ausgeben	Cosinus ausgeben	Tangens ausgeben	Fehlerm. ausgeben
Ende des Programms			

```
! k3b8.for  Bild 3-8: Fallunterscheidung
      IMPLICIT NONE
      REAL, PARAMETER :: pi = 3.14159265
      REAL win, bog
      CHARACTER kenn
      PRINT *, 'Winkel [Grad] -> '; READ *, win
      PRINT *, 's = Sinus  c = Cosinus  t = Tangens -> '
      READ *, kenn
      bog = win * pi / 180
      SELECT CASE (kenn)
      CASE ('s')
        PRINT *, 'Sin(', win, ') = ', SIN(bog)
      CASE ('c')
        PRINT *, 'Cos(', win, ') = ', COS(bog)
      CASE ('t')
        PRINT *, 'Tan(', win, ') = ', TAN(bog)
      CASE DEFAULT
        PRINT *, 'Eingabefehler: ', kenn
      END SELECT
      END
```

Bild 3-8: Fallunterscheidung zur Auswahl von Funktionen

3.3 Übungen mit Programmverzweigungen

Die Aufgaben können meist wahlweise mit einseitig oder zweiseitig bedingten Anweisungen oder gegebenenfalls auch mit der Fallunterscheidung SELECT CASE programmiert werden. Die Lösungsvorschläge (Kapitel 8) verwenden noch keine Schleifen; die Programme müssen für jeden Testwert erneut gestartet werden.

1. Aufgabe:
Es ist eine reelle Zahl x einzulesen. Man prüfe, ob sie in dem Bereich $0 \leq x \leq 100$ liegt und gebe eine entsprechende Meldung aus.

2. Aufgabe:
Man lese zwei nacheinander aufgezeichnete reelle Meßwerte ein und gebe an, ob die Tendenz steigend, fallend oder gleichbleibend ist.

3. Aufgabe:
Man lese die reellen Koordinaten x und y eines Punktes und bestimme seine Lage in den vier Quadranten bzw. ob er auf einer Achse oder im Nullpunkt liegt.

4. Aufgabe:
Man berechne den Reihenwiderstand R_r zweier Widerstände R_1 und R_2

$$R_r = R_1 + R_2$$

Bei der Ausgabe sollen
- alle Werte < 1 Ω in der Einheit mΩ (Faktor 10^{-3}),
- alle Werte ≥ 1 Ω und < 1000 Ω in der Einheit Ω (Faktor 1),
- alle Werte ≥ 1000 Ω und < 1000000 Ω in der Einheit kΩ (Faktor 10^{+3}) und
- alle Werte ≥ 1000000 Ω in der Einheit MΩ (Faktor 10^{+6}) erscheinen.

5. Aufgabe:
Man berechne den Parallelwiderstand R_p zweier Widerstände R_1 und R_2

$$R_p = \frac{R_1 \cdot R_2}{R_1 + R_2}$$

Bei der Eingabe der Werte sollen Widerstände kleiner oder gleich Null mit Fehlermeldungen abgefangen werden, so daß eine Division durch Null ausgeschlossen wird.

Zusatzaufgabe:
Wie bei der 4. Aufgabe soll der Widerstand in den Bereichen Milliohm (Faktor 10^{-3}), Ohm (Faktor 1), Kiloohm (Faktor 10^{+3}) und Megaohm (Faktor 10^{+6}) mit den entsprechenden Einheiten ausgegeben werden.

6. Aufgabe:
Man berechne den Widerstand eines Drahtes nach den Formeln

$$R = \frac{l}{k \cdot A} \qquad A = \frac{\pi \cdot d^2}{4}$$

Nach Eingabe der Länge 1 [m] und des Durchmessers d [mm] erfrage man durch eine Kennzahl oder einen Kennbuchstaben das Material und verwende den entsprechenden spezifischen Leitwert k [m/(Ω*mm²)].

```
Silber:     k = 60.6
Kupfer:     k = 56.8
Aluminium:  k = 36.0
Messing:    k = 13.3
```

7. Aufgabe:
Eine Funktion `y = f(x)` ist in folgenden Bereichen definiert:
```
    x ≤ 0:   y = 0      "null"
0 < x ≤ 1:   y = x²     "quadratisch"
1 < x ≤ 10:  y = x      "linear"
    x > 10:  y = 10     "konstant"
```

Man lese einen reellen Wert für x ein und gebe den entsprechenden Funktionswert zusammen mit einer Meldung über den Verlauf (z.B. `"linear"`) aus.

Der Funktionswert soll mit einer Folge von bedingten Anweisungen, die entsprechende Meldung soll mit einer Schachtelung von bedingten Anweisungen ermittelt werden.

8. Aufgabe:
Man prüfe durch numerischen Vergleich, ob die Formel `sin²x + cos²x` für einen einzulesenden reellen Winkel x genau den zu erwartenden Wert 1 liefert. Beim Testen gebe man die Winkel von 0, 1, 2 bis 10° ein.

9. Aufgabe:
Man lese zwei ganze Zahlen sowie eines der Operationszeichen
+ für Addition,
- für Subtraktion,
* für Multiplikation bzw.
: für Division

ein und gebe die Summe, die Differenz, das Produkt bzw. den ganzzahligen Quotienten und Rest aus. Der Fehlerfall einer Division durch Null ist auszuschließen.

Zusatzaufgabe:
Man führe die Aufgabe mit reellen Zahlen durch.

3.4 Programmschleifen

In den bisher behandelten Beispielen wurden die Anweisungen nur einmal ausgeführt; die Programme mußten für jedes Datum erneut gestartet werden. Die meisten Anwendungen verlangen jedoch, daß ein Bearbeitungsverfahren mehrmals auf unterschiedliche Daten anzuwenden ist. Dies führt auf *Schleifen*, die entsprechend *Bild 3-9* aus einem *Schleifenrumpf* mit den auszuführenden Anweisungen und einer *Schleifenkontrolle* bestehen. Dieser Abschnitt behandelt schwerpunktmäßig die wichtigsten Schleifenstrukturen am Beispiel von *Zählschleifen*, bei denen eine Variable von einem Anfangswert bis zu einem Endwert durchlaufen wird und damit die Anzahl der Schleifendurchläufe bestimmt. Abschnitt 3.6 zeigt weitere Anwendungen als Lese-, Kontroll- und Näherungsschleife.

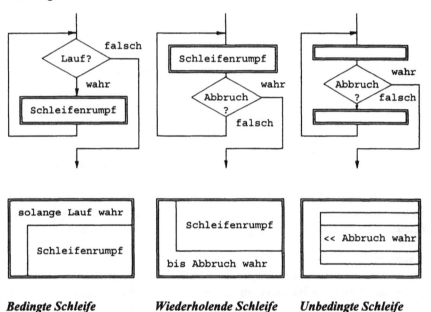

Bedingte Schleife   **Wiederholende Schleife**   **Unbedingte Schleife**

Bild 3-9: Die wichtigsten Schleifenstrukturen

Bei einer **bedingten Schleife** liegt die Kontrolle vor dem Schleifenrumpf. Dieser wird nur dann ausgeführt, wenn die Laufbedingung erfüllt (*wahr*) ist. Vor jedem Durchlauf findet eine erneute Prüfung statt; ist die Laufbedingung nicht erfüllt (*falsch*), so wird die Schleife beendet. Die bedingte Schleife verhält sich abweisend; für den Fall, daß die Laufbedingung bereits vor dem Eintritt in die Schleife nicht erfüllt ist, wird der Schleifenrumpf nie ausgeführt. Die DO Zählschleife und die DO WHILE Schleife sind abweisende bedingte Schleifen.

Bei einer **wiederholenden Schleife** liegt die Kontrolle hinter dem Schleifenrumpf, der mindestens einmal durchlaufen wird. In Fortran gibt es dafür keine eigene Anweisungsform; wiederholende Schleifen lassen sich als bedingungslose Schleife (Endlosschleife) mit einer EXIT Abbruchbedingung hinter dem Rumpf programmieren.

Eine *unbedingte Schleife* (DO Endlosschleife) hat keine eigene Kontrolle, diese muß durch eine bedingte Abbruchanweisung wie z.B. IF (*Abbruchbedingung*) EXIT programmiert werden. Dann kann ein Teil des Schleifenrumpfes wiederholend und der andere bedingt durchlaufen werden.

Die *DO Zählschleifenstruktur*

```
DO Laufvariable = Anfangswert, Endwert [,Schrittweite]
  Anweisungsfolge des Schleifenrumpfs
END DO
```

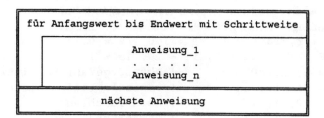

besteht aus einer DO Anweisung, die für eine ganzzahlige oder reelle Laufvariable den Anfangswert und den Endwert festlegt, für den die Schleife durchlaufen werden soll. Fehlt die Schrittweite, so wird der Wert +1 angenommen. Die **END DO** Anweisung schließt die Anweisungsfolge des Rumpfes ab. Das Programmbeispiel *Bild 3-10* gibt für die Zahlen von 1 bis 10 die Quadrate und die Quadratwurzeln aus.

```
! k3b10.for Bild 3-10: Zaehlschleife Quadrat- und Wurzeltabelle
      IMPLICIT NONE
      INTEGER i
      PRINT *, '      Zahl      Quadrat      Wurzel'
      DO i = 1, 10
        PRINT *, i, i**2, SQRT(REAL(i))
      END DO
      END
```

Zahl	Quadrat	Wurzel
1	1	1.00000
2	4	1.41421
3	9	1.73205
4	16	2.00000
5	25	2.23607
6	36	2.44949
7	49	2.64575
8	64	2.82843
9	81	3.00000
10	100	3.16228

Bild 3-10: DO Zählschleife von 1 bis 10

Die *Laufparameter* Anfangswert, Endwert und Schrittweite sind ganzzahlige oder reelle Ausdrücke, aus denen vor dem Eintritt in die Schleife die Anzahl der Durchläufe berechnet wird nach der Formel
```
MAX(INT((Endwert - Anfangswert + Schrittweite)/Schrittweite), 0)
```

Eine Schrittweite 0 bedeutet eine Division durch 0 und kann je nach Fortran System zu einem Fehlerabbruch des Programms führen. Ist die berechnete Anzahl der Schleifendurchläufe 0 (auch negativ ergibt 0), so werden die Anweisungen des Schleifenrumpfes nie ausgeführt, und es folgt die nächste Anweisung. Der Laufvariablen darf in der DO Zählschleife kein neuer Wert zugewiesen werden, Änderungen der Laufparameter in der Schleife sind wirkungslos. Reelle Laufvariablen sind zulässig, sollten aber wegen der bekannten Ungenauigkeiten der reellen Arithmetik besser aus ganzzahligen Größen abgeleitet werden. Bei einem *Aufwärtszähler* ist der Anfangswert kleiner als der Endwert, und die Schrittweite ist positiv. *Abwärtszähler* haben negative Schrittweiten, und der Anfangswert muß größer als der Endwert sein. Beispiele:

```
REAL    :: r, ra = 0.1, re = 1.0, rs = 0.1
INTEGER :: i, ia = 1, ie = 10, is = 1
DO  i = 1, 10, 0             ! Absturzgefahr Schrittweite 0
DO  i = ia, ie, is          ! variable Laufparameter
DO  i = 10, 1, 1            ! kein Durchlauf
DO  i = 10, 1, -1          ! Abwaertszaehler von 10 bis 1
DO  r = ra, re, rs          ! unsichere reelle Schleife
DO  r = ra, re + 0.5*rs, rs  ! bessere reelle Schleife
DO  i = ia, ie, is          ! ganzzahliger Aufwaertszaehler
    r = 0.1 * i             ! abgeleitete reelle Variable
END DO                      ! von 0.1 bis 1.0 Schritt 0.1
```

Bei Schrittweiten ungleich 1 ist sichergestellt, daß in der Schleife der Endwert höchstens erreicht, aber nicht überschritten wird. Welchen Wert enthält nun die Laufvariable nach dem Verlassen der DO Zählschleife?

Die Ausführung der DO Zählschleife beginnt mit der Zuweisung des Anfangswertes an die Laufvariable und der Berechnung der Anzahl der Schleifendurchläufe aus den Laufparametern. Ist der Schleifenzähler null, so ist die Schleife beendet. Dies bedeutet, daß die Laufvariable einer abgewiesenen, also nie ausgeführten, DO Zählschleife den Anfangswert enthält. Ist der Schleifenzähler ungleich null, so werden die Anweisungen des Schleifenrumpfes mit dem laufenden Wert der Laufvariablen ausgeführt. Danach werden der Durchlaufzähler vermindert und die Laufvariable um die Schrittweite erhöht. Beendet nun die Kontrolle die Schleife, so enthält die Laufvariable den *letzten Wert + Schrittweite*. Beispiele:

```
DO i = 1, 4, 2  ! 2 Durchlaeufe mit i = 1, 3   Ende i = 5
DO i = 1, 1, 1  ! 1 Durchlauf   mit i = 1      Ende i = 2
DO i = 1, 0, 1  ! kein Durchlauf               Ende i = 1
```

Eine DO Zählschleife kann mit der Anweisung

> **EXIT**

meist im Zusammenhang mit einer bedingten Anweisung oder Fallunterscheidung vorzeitig beendet werden, so daß möglicherweise folgende Anweisungen des Schleifenrumpfes sowie weitere Schleifendurchläufe nicht mehr ausgeführt werden. Die Laufvariable enthält dann den laufenden Wert beim Abbruch. Die Anweisung

> **CYCLE**

beendet den augenblicklichen Schleifendurchlauf, so daß möglicherweise folgende Anweisungen des Schleifenrumpfes in diesem Durchlauf nicht mehr ausgeführt werden. Die Schleifenkontrolle wird jedoch mit dem Vermindern des Durchlaufzählers, der Erhöhung der Laufvariablen um die Schrittweite und mit der Kontrolle des Durchlaufzählers auf 0 fortgesetzt. Beispiel:

```
DO i = 1, 10, 1            ! Vorgabe: 1,2,3,4,5,6,7,8,9,10
   IF (i .EQ. 3) CYCLE     ! fuer i = 3 keine Ausgabe
   PRINT *, i              ! Ausgabe 1, 2,   4, 5
   IF (i .EQ. 5) EXIT      ! Abbruch bei i gleich 5
END DO                     ! Endwert nach Abbruch i = 5
```

Programmiert man Zählschleifen mit bedingten bzw. unbedingten DO Schleifenstrukturen, so muß die Laufvariable vor der Schleife auf den Anfangswert gesetzt werden. Die Wertzuweisung Laufvariable = Laufvariable + Schrittweite in der Schleife ist keine "Gleichung", sondern eine Rechenanweisung: *Nimm den alten Inhalt der Variablen, addiere die Schrittweite dazu und speichere die Summe als neuen Wert in der Variablen ab.* Für die Kontrolle des Endwertes in der Schleife stehen zwei Anweisungsformen zur Verfügung.

Die *bedingte* **DO Schleifenstruktur**

```
DO WHILE (Laufbedingung)
   Anweisungsfolge des Schleifenrumpfs
END DO
```

```
solange der Bedingungsausdruck wahr ist
        Anweisung_1
        . . . . . .
        Anweisung_n
   nächste Anweisung
```

enthält als Laufbedingung einen logischen Ausdruck, der vor jedem Durchlauf geprüft wird. Bei *wahr* (.TRUE.) werden die Anweisungen des Schleifenrumpfes ausgeführt, bei *falsch* (.FALSE.) ist die Schleife beendet, und es folgt die nächste Anweisung. Die Schleife läßt sich auch durch EXIT oder CYCLE vorzeitig beenden. Die Laufbedingung muß vor der Schleife auf einen Anfangswert gesetzt und in der Schleife so verändert werden, daß ein Schleifenende erreicht wird. Das Beispiel *Bild 3-11* zeigt einen Zähler von 1 bis 10 mit der Schrittweite 1 als programmierte Zählschleife.

```
! k3b11.for Bild 3-11: bedingte Schleife Quadrat und Wurzel
      IMPLICIT NONE
      INTEGER i
      PRINT *, '       Zahl      Quadrat      Wurzel'
      i = 1
      DO WHILE (i .LE. 10)
        PRINT *, i, i**2, SQRT(REAL(i))
        i = i + 1
      END DO
      END
```

Bild 3-11: Bedingte Schleife von 1 bis 10

Die *bedingungslose **DO Schleifenstruktur*** (Endlosschleife)

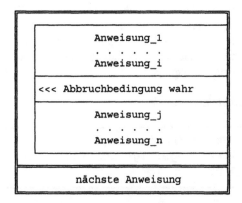

muß mit einer der beiden Abbruchanweisungen **EXIT** oder **CYCLE** kontrolliert werden, da die DO Anweisung selbst keine Kontrolle enthält. *Bild 3-12* zeigt eine programmierte Zählschleife für einen Zähler von 1 bis 10. Die Schleife hat eine wiederholende Struktur, da die Kontrolle mit IF (i .GT. 10) EXIT hinter dem Schleifenrumpf liegt.

```
! k3b12.for Bild 3-12: Bedingungslose Schleife (Endlosschleife)
      IMPLICIT NONE
      INTEGER i
      PRINT *, '        Zahl      Quadrat      Wurzel'
      i = 1
      DO
        PRINT *, i, i**2, SQRT(REAL(i))
        i = i + 1
        IF (i .GT. 10) EXIT
      END DO
      END
```

Bild 3-12: Unbedingte Schleife von 1 bis 10 mit Kontrolle

Schleifen lassen sich wie Verzweigungen aneinanderreihen und schachteln. Dabei kann es erforderlich sein, einzelne Schleifen mit einem Strukturnamen zu kennzeichnen. Damit lautet die *allgemeine Form der DO Schleifenstruktur*:

```
[Name:] DO [Schleifensteuerung]

        [ Schleifen_Ende_Bedingung EXIT [Name] ]

        [ Schleifen_Durchlauf_Bedingung CYCLE [Name] ]

        END DO [Name]
```

Bei *geschachtelten Schleifen* enthält der Rumpf der äußeren Schleife eine weitere Schleife, die innere Schleife, deren Rumpf weitere Schleifen enthalten kann. Bei geschachtelten DO Schleifen muß die innere Schleife vollständig im Bereich der äußeren DO Schleife liegen. Nicht benannte EXIT bzw. CYCLE Anweisungen beziehen sich auf die gerade ablaufende Schleife, sonst auf den Strukturnamen. Für jeden Durchlauf der äußeren Schleife wird die innere Schleife vollständig durchlaufen; die Durchläufe multiplizieren sich. In dem folgenden Beispiel wird die PRINT Anweisung 2*3 = 6 mal ausgeführt:

```
INTEGER  i, j
aussen: DO i = 1, 2
innen:     DO j = 1, 3
              PRINT *, 'i =', i, '   j =', j
           END DO innen
        END DO aussen
```

```
i =    1   j =    1
i =    1   j =    2
i =    1   j =    3
i =    2   j =    1
i =    2   j =    2
i =    2   j =    3
```

Für die *Ausgabe von Tabellen* werden meist geschachtelte DO Schleifen verwendet. Das in *Bild 3-13* dargestellte Programmbeispiel gibt das kleine Einmaleins bis 10*10 als Tabelle aus. Außen läuft eine Zeilenschleife für die Faktoren von i = 1 bis 10. Für jeden Zeilenwert erzeugt die innere Spaltenschleife die Faktoren von j = 1 bis 10. In der Tabelle stehen die Produkte i*j.

```
┌──────────────────────────────────────────────────┐
│              Tabellenkopf ausgeben                 │
├──────────────────────────────────────────────────┤
│     für i = 1 bis 10 Schrittweite 1                │
│  ┌───────────────────────────────────────────┐    │
│  │    neue Zeile, i und Rand ausgeben         │    │
│  ├───────────────────────────────────────────┤    │
│  │    für j = 1 bis 10 Schrittweite 1         │    │
│  │  ┌──────────────────────────────────────┐  │    │
│  │  │        Produkt i*j ausgeben          │  │    │
│  │  └──────────────────────────────────────┘  │    │
├──────────────────────────────────────────────────┤
│              Ende des Programms                    │
└──────────────────────────────────────────────────┘
```

```fortran
! k3b13.for Bild 3-13: Geschachtelte Schleifen fuer Tabelle
      IMPLICIT NONE
      INTEGER i, j
      PRINT *, '              Das kleine Einmaleins          '
      PRINT *, '  I    1    2    3    4    5    6    7    8    9   10'
      PRINT *, '---I-----------------------------------------------'
      zeile: DO i = 1, 10
             WRITE(*, 100, ADVANCE = 'NO') i
100          FORMAT(1X, I2, ' I')
      spalte:  DO j = 1, 10
                WRITE(*, 200, ADVANCE = 'NO') i*j
200             FORMAT(1X, I3)
             END DO spalte
             WRITE(*, *, ADVANCE = 'YES')
          END DO zeile
      END
```

```
                  Das kleine Einmaleins
    I    1    2    3    4    5    6    7    8    9   10
 ---I-----------------------------------------------
  1 I    1    2    3    4    5    6    7    8    9   10
  2 I    2    4    6    8   10   12   14   16   18   20
  3 I    3    6    9   12   15   18   21   24   27   30
  4 I    4    8   12   16   20   24   28   32   36   40
  5 I    5   10   15   20   25   30   35   40   45   50
  6 I    6   12   18   24   30   36   42   48   54   60
  7 I    7   14   21   28   35   42   49   56   63   70
  8 I    8   16   24   32   40   48   56   64   72   80
  9 I    9   18   27   36   45   54   63   72   81   90
 10 I   10   20   30   40   50   60   70   80   90  100
```

Bild 3-13: Tabellenausgabe mit geschachtelten Zählschleifen

Bei der Ausgabe der Tabelle müssen der Zeilenwert i und die Werte der Spaltenschleife j auf einer Zeile erscheinen. Dazu ist es erforderlich, die Vorschubsteuerung der nächsten WRITE Anweisung mit ADVANCE = 'NO' abzuschalten. Eine einfachere Lösung berechnet die Werte einer Zeile in der Liste der Ausgabeanweisung.

Die *implizite DO Schleife* für die Datenausgabe mit PRINT und WRITE

Ausgabeanweisung (Liste, *Lauf* = Anfang,Ende [,Schritt])

---

enthält in runden Klammern die Ausgabeliste und die Elemente einer DO Zählschleife ohne die Kennwörter DO und END DO. Der Zähler bestimmt, wie oft die Ausgabeliste ausgeführt wird; die Laufvariable steht für arithmetische Ausdrücke zur Verfügung. Das in *Bild 3-14* dargestellte Programmbeispiel gibt den Tabellenkopf und das kleine Einmaleins mit impliziten DO Schleifen aus.

```
! k3b14.for Bild 3-14: implizite DO Schleife Einmaleins
      IMPLICIT NONE
      INTEGER i, j
      PRINT *, '                Das kleine Einmaleins'
      PRINT 100, (i, i = 1, 10)
100   FORMAT('    I', 10I4 / ' ---I', 40('-'))
      DO i = 1, 10
         PRINT 200, i, (i*j, j = 1, 10)
200      FORMAT(1X, I2, ' I', 10I4)
      END DO
      END
```

Bild 3-14: Tabellenausgabe mit impliziten DO Schleifen

Für die Programmierung von Zählern sollte nach Möglichkeit eine DO Zählschleife mit INTEGER Steuerparametern verwendet werden. Falsch aufgebaute oder mit unsinnigen Laufparametern (z.B. Schrittweite 0) arbeitende programmierte Schleifen finden möglicherweise kein Ende und müssen durch äußere Eingriffe abgebrochen werden. Bei dem verwendeten Fortran System unter *DOS* waren dies die Eingaben:

Tastenkombination **Strg** *und* **Pause** (Break)
Tastenkombination **Strg** *und* **Alt** *und* **Lösch** (Del)
Reset Taste am Rechnergehäuse

In vielen Aufgabenstellungen müssen Zahlenwerte summiert werden. Vor dem Eintritt in die Schleife wird die Summe gelöscht, in der Schleife ergibt sich eine neue Summe aus der alten Summe plus dem zu addierenden Wert. Beispiel:
```
summ = 0
DO  i = 1, 10
summ = summ + 0.1 * i
END DO
```

3.5 Übungen mit Zählschleifen

Die Lösungsvorschläge (Kapitel 8) enthalten noch keine Lese- und Kontrollschleifen, die erst im nächsten Abschnitt behandelt werden. Die Programme müssen daher für jeden Testlauf erneut gestartet werden.

1. Aufgabe:
Es ist die Summe der Zahlen von 1 bis 100 zu berechnen, also
```
Summe = 1 + 2 + 3 + . . . + 98 + 99 + 100
```

2. Aufgabe:
Es ist für ein einzulesendes n die Fakultät n! zu berechnen, also
```
n! = 1 * 2 * 3 * . . . * (n-2) * (n-1) * n
```

Beispiel für n = 5
```
5! = 1 * 2 * 3 * 4 * 5 = 120
```

Für die Zählschleife zur Erzeugung der Faktoren kann der Datentyp INTEGER verwendet werden, für die Fakultät ist wegen der sehr schnell anwachsenden Produkte der Datentyp REAL geeigneter.

3. Aufgabe:
Für n reelle Meßwerte sind die Summe und der arithmetische Mittelwert zu berechnen, der sich aus der Summe dividiert durch die Anzahl der Werte n ergibt.

$$S = \sum_{i=1}^{n} X_i \qquad X_m = \frac{S}{n}$$

Die Anzahl n der Meßwerte ist zu lesen und anschließend zur Steuerung einer Zählschleife zu verwenden, in der die Werte gelesen und summiert werden. Der Fall n = 0 ist mit einer Fehlermeldung abzufangen, da er bei der Berechnung des Mittelwertes auf eine Division durch 0 führen würde.

4. Aufgabe:
Es ist eine Fakultätentabelle von 1! bis nmax! auszugeben. Der Endwert nmax ist als ganze Zahl zu lesen. Beispiel für nmax = 5:
```
1! = 1
2! = 2
3! = 6
4! = 24
5! = 120
```

Zusatzaufgabe:
Die Ausgabe der Tabelle ist durch einen mitlaufenden Zeilenzähler so zu kontrollieren, daß sie nach 24 Zeilen angehalten wird, um die Ergebnisse auf dem Bildschirm zu betrachten. Nach Betätigen der Taste *Wagenrücklauf* erscheine die nächste Seite.

5. Aufgabe:
Für den Scheinwiderstand Z [Ω] einer Spule mit dem Ohmschen Widerstand R [Ω] und der Induktivität L [Henry] gilt bei einer Frequenz f [Hz]:

Realteil: $Z_{re} = R$

Imaginärteil: $Z_{im} = 2 * \pi * f * L$

Absolutwert: $Z_{ab} = \sqrt{Z_{re}^2 + Z_{im}^2}$

Winkel: $\varphi = \arctan \dfrac{Z_{im}}{Z_{re}}$

Man lese Werte für R und L sowie den Anfangswert, den Endwert und die Schrittweite eines Frequenzbereiches, für den der Widerstand in beiden Darstellungen zu berechnen ist. Die Ausgabe der Tabelle kann wie in Aufgabe 4 mit einem Zeilenzähler kontrolliert werden. Beispiel:

```
Scheinwiderstand einer Spule
              R in Ohm -> 100
              L in Henry -> 0.1
Anfangsfrequenz in Hz -> 100
    Endfrequenz in Hz -> 1000
  Schrittweite in Hz -> 100

  f(Hz)  Zre(Ohm) Zim(Ohm) Zab(Ohm)  Winkel
  100.0    100.0     62.8    118.1   32.1 Grad
  200.0    100.0    125.7    160.6   51.5 Grad
    .         .        .        .       .
    .         .        .        .       .
  900.0    100.0    565.5    574.3   80.0 Grad
 1000.0    100.0    628.3    636.2   81.0 Grad
```

6. Aufgabe:
In einer Tabelle mit Seitenkontrolle gebe man die trigonometrischen Funktionen Sinus, Cosinus, Tangens und Cotangens aus. Anfangswert, Endwert und Schrittweite des Winkelbereiches sind einzugeben. Bei der Berechnung des Cotangens aus dem Kehrwert des Tangens ist eine mögliche Division durch 0 besonders zu berücksichtigen.

```
Anfangswinkel ganz in Grad -> 0
    Endwinkel ganz in Grad -> 180
 Schrittweite ganz in Grad -> 15
Winkel     Sin         Cos         Tan         Cot
   0      0.000        1.00       0.000       0.100E+11
  15      0.259        0.966      0.268       3.73
  30      0.500        0.866      0.577       1.73
           .            .           .           .
           .            .           .           .
 165      0.259       -0.966     -0.268      -3.73
 180     -0.874E-07   -1.00       0.163E-06   0.612E+07
```

7. Aufgabe:

Die Hypothenuse c eines rechtwinkligen Dreiecks berechnet sich aus den beiden Katheten a und b nach der Formel:

$$c = \sqrt{a^2 + b^2}$$

Man erstelle folgende Tabelle mit konstanten Steuergrößen:

```
          Hypothenuse im rechtwinkligen Dreieck
        a= 1  a= 2  a= 3  a= 4  a= 5  a= 6  a= 7  a= 8
b= 1    1.4   2.2   3.2   4.1   5.1   6.1   7.1   8.1
b= 2    2.2   2.8   3.6   4.5   5.4   6.3   7.3   8.2
b= 3    3.2   3.6   4.2   5.0   5.8   6.7   7.6   8.5
b= 4    4.1   4.5   5.0   5.7   6.4   7.2   8.1   8.9
b= 5    5.1   5.4   5.8   6.4   7.1   7.8   8.6   9.4
b= 6    6.1   6.3   6.7   7.2   7.8   8.5   9.2  10.0
b= 7    7.1   7.3   7.6   8.1   8.6   9.2   9.9  10.6
b= 8    8.1   8.2   8.5   8.9   9.4  10.0  10.6  11.3
b= 9    9.1   9.2   9.5   9.8  10.3  10.8  11.4  12.0
b=10   10.0  10.2  10.4  10.8  11.2  11.7  12.2  12.8
```

8. Aufgabe:

Für den Widerstand R [Ω] eines Kupferdrahtes (k=56.8 [m/(Ω*mm²)]) der Länge l [m] und mit dem Durchmesser d [mm] gilt:

$$R = \frac{4}{k * \pi} * \frac{l}{d^2}$$

Man gebe eine Tabelle des Widerstandes in Abhängigkeit von der Drahtlänge und dem Drahtdurchmesser mit Seitenkontrolle aus. Die Durchmesser seien im Bereich von 0.5 mm bis 1.0 mm mit der Schrittweite 0.1 mm konstant. Anfangswert, Endwert und Schrittweite der Drahtlänge sind als Variablen zu lesen. Beispiel:

```
Anfangslaenge ganz in m -> 1
    Endlaenge ganz in m -> 10
 Schrittweite ganz in m -> 1

          Widerstand eines Kupferdrahtes in Ohm
    l(m) D=0.5mm D=0.6mm D=0.7mm D=0.8mm D=0.9mm D=1.0mm
       1   0.090   0.062   0.046   0.035   0.028   0.022
       2   0.179   0.125   0.091   0.070   0.055   0.045
             .       .       .       .       .       .
       9   0.807   0.560   0.412   0.315   0.249   0.202
      10   0.897   0.623   0.457   0.350   0.277   0.224
```

9. Aufgabe:

Es ist eine Dezimalzahl im Bereich von 0 bis 65535 zu lesen und als 16stellige Dualzahl auszugeben. Man benutze das in Abschnitt 1.1 dargestellte Teilerverfahren, das die werthöchste Stelle zuerst berechnet. Der erste Teiler für 16 bit ist 2^{16-1}. Beispiel:

```
0 bis  65535 ganz -> 127
       127 dezimal = dual 0000000001111111
```

3.6 Anwendungen von Schleifen

Die Zählschleife wurde bereits im Abschnitt 3.4 zusammen mit den grundlegenden Schleifenstrukturen behandelt. Das verpönte "GOTO" erscheint erst im Abschnitt 3.8. Für eine Kontrolle der Eingabe kann die READ Anweisung mit der Steuerangabe IOSTAT erweitert werden:

```
READ(Einheit, Format, IOSTAT = Status) Variablenliste
Status < 0: Endebedingung erkannt
Status > 0: Fehlerbedingung erkannt
Status = 0: weder Ende noch Fehler
```

Status ist eine vorher zu vereinbarende INTEGER Variable, die nach Ausführung der READ Anweisung einen Fehler- bzw. Endestatus enthält. Die Bedingungen, unter denen dieser Status gesetzt wird, sind systemabhängig. Das folgende Beispiel zeigt die Auswertung einer Statusvariablen test.

```
INTEGER   wert, test
PRINT *, ' -> '; READ(*, *, IOSTAT = test) wert
IF (test .LT. 0) PRINT *, 'Endebedingung erkannt'
IF (test .GT. 0) PRINT *, 'Eingabefehler erkannt'
IF (test .EQ. 0) PRINT *, 'das war gut !!!'
```

Für die *Kontrolle von Eingabedaten* verwendet man Schleifen, die alle fehlerhaften Eingaben mit Fehlermeldungen zurückweisen. Man unterscheidet:
- Überschreitung des für den Datentyp zulässigen Wertebereiches,
- Umwandlungsfehler z.B. durch Eingabe von Buchstaben anstelle von Ziffen und
- gültige, aber gefährliche Daten wie z.B. die Schrittweite 0.

Da weder die Anzahl der Durchläufe (DO Zählschleife) noch die Fehlerbedingung vor dem Schleifeneintritt (DO WHILE) bekannt sind, verwendet man üblicherweise eine endlose DO Schleife, die mit der Anweisung CYCLE im Fehlerfall nochmals ausgeführt bzw. im Fall gültiger Daten mit EXIT beendet wird.

Das in *Bild 3-15* dargestellte Programmbeispiel kontrolliert den ersten Wert ia nur auf Umwandlungsfehler, den Wert ie auch auf gültige aber unsinnige Daten und unterscheidet für den Wert is zwischen Umwandlungsfehlern und gefährlichen Daten (Schrittweite 0).

```
! k3b15.for  Bild 3-15: Kontrollschleifen
      IMPLICIT NONE
      INTEGER test, i, ia, ie, is
      DO
        PRINT *, 'Anfangswert ganz -> ';
        READ (*, *, IOSTAT = test) ia
        IF (test .EQ. 0) EXIT                      ! fertig
        PRINT *, 'Eingabefehler'                   ! nochmal
      END DO
      DO
        PRINT *, 'Endwert >', ia, ' ganz -> '
        READ (*, *, IOSTAT = test) ie
        IF (test .EQ. 0 .AND. ie .GT. ia) EXIT ! fertig
        PRINT *, 'Eingabefehler'                   ! nochmal
      END DO
      DO
        PRINT *, 'Schrittweite > 0 ganz -> '
        READ (*, "(I12)", IOSTAT = test) is
        IF (test .NE. 0) THEN
          PRINT *, 'Eingabefehler'
          CYCLE                                    ! nochmal
        END IF
        IF (is .LE. 0) THEN
          PRINT *, 'Schrittweite nicht zulaessig'
          CYCLE                                    ! nochmal
        END IF
        EXIT                                       ! fertig
      END DO
      DO i = ia, ie, is          ! Werte testen
        PRINT *, i
      END DO
      END
```

Bild 3-15: Kontrollschleifen

Als *Leseschleifen* bezeichnet man Schleifen, die Daten bis zu einer Endebedingung lesen und verarbeiten. Im einfachsten Fall gibt man vorher die Anzahl der Durchläufe ein und steuert damit eine Zählschleife. Das folgende Beispiel liest die Anzahl n der zu summierenden Werte:

```
INTEGER  i, n
REAL  summ, wert
PRINT *, 'Anzahl n ganz -> '; READ *, n
summ = 0
DO i = 1, n
  PRINT *, i,'.Wert -> '; READ *, wert
  summ = summ + wert
END DO
```

Für eine *variable* Anzahl von Durchläufen muß die Schleife durch eine Endebedingung bei der Dateneingabe gesteuert werden. Dazu gibt es folgende Möglichkeiten:
- Dialog mit dem Benutzer zur Fortsetzung der Dateneingabe,
- Auswertung einer variablen oder festen Endemarke (z.B. Wert 0) oder
- Auswertung einer systemabhängigen Endebedingung (z.B. *Strg-Z* unter *DOS*).

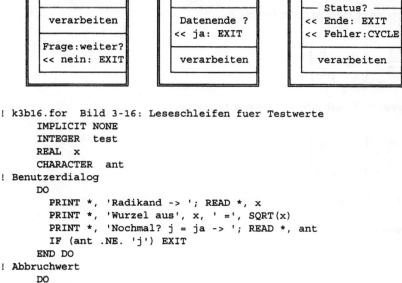

```
! k3b16.for  Bild 3-16: Leseschleifen fuer Testwerte
      IMPLICIT NONE
      INTEGER  test
      REAL   x
      CHARACTER  ant
! Benutzerdialog
      DO
         PRINT *, 'Radikand -> '; READ *, x
         PRINT *, 'Wurzel aus', x, ' =', SQRT(x)
         PRINT *, 'Nochmal? j = ja -> '; READ *, ant
         IF (ant .NE. 'j') EXIT
      END DO
! Abbruchwert
      DO
         PRINT *, 'Ende mit 0  Wert reell -> '; READ *, x
         IF (x .EQ. 0) EXIT      ! Abbruchwert nicht verwendet
         PRINT *, 'Quadrat von', x, ' =', x**2
      END DO
! Endemarke systemabhaengig
      DO
         PRINT *, 'Ende mit Strg-Z Wert reell -> '
         READ (*, *, IOSTAT = test) x
         IF (test .LT. 0) EXIT   ! Endemarke: Schleifenabbruch
         IF (test .GT. 0) CYCLE  ! Eingabefehler: weitermachen
         PRINT *, 'e hoch ', x, ' =', EXP(x)
      END DO
      END
```

Bild 3-16: Leseschleifen

Das in *Bild 3-16* dargestellte Programm zeigt drei Leseschleifen mit der bedingungslosen DO Struktur, die mit EXIT beendet werden. Die erste Dialogschleife wird abgebrochen, wenn die Antwort auf die Frage "*Nochmal?*" nicht j für "*ja*" lautet. Endemarken, die als Daten eingegeben werden, liegen normalerweise außerhalb des gültigen Wertebereiches und sind von der Verarbeitung als Daten auszuschließen. Die dritte Schleife wertet neben der systemabhängigen Endemarke *Strg-Z* (*^Z*) auch noch die Fehlerbedingung der READ Anweisung aus.

Als *Näherung* oder Iteration bezeichnet man ein Verfahren (Algorithmus), das beim Erreichen einer hinreichenden Genauigkeit abgebrochen werden kann. Ein Beispiel ist das Newtonsche Näherungsverfahren zur Berechnung der Quadratwurzel aus einem positiven Radikanden R. Es läuft in folgenden Schritte ab:

1. Vorgabe einer beliebigen Anfangslösung X_0 z.B.

$$X_0 = 1$$

2. Berechnung einer besseren Lösung X_1

$$X_1 = \frac{1}{2} \cdot \left(X_0 + \frac{R}{X_0} \right)$$

3. Daraus ergibt sich eine noch bessere Lösung X_2

$$X_2 = \frac{1}{2} \cdot \left(X_1 + \frac{R}{X_1} \right)$$

4. Mit X_2 als neuer Anfangslösung ergibt sich ein noch bessere Lösung X_3.

Allgemein gilt:

$$X_{i+1} = \frac{1}{2} \cdot \left(X_i + \frac{R}{X_i} \right)$$

5. Das Verfahren kann abgebrochen werden, wenn die relative Abweichung zweier aufeinanderfolgenden Lösungen

$$d = \left| \frac{X_{i+1} - X_i}{X_i} \right|$$

kleiner als eine vorgegebene Genauigkeit (z.B. 10^{-6}) ist. Das folgende Zahlenbeispiel zeigt die Berechnung der Quadratwurzel aus 9 mit der Anfangslösung $X_0 = 1$.

```
X0 = 1
X1 = 0.5*(1 + 9/1)   = 5
X2 = 0.5*(5 + 9/5)   = 3.4
X3 = 0.5*(3.4 + 9/3.4) = 3.023529
X4 = 0.5*(3.023529 + 9/3.023529) = 3.000092     Abbruch!
```

Bei der Programmierung des Verfahrens ist es nicht erforderlich, alle Zwischenlösungen aufzubewahren. Zur Kontrolle der Schleife genügen die beiden letzten Näherungen, die alte Lösung $X_{alt} = X_i$ und die daraus berechnete neue Lösung $X_{neu} = X_{i+1}$. Ist die gewünschte Genauigkeit noch nicht erreicht, so wird die bessere Lösung X_{neu} als alte

Anfangslösung X_{alt} für eine noch bessere Lösung verwendet. Beginnt man mit dem halben Radikanden als Anfangslösung, so ergibt sich der in *Bild 3-17* programmierte *Algorithmus*:

1. Schritt: Anfangslösung $X_{neu} = R/2$
2. Schritt: alte Lösung $X_{alt} = X_{neu}$
3. Schritt: neue Lösung aus Näherungsformel $X_{neu} = f(R, X_{alt})$
4. Schritt: solange Abweichung größer Genauigkeit mache bei Schritt 2 weiter

```
┌─────────────────────────────────────────────┐
│         Meldung und Radikand lesen            │
│      Anfangslösung Xneu = beliebig            │
│  ┌─────────────────────────────────────────┐ │
│  │      alte Lösung Xalt = Xneu            │ │
│  ├─────────────────────────────────────────┤ │
│  │  bessere Lösung Xneu = Näherungsformel  │ │
│  ├─────────────────────────────────────────┤ │
│  │  << EXIT wenn Xneu genau genug          │ │
│  └─────────────────────────────────────────┘ │
│       Radikand und Lösung ausgeben            │
└─────────────────────────────────────────────┘
```

```
! k3b17.for  Bild 3-17: Naeherungsschleife fuer Quadratwurzel
      IMPLICIT NONE
      REAL  :: radi, xalt, xneu, genau = 1e-6
      PRINT *, 'Radikand > 0 reell -> '; READ *, radi
      xneu = radi / 2
      DO
        xalt = xneu
        xneu = 0.5 * (xalt + radi/xalt)
        IF (ABS( (xalt-xneu)/xneu) < genau ) EXIT
      END DO
      PRINT *,'Wurzel aus', radi, ' =', xneu
      END
```

Bild 3-17: Näherungsverfahren zur Wurzelberechnung

Bei Testläufen zeigte es sich, daß das Newtonsche Näherungsverfahren zur Berechnung der Quadratwurzel bei negativen Radikanden keinen stabilen Endwert erreicht, sondern divergiert und damit zu einer unendlichen Schleife führt. Beim Radikanden 0 ergibt sich $X_{alt} = 0$ und damit in der Näherungsformel eine Division durch 0. Das in *Bild 3-18* dargestellte Programm zeigt folgende Verbesserungen gegenüber der einfachen Lösung:
- variable relative Genauigkeit,
- variabler Durchlaufzähler als zusätzliche Schleifenkontrolle,
- Kontrollschleife beim Lesen des Radikanden und
- Leseschleife für mehrere Eingabewerte.

```
! k3b18.for  Bild 3-18: Verbesserte Quadratwurzelberechnung
      IMPLICIT NONE
      INTEGER :: test, n, nmax
      REAL   :: radi, xalt, xneu, genau
      PRINT *, '  Genauigkeit reell -> '; READ *, genau
      PRINT *, 'Maximale Naeherungen -> '; READ *, nmax
      lese:DO
       kontr:DO
              PRINT *, 'Strg-Z Ende Radikand > 0 reell -> '
              READ (*, *, IOSTAT = test) radi
              IF (test .LT. 0) EXIT lese
              IF (test .GT. 0) CYCLE kontr
              IF (radi .LE. 0) THEN
                 PRINT *, 'Radikand muss > 0 sein'
                 CYCLE kontr
              ELSE
                 EXIT kontr
              END IF
           END DO kontr
           n = 0
           xneu = radi / 2
        naeh:DO
              xalt = xneu
              xneu = 0.5 * (xalt  + radi/xalt)
              n = n + 1
              IF (ABS( (xalt-xneu)/xneu) < genau ) EXIT naeh
              IF (n .GT. nmax) THEN
                 PRINT *, 'Nach', n, ' Schritten abgebrochen'
                 EXIT naeh
              END IF
           END DO naeh
           PRINT *,'Wurzel', radi, ' =', xneu, n, ' Schritte'
        END DO lese
      PRINT *, 'Auf Wiedersehen'
      END
```

Bild 3-18: Quadratwurzel nach Newton mit Kontrollstrukturen

Reihenentwicklungen zur angenäherten Berechnung von mathematischen Funktionen lassen sich als Näherungsschleifen programmieren. Ein Beispiel ist die Reihe für die Berechnung von e^x:

$$e^x = 1 + x + \frac{x^2}{1 * 2} + \frac{x^3}{1 * 2 * 3} + \ldots + \frac{x^i}{i!}$$

Berechnet man jedes Glied einzeln, so wachsen Zähler und Nenner sehr schnell an, was zu einem Bereichsüberlauf führen kann, obwohl der Quotient aus Zähler und Nenner wieder im zulässigen Zahlenbereich liegt. Daher ist es bei derartigen Reihenentwicklungen besser, ausgehend von einem Anfangsglied, jedes neue Glied aus seinem Vorgänger abzuleiten. In dem Beispiel der e^x Reihe ist das Anfangsglied 1, jedes weitere Glied ergibt sich aus seinem Vorgänger durch Multiplikation mit x und Division durch einen laufenden Zähler.

$$g_1 = 1 \qquad g_2 = g_1 \cdot \frac{x}{1} \qquad g_3 = g_2 \cdot \frac{x}{2} \qquad g_i = g_{i-1} \cdot \frac{x}{i-1}$$

Nimmt man das erste Glied als Anfangslösung, so ergibt sich eine bessere Näherung, indem man zu der alten Lösung ein weiteres Glied dazuaddiert. Als Endebedingung kann ein Vergleich zweier aufeinanderfolgenden Näherungen dienen. Damit ergibt sich für die Programmierung der e^x Reihe der folgende *Algorithmus*:

1. Schritt: Zähler n = 1
          Glied   g = 1
          Wert e_{neu} = 1

2. Schritt: alter Wert e_{alt} = e_{neu}
          neues Glied   g = g * x / n
          neuer Zähler   n = n + 1
          neuer Wert e_{neu} = e_{alt} + g

3. Schritt: solange Abweichung größer Genauigkeit mache bei *Schritt 2* weiter.

Als Abbruchbedingung von Reihenentwicklungen sollten möglichst nicht die vordefinierten mathematischen Standardfunktionen, sondern die vorhergehenden Näherungswerte herangezogen werden.

3.7 Übungen mit Schleifen

Aufgaben zu Zählschleifen wurden bereits im Abschnitt 3.5 behandelt. Kapitel 8 enthält einfache Lösungsvorschläge.

1. Aufgabe:
Vor dem Beginn einer Leseschleife ist eine variable Endemarke einzugeben und zu speichern. In der Leseschleife sind reelle Meßwerte zu lesen, zu zählen und zu summieren. Nach Eingabe der Endemarke, die nicht mehr zu den Daten gehört, ist der arithmetische Mittelwert (Summe der Werte durch Anzahl der Werte) zu berechnen und auszugeben. Der Fall, daß keine Daten eingegeben wurden (Anzahl n = 0) ist wegen der drohenden Division durch 0 besonders zu berücksichtigen.

$$S = \sum_{i=1}^{n} X_i \qquad X_m = \frac{S}{n}$$

2. Aufgabe:
In einer Leseschleife sind Radikanden zu lesen; die mit der vordefinierten SQRT Funktion berechneten Quadratwurzeln sind auszugeben. In einer Kontrollschleife sollen fehlerhafte Eingaben und negative Radikanden mit Fehlermeldungen abgefangen werden.

3. Aufgabe:
Für den schiefen Wurf in der Ebene unter Berücksichtigung der Erdanziehung gelten die Formeln:

```
Weite:  X = Vo * t * cos(α)   [m]
Höhe:   Y = Vo * t * sin(α) - ½ * g * t²   [m]
        Vo = Anfangsgeschwindigkeit  [m/s]
        α = Abwurfwinkel  0..90°
        g = 9.81 [m/s²] Erdbeschleunigung
```

Man lese die Anfangsgeschwindigkeit und den Abwurfwinkel sowie eine Schrittweite, mit der die Flugzeit von 0 bis zu dem Zeitpunkt verändert werden soll, an dem das Flugobjekt wieder gelandet ist (Höhe kleiner/gleich 0). Der Maximalwert der berechneten Höhen ist zu ermitteln und nach der Landung auszugeben.

4. Aufgabe:
Die Formel zur Berechnung der 3. Wurzel aus dem Radikanden R nach dem Newtonschen Näherungsverfahren lautet:

$$X_1 = \frac{1}{3} \cdot \left(2 \cdot X_0 + \frac{R}{X_0^2} \right)$$

In einer Leseschleife mit Benutzerdialog sind Radikanden zu lesen und die dritte Wurzel auszugeben. Man teste das Verfahren auch mit negativen Werten.

Zusatzaufgabe:
Vor der Schleife sind die gewünschte relative Genauigkeit und die maximale Anzahl der Schritte einzugeben, nach denen das Verfahren abgebrochen werden soll. Die Eingabe der Radikanden kann mit einer Kontrollschleife auf Eingabefehler und den Wert 0 geprüft werden.

5. Aufgabe:
In einer Leseschleife gebe man den Exponenten x ein und berechne e^x aus der Reihenentwicklung

$$e^x = 1 + x + \frac{x^2}{1 \cdot 2} + \frac{x^3}{1 \cdot 2 \cdot 3} + \ldots + \frac{x^i}{i!}$$

Man untersuche die Exponenten 0 und -1 sowie sehr große negative Werte und vergleiche die Ergebnisse mit einem Taschenrechner. Nötigenfalls muß ein Näherungszähler zur Begrenzung der Schleifendurchläufe eingeführt werden.

3.8 Unstrukturierte Anweisungen

Die "moderne" strukturierte Programmierung stellt die auszuführenden Verfahren durch Struktogramme dar, die nur einen Eingang (obere Kante) und einen Ausgang (untere Kante) haben und die aus den Grundmustern Folge, Auswahl (Verzweigung) und Schleife bestehen. Andere Verbindungen als Kanten zwischen den Strukturblöcken sind nicht vorgesehen und bei Verwendung der bisher behandelten strukturierten Fortran Anweisungen auch garnicht möglich.

In den "guten alten Zeiten" vor Fortran 77 und Fortran 90 wurden die gleichen Aufgaben in Programmablaufplänen dargestellt und mit *Sprunganweisungen* programmiert, die noch auf die Maschinenorientierte Programmierung und Verwendung von Lochkarten zurückgehen.

Der *unbedingte Sprung*

```
GOTO Anweisungsmarke
```

entspricht dem Maschinenbefehl *springe immer* und setzt das Programm mit der Anweisung fort, die in den Spalten 1 bis 5 mit der *Anweisungsmarke* gekennzeichnet ist.

Der *bedingte Sprung*

```
IF (Bedingung) GOTO Anweisungsmarke
```

führt den Sprung nur aus, wenn die Sprungbedingung erfüllt ist; sonst folgt die nächste Anweisung. Alle bisher behandelten Strukturen lassen sich mit diesen beiden Anweisungen programmieren. Beispiel einer Zählschleife von 1 bis 5:

```
      INTEGER  i
      i = 1
10    IF (i .GT. 5) GOTO 20
         PRINT *, i
         i = i + 1
      GOTO 10
20    PRINT *, 'i =', i, ' am Schleifenende'
```

Der *berechnete Sprung*

```
GOTO (Liste von Sprungzielen), Auswahlausdruck
```

verwendet das Ergebnis des ganzzahligen Auswahlausdrucks, um zu einer der in der Liste genannten Anweisungsmarken zu springen. Der Wert 1 springt zum 1. Ziel der Liste, der Wert 2 zum 2. Ziel; allgemein wird für den Wert n des Auswahlausdrucks zum n. Sprungziel verzweigt. Das folgende Beispiel wertet eine Kennzahl aus.

```
        INTEGER   kenn
10      PRINT *, 'Kennzahl 1..3 -> '; READ *, kenn
        IF (kenn .LT.1 .OR. kenn .GT. 3) GOTO 10
        GOTO (20, 30, 40), kenn
20      PRINT *, 'Eins'
        GOTO 10
30      PRINT *, 'Zwei'
        GOTO 10
40      PRINT *, 'Drei'
        GOTO 10
```

Der *zugeordnete (gesetzte) Sprung* verwendet den Inhalt einer ganzzahligen Variablen (Schalter) zum Sprung; dem Schalter muß vorher ein Sprungziel zugewiesen werden.

```
ASSIGN Anweisungsmarke TO Schalter

GOTO Schalter
GOTO Schalter, (Liste möglicher Sprungziele)
```

Mit ASSIGN lassen sich nicht nur Sprungmarken, sondern auch Marken von FORMAT Anweisungen zuweisen. Beispiel:

```
        INTEGER   kenn, auswahl, fnr
10      ASSIGN 20 TO auswahl
        PRINT *, '1 oder 2 -> '; READ *, kenn
        IF (kenn .EQ. 2) ASSIGN 30 TO auswahl
        GOTO auswahl, (20, 30)
20      PRINT *, 'Eins'
        GOTO 10
30      ASSIGN 100 TO fnr
        PRINT fnr
100     FORMAT(' Zwei')
```

Das *arithmetische IF*

```
IF (arithmetischer Ausdruck) Ziel_1, Ziel_2, Ziel_3
Ausdruck < 0: Ziel_1
Ausdruck = 0: Ziel_2
Ausdruck > 0: Ziel_3
```

springt entsprechend dem Wert des ganzzahligen oder reellen Ausdrucks zu einer von drei Sprungmarken, deren Reihenfolge in der Liste festliegt. Das folgende Beispiel kontrolliert eine Leseschleife auf den Abbruchwert 0 und unterscheidet zwischen positiven und negativen Eingaben.

```
        INTEGER   i
10      PRINT *, 'Ende mit 0 Wert ganz -> '; READ *, i
        IF (i) 20, 40, 30
```

```
20      PRINT *, 'negativ'
        GOTO 10
30      PRINT *, 'positiv'
        GOTO 10
40      PRINT *, 'Null = Ende'
```

Für den Aufbau von *Lese- und Kontrollschleifen* können in der READ Anweisung anstelle der Steuerangabe IOSTAT zwei Sprungziele vereinbart werden:

> **READ** (, ., **ERR** = *Fehlermarke*, **END** = *Endemarke*) Liste

Wird bei der Eingabe ein Umwandlungsfehler (z.B. Buchstabe statt Ziffer) erkannt, so verzweigt das Programm zur *Fehlermarke*. Bei Eingabe einer systemabhängigen Endemarke (z.B. *Strg* und *Z* unter *DOS*) verzweigt das Programm zur *Endemarke*. Tritt keine der beiden Bedingungen auf, so wird die nächste Anweisung ausgeführt. Das folgende Beispiel zeigt eine Lese- und Kontrollschleife.

```
        INTEGER   i
10      PRINT *, 'Ende mit Strg und Z  Wert ganz -> '
        READ (*, *, ERR = 20, END = 30) i
        PRINT *, i, ' Quadrat =', i**2
        GOTO 10
20      PRINT *, 'Eingabefehler'
        GOTO 10
30      PRINT *, 'Fertig'
```

Die folgenden Formen der *DO Schleife* enthalten hinter dem Kennwort DO eine Marke, die aus einer Zahl von 1 bis 99999 besteht.

> **DO** *Marke* [Schleifensteuerung]
>   Schleifenrumpf
> *Marke* **CONTINUE** *oder* **END DO** *oder* Anweisung

Das Ende der Schleife wird durch die *Marke* in den Spalten 1 bis 6 der "leeren" CONTINUE Anweisung oder der END DO Anweisung oder der letzten Anweisung des Schleifenrumpfs gekennzeichnet. Die letzte Anweisung muß ausführbar sein; z.B. eine Wertzuweisung oder eine Ein-/Ausgabeanweisung oder CONTINUE. Beispiele:

```
        INTEGER   i
        DO 10 i = 1, 5
          PRINT *, i
10      CONTINUE
        DO 20 i = 1, 5
          PRINT *, i
20      END DO
        DO 30 i = 1, 5
30      PRINT *, i
```

Die END Anweisung ist als letzte Anweisung der Programmzeilen vorgeschrieben und bewirkt gleichzeitig einen Rücksprung in das aufrufende System.

Die Anweisung

```
STOP    [Endecode]
```

beendet ebenfalls die Programmausführung, kann aber im Gegensatz zum END an beliebiger Stelle stehen. Der wahlfreie *Endecode* ist eine aus maximal fünf Ziffern bestehende ganze Zahl oder eine Textkonstante und wird als Meldung auf der Konsole ausgegeben.

Die Anweisung

```
PAUSE    [Endecode]
```

bewirkt eine Programmunterbrechung. Neben dem wahlfreien *Endecode* erscheint eine Systemmeldung wie z.B. *"Press Enter to Continue"* auf der Konsole. Das Programm kann nach Eingabe eines *Wagenrücklaufs* fortgesetzt werden.

Für die Anwendung von Sprunganweisungen gibt es eine Reihe von Einschränkungen. Es ist *nicht* zulässig, in abgeschlossene Strukturen *hineinzuspringen*. Dazu gehören:
- IF Verzweigungsstrukturen,
- SELECT CASE Fallunterscheidungen,
- DO Schleifen aller Arten,
- WHERE Strukturen und
- Unterprogramme.

Für Sprünge aus diesen Strukturen *heraus* sollten die Anweisungen EXIT bzw. CYCLE verwendet werden; Unterprogramme lassen sich vorzeitig mit RETURN beenden. Als Sprungziele sind nur ausführbare Anweisungen zulässig, also
- *keine* Vereinbarungen und
- *keine* FORMAT Anweisungen.

4. Unterprogrammtechnik

Ein *Hauptprogramm* wird aus dem Betriebssystem oder aus dem Fortran Entwicklungs-system heraus gestartet und kehrt anschließend wieder an diese Stelle zurück. Es kann Unterprogramme aufrufen wie z.B. die SIN Funktion, die für einen Winkel im Bogen-maß den Wert des Sinus liefert. *Unterprogramme* sind selbständige Programmeinheiten, die abgeschlossene Teilaufgaben behandeln und somit das Hauptprogramm übersicht-licher gestalten; im Falle der Standardfunktionen bleiben die Berechnungsverfahren verborgen. Diese sind bereits vorübersetzt in einer Unterprogrammbibliothek enthalten und werden von einem *Linker* (Binder) dem aufrufenden Programm hinzugefügt. Dieses Kapitel zeigt, wie man Teilaufgaben in eigene Unterprogramme verlagert und aufruft. Das aufrufende Hauptprogramm und die externen benutzerdefinierten Unterprogramme können einzeln in eigenen Quelltextdateien bearbeitet und in getrennten Compilerläufen übersetzt werden.

Die Beispiele dieses Buches wurden mit einem Fortran System getestet, das die An-ordnung von externen Unterprogrammen hinter dem aufrufenden Hauptprogramm in einer gemeinsamen Quelltextdatei gestattet. Der Compiler übersetzt die Programme als getrennte Programmeinheiten und ruft bei einer entsprechenden Option automatisch den Linker auf, der die Teilprogramme miteinander verbindet und eine Ladedatei mit dem ausführbaren Maschinencode erzeugt. Die in den Programmbeispielen durch Kommen-tarzeilen gekennzeichneten externen Unterprogramme müssen gegebenenfalls aus dem Text herausgenommen und getrennt übersetzt sowie durch einen besonderen Linklauf mit dem Hauptprogramm verbunden werden.

```
! Hauptprogramm:
PROGRAM haupt

   Aufruf einer FUNCTION: fname(Liste)
   Aufruf einer SUBROUTINE: CALL sname(Liste)

END PROGRAM haupt

! Externes Unterprogramm:
Typ FUNCTION fname(Liste)
   . . . . . . . . .
END FUNCTION fname

! Externes Unterprogramm:
SUBROUTINE sname(Liste)
   . . . . . . . . .
END SUBROUTINE sname
```

Dieses Kapitel beschränkt sich auf einfache vordefinierte Datentypen als Parameter; Felder, Zeichenketten (Strings), benutzerdefinierte Datentypen und Zeiger finden sich in den entsprechenden Abschnitten der Kapitel 5 bis 7. Der Abschnitt 4.7 behandelt veraltete Unterprogrammtechniken mit COMMON, BLOCK DATA, ENTRY und RETURN.

4.1 Einfache FUNCTION Unterprogramme

Ein FUNCTION Unterprogramm, auch *Funktion* genannt, übernimmt Werte vom Hauptprogramm und liefert ein einziges Funktionsergebnis zurück. Es wird mit seinem Namen und mit aktuellen Parametern aufgerufen, die aus Ausdrücken bestehen; das Ergebnis kann in einem Ausdruck weiterverarbeitet werden. Funktionsaufrufe lassen sich schachteln. Beispiele für den Aufruf vordefinierter Standardfunktionen; Anzahl und Datentyp der Parameter sind aus den Handbüchern zu entnehmen:

```
REAL   :: winkel = 45.0, x
x = SQRT(1 - SIN(winkel*3.1416/180)**2)
```

```
! k4b1.for  Bild 4-1: Sinusfunktion fuer Gradeingabe
     PROGRAM haupt
     IMPLICIT NONE
     REAL  winkel, x, gsin
     PRINT *, 'Winkel in Grad -> '; READ *, winkel
     x = gsin(winkel)
     PRINT *, 'Sin (', winkel, ') =', x
     END PROGRAM haupt
! externes Unterprogramm gsin
     REAL FUNCTION gsin(x)
     IMPLICIT NONE
     REAL x, bogen
     bogen = x * ATAN(1.0) / 45.0    ! ATAN(1)=45 Grad im Bogen
     gsin = SIN(bogen)
     END FUNCTION gsin
```

Bild 4-1: Sinusfunktion mit Gradeingabe

Das in *Bild 4-1* dargestellte **Hauptprogramm** ruft ein FUNCTION Unterprogramm (Funktion) mit dem freigewählten Namen gsin auf, dem im Gegensatz zur vordefinierten SIN Funktion der Winkel im Gradmaß übergeben wird. Der Funktionsname gsin wird in einer Typvereinbarung zu REAL erklärt, damit das Funktionsergebnis in der richtigen Datendarstellung übernommen und weiterverarbeitet werden kann.

```
IMPLICIT NONE
REAL :: winkel= 5.0, x, gsin   ! gsin liefert REAL Wert
x = gsin(winkel)               ! Aufruf mit REAL Wert
```

Bild 4-1 zeigt gleichzeitig auch das FUNCTION **Unterprogramm** gsin, das als selbständige Programmeinheit übersetzt wird und den Typ des Ergebnisses ebenfalls mit REAL kennzeichnet. Der vom Hauptprogramm übernommene Winkel wird allgemein mit x bezeichnet und zu REAL erklärt. Die Hilfsvariable bogen wird nur in der Funktion verwendet.

```
REAL FUNCTION gsin(x)   ! Funktionsergebnis Datentyp REAL
IMPLICIT NONE
REAL  x, bogen          ! formaler Parameter und Hilfsvariable
```

Wegen der getrennten Übersetzung von Haupt- und Unterprogramm besteht kein Zusammenhang zwischen der Variablen x des Hauptprogramms und dem formalen

Parameter (Platzhalter) x der Funktion gsin. Anstelle einer durchaus möglichen benannten Konstanten pi wird die vordefinierte Funktion ATAN zur Umwandlung des Winkels aus dem Gradmaß in das Bogenmaß verwendet.

```
bogen = x * ATAN(1.0) / 45.0   ! lokale Hilfsvariable
gsin = SIN(bogen)              ! Wertzuweisung an Funktion
```

Durch die Wertzuweisung erhält der Funktionsname gsin einen Wert, der beim Rücksprung mit der Anweisung
```
END FUNCTION gsin
```

an das Hauptprogramm zurückgeliefert wird. Das Hauptprogramm könnte die Funktion gsin mehrmals und mit unterschiedlichen Werten aufrufen, sie kehrt immer an die Stelle des Aufrufs mit dem entsprechenden Funktionsergebnis zurück. In der *Struktogrammdarstellung* gibt es weder für den Aufruf noch für die Definition von Unterprogrammen besondere Symbole. Man beschreibt ihre Arbeitsweise an der Stelle, an der sie aufgerufen werden oder stellt sie in einem besonderen Struktogramm dar. Beispiel:

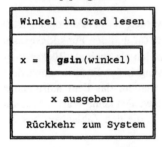 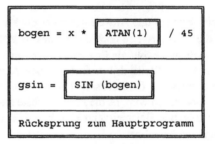

Der *Aufruf* eines *FUNCTION Unterprogramms* hat die allgemeine Form

```
Name (Aktualparameterliste)
```

Der *Name* der Funktion wird nach den Regeln für Variablennamen gebildet und muß bei Verwendung der expliziten Typvereinbarung einem Datentyp zugeordnet werden. Die *Aktualparameterliste* besteht aus Ausdrücken, die durch ein Komma getrennt werden. Die Ausdrücke werden berechnet und der Funktion übergeben. Das Funktionsergebnis kann in einem Ausdruck erscheinen. Beispiele:

```
REAL   :: gsin, x = 15.0, z
z = gsin(x) + gsin(3*x) + gsin(5*x)
PRINT *, x, gsin(x)
```

Die aufrufende Programmeinheit legt die aktuellen Parameter in einem Übergabespeicher, dem Stapel, ab und erwartet den Funktionswert zurück. Die aufgerufene Funktion übernimmt entsprechend ihrer Parameterliste die Daten und liefert das Funktionsergebnis an die aufrufende Programmeinheit zurück.

Die **Definition** eines einfachen *FUNCTION Unterprogramms* hat die Form

```
[Typ] FUNCTION Name(Formalparameterliste)
Vereinbarungen und Anweisungen
. . . . . .
Name = Wert
. . . . . .
END [ FUNCTION Name ]
```

Die **FUNCTION** Anweisung legt den *Namen* der Funktion fest, mit dem sie aufgerufen wird. In der Liste der *formalen Parameter* stehen Bezeichner (dummys), die beim Aufruf durch aktuelle Werte ersetzt werden. Bei Verwendung der expliziten Typvereinbarung müssen sie einem Datentyp zugeordnet werden. Dies gilt auch für den Funktionsnamen, wenn die Typangabe vor dem Kennwort **FUNCTION** fehlt. Beispiel:

```
FUNCTION gsin(wink)
IMPLICIT NONE
REAL  wink, gsin
```

Die Vereinbarungen und Anweisungen der Funktion werden mit der Anweisung **END** beendet, die üblicherweise noch das Kennwort **FUNCTION** und den Funktionsnamen enthält. Sie dient sowohl als Endemarke der Eingabezeilen als auch als Rücksprunganweisung an die Stelle des Aufrufs. In den Anweisungen der Funktion muß dem Funktionsnamen ein Funktionsergebnis zugewiesen werden, das dem aufrufenden Programm übergeben wird. Ist die Parameterliste leer, so werden keine Werte übernommen. Das folgende Beispiel zeigt eine Funktion pi(), die den Zahlenwert aus der ATAN Funktion berechnet.

```
! Hauptprogramm              ohne PROGRAM und Name
REAL  :: x = 90.0, pi        ! x erhaelt Testwert
PRINT *, COS(x * pi() / 180) ! Klammern erforderlich
END                          ! ohne PROGRAM und name
! Externe Funktion
REAL FUNCTION pi()           ! Klammern erforderlich
pi = 4.0 * ATAN(1.0)         ! ATAN(1) = 45 Grad = π/4
END                          ! ohne FUNCTION und Name
```

Die einzige Verbindung zwischen den Programmeinheiten sind der Name der Funktion verbunden mit dem Typ des Ergebnisses und die Parameterlisten. Wegen der getrennten Übersetzung sind einige wichtige Regeln für die Zusammenarbeit der Programmeinheiten zu beachten:
- Die Parameterlisten müssen in der Anzahl der Parameter übereinstimmen.
- Die Datentypen der Parameter müssen übereinstimmen.
- Wertzuweisungen an formale Parameter in der Funktion sind unzulässig.
- Sprünge (GOTO) zwischen den Programmen sind nicht möglich.
- Bezeichner und Anweisungsmarken sind unabhängig voneinander frei wählbar.
- Eine Funktion kann weitere Unterprogramme aufrufen.
- Abschnitt 4.4 Rekursion behandelt Funktionen, die sich selbst aufrufen.

Das in *Bild 4-2* dargestellte Programmbeispiel zeigt den Aufruf und die Vereinbarung zweier Funktionen. Die Funktion gauss liefert die Summe der Zahlen von 1 bis n und gibt im Fehlerfall eine Meldung aus. Für die Hilfsgrößen i und summ werden lokale Variablen angelegt. Die Funktion mittel liefert für die beiden ganzzahligen Parameter einen reellen Quotienten. Der Wert von n ersetzt den formalen Parameter zae, der Wert von su ersetzt nenn.

Aufruf: mittel(n,   su)
Definition: FUNCTION mittel(zae, nenn)

```
! k4b2.for  Bild 4-2: Funktionen Summe und Mittelwert
      PROGRAM haupt
      IMPLICIT NONE
      INTEGER   n, gauss, su
      REAL mittel
      PRINT *, 'Summe 1..n  n > 0 ganz -> '; READ *, n
      su = gauss(n)
      PRINT *, 'Summe =', su,'  mittel =', mittel(su, n)
      END PROGRAM haupt
! externes Unterprogramm gauss
      FUNCTION gauss(n)
      IMPLICIT NONE
      INTEGER   n, i, summ, gauss
      IF (n .LE. 0) PRINT *, 'Summe kontrollieren!'
      summ = 0
      DO i = 1, n
        summ = summ + i
      END DO
      gauss = summ
      END FUNCTION gauss
! externes Unterprogramm mittel
      FUNCTION mittel(zae, nenn)
      IMPLICIT NONE
      INTEGER   zae, nenn
      REAL  mittel
      mittel = FLOAT(zae) / FLOAT(nenn)
      END FUNCTION mittel
```

Bild 4-2: Funktionen berechnen Summe und Mittelwert

4.2 Einfache SUBROUTINE Unterprogramme

Ein SUBROUTINE Unterprogramm, auch Subroutine genannt, übernimmt Werte vom Hauptprogramm und kann im Gegensatz zu einer Funktion mehrere Ergebnisse über die Parameterliste zurückliefern. Es wird in einer **CALL** Anweisung mit seinem Namen und einer Liste von aktuellen Parametern aufgerufen.

CALL *Name* (Aktualparameterliste)

Man unterscheidet *Eingabeparameter*, die Werte vom aufrufenden Programm an das Unterprogramm übergeben, *Ausgabeparameter*, die Ergebnisse vom Unterprogramm übernehmen und Parameter, die Daten in *beiden Richtungen* übertragen. Aktuelle Eingabeparameter können beliebige Ausdrücke sein; aktuelle Ausgabeparameter und Parameter, die sowohl zur Eingabe als auch zur Ausgabe dienen, müssen Variablen sein. *Bild 4-3* enthält eine Tabelle vordefinierter SUBROUTINE Unterprogramme, die z.T. mit unterschiedlichen Parametern aufgerufen werden können. *Bild 4-4* zeigt Anwendungsbeispiele.

Name	Parameter	Anwendung
RANDOM_SEED	keine Parameter *oder* (Größe, Startwert, Letztwert)	mischt Zufallszahlen mit Systemwerten *siehe Systemunterlagen*
RANDOM_NUMBER	(reelle Variable oder Feld)	Zufallszahlen $0 \leq x < 1$
DATE_AND_TIME	(Datum, Zeit, Zone, Werte)	Datum, Zeit, Zone: CHARACTER(10) Werte:INTEGER(8) Jahr, Monat, Tag, Zone, Stunde, Minute, Sekunde, Millisek.
SYSTEM_CLOCK	(Wert, Takt, Endwert)	Systemuhr mit INTEGER Größen

Bild 4-3: Vordefinierte SUBROUTINE Unterprogramme

```
! k4b4.for  Bild 4-4: Aufruf vordefinierter Subroutinen
      PROGRAM haupt
      IMPLICIT NONE
      INTEGER, DIMENSION(8) :: h          ! Zahlen Datum Zeit
      INTEGER :: tic, takt, ende          ! Werte Systemuhr
      REAL zufall                         ! Zufallszahl
      CHARACTER (10) :: dat, zeit, zone   ! Zeichen Datum Zeit
      CALL RANDOM_SEED                    ! mischt Zufallszahlen
      CALL RANDOM_NUMBER(zufall)          ! liefert Zufallszahl
      PRINT *, ' Zahl:', zufall
      CALL DATE_AND_TIME(dat,zeit,zone,h) ! liefert Datum Zeit
      PRINT 100, dat, zeit, zone
100   FORMAT(1X, 'Datum: ', A, ' Uhrzeit: ', A, '  Zone: ', A)
      PRINT 200, h(3), h(2), h(1)
200   FORMAT(1X, 'Datum: ', I3, '.', I2, '.', I5)
      PRINT 300, h(5), h(6), h(7), h(8)
300   FORMAT(1X,' Zeit:',I4,' Uhr',I3,' Min',I4,'.',I3,' Sek')
      CALL SYSTEM_CLOCK(tic, takt, ende)   ! liefert Systemuhr
      PRINT 400, tic, takt, ende
400   FORMAT(1X,' Tics:', I8, '  bei', I4, '/sek  max:', I8)
      END PROGRAM haupt

 Zahl:   0.150884
Datum: 19960107  Uhrzeit: 073037.290  Zone:
Datum:    7. 1. 1996
 Zeit:    7 Uhr 30 Min  37.290 Sek
 Tics: 2703729  bei 100/sek  max: 8640000
```

Bild 4-4: Aufruf vordefinierter Subroutinen

Die *Definition* eines einfachen *SUBROUTINE Unterprogramms* hat die Form

```
SUBROUTINE Name(Formalparameterliste)
Vereinbarungen und Anweisungen
Ausgabeparameter = Ergebniswert
END [ SUBROUTINE Name ]
```

Die **SUBROUTINE** Anweisung legt den *Namen* der Subroutine fest, unter dem sie mit
CALL aufgerufen wird. In der Liste der formalen Parameter stehen Bezeichner (dum-
mys), die beim Aufruf durch aktuelle Parameter ersetzt werden; sie müssen einem
Datentyp zugeordnet werden. Die Vereinbarungen und Anweisungen der Subroutine
werden mit der Anweisung **END** beendet, die das Kennwort **SUBROUTINE** und den
Namen enthalten kann. Sie dient sowohl als Endemarke der Eingabezeilen als auch als
Rücksprunganweisung an die Stelle des Aufrufs. In den Anweisungen der Subroutine
müssen den formalen *Ausgabeparametern* Ergebniswerte zugewiesen werden. Das in
Bild 4-5 dargestellte Programmbeispiel zeigt den Aufruf und die Definition einer
Subroutine kreis, die aus dem Durchmesser den Umfang und die Fläche des Kreises
berechnet.

Hauptprogramm	*Subroutine* kreis(d,f,u)
durch lesen	$f = \dfrac{\pi * d*d}{4}$
kreis(durch,flae,umfa	
flae und umfa ausgeben	$u = \pi * d$
Rückkehr zum System	Rücksprung zum Hauptprogramm

```
! k4b5.for  Bild 4-5: Subroutine fuer Flaeche und Durchmesser
      PROGRAM k4b5
      IMPLICIT NONE
      REAL durch, flae, umfa
      PRINT *, 'Durchmesser reell -> '; READ *, durch
      CALL kreis(durch, flae, umfa)
      PRINT *, 'Umfang =', umfa, ' Flaeche = ', flae
      END PROGRAM k4b5
! Externes Unterprogramm kreis
      SUBROUTINE kreis(d, f, u)
      IMPLICIT NONE
      REAL  d, f, u
      REAL, PARAMETER :: pi = 3.14159265
      f = pi * d**2 / 4.0
      u = pi * d
      END SUBROUTINE kreis
```

Bild 4-5: Subroutine berechnet Kreisfläche und Kreisdurchmesser

Das Hauptprogramm ruft die Subroutine `kreis` mit drei aktuellen reellen Parametern auf, die den drei reellen formalen Parametern der Definition entsprechen. In den Formeln wird der Platzhalter (dummy) d durch den Wert der Variablen `durch` des Hauptprogramms ersetzt. Die formalen Parameter f und u erhalten Werte zugewiesen und übertragen diese an die entsprechenden Variablen `flae` und `umfa` des aufrufenden Hauptprogramms. Der Name `kreis` der Subroutine ist typlos, da mit ihm im Gegensatz zu einer Funktion kein Ergebnis übertragen wird.

Für die Zusammenarbeit von aufrufendem Programm und aufgerufener Subroutine gelten die gleichen Regeln wie für Funktionen:
- Die Parameter müssen in der Anzahl und im Datentyp übereinstimmen.
- Sprünge (`GOTO`) zwischen den Programmeinheiten sind nicht möglich.
- Bezeichner und Anweisungsmarken sind unabhängig voneinander frei wählbar.
- Abschnitt 4.4 Rekursion behandelt Subroutinen, die sich selbst aufrufen.

In der Liste der *formalen Parameter* der Definition erscheinen nur Bezeichner, die keinen Hinweis auf die Richtung der Datenübergabe enthalten. Mit Hilfe der Vereinbarung bzw. mit dem Attribut

```
INTENT (Richtung) Formalparameter
Datentyp, INTENT(Richtung) :: Formalparameter

INTENT(IN)  Eingabeparameter übernimmt Wert
INTENT(OUT) Ausgabeparameter übergibt Ergebnis
INTENT(IN OUT) Parameter übernimmt und übergibt
```

in der Subroutine bzw. Funktion kann der das Unterprogramm übersetzende Compiler, der das Hauptprogramm nicht kennt, kontrollieren, ob Eingabeparameter versehentlich überschrieben werden bzw. ob Ausgabeparameter auch tatsächlich neue Werte erhalten. Das folgende Beispiel legt für die Subroutine `kreis` die beabsichtigte Richtung der Datenübergabe fest (*intention* = Absicht).

```
SUBROUTINE kreis(d, f, u)
IMPLICIT NONE
REAL, INTENT(IN) :: d    ! Beispiel fuer Attribut
REAL  f, u               ! getrennte Typvereinbarung
INTENT(OUT) f, u         ! Beispiel fuer INTENT Anweisung
```

Das in *Bild 4-6* dargestellte Programmbeispiel zeigt mehrere Arten der Datenübergabe. Die Subroutine `datum` wird ohne Parameter aufgerufen und gibt den Ort (Zeichenkonstante) und das Datum (Systemsubroutine) aus. Die Subroutine `addi` verändert den ersten Parameter x (`IN OUT`), benutzt den Eingabeparameter (`IN`) `mwert` als Vergleichswert und liefert über den Ausgabeparameter (`OUT`) `marke` eine Überlaufmarke zurück. Das Hauptprogramm übergibt für den Eingabeparameter `mwert` die Konstante 10 und für die Ausgabeparameter x und `marke` die Variablen i und `ueber`.

Aufruf: CALL addi(i, 10,   ueber)
Definition: SUBROUTINE addi(x, mwert, marke)

```
! k4b6.for   Bild 4-6: Subroutine Unterprogramme
      PROGRAM k4b6
      IMPLICIT NONE
      INTEGER :: i = 1                ! Anfangswert Zaehler
      LOGICAL ueber                   ! Ueberlaufmarke
      CALL datum                      ! Ort und Datum ausgeben
      DO
         PRINT *, 'laufendes i =', i
         CALL addi(i, 10, ueber)      ! erhoehe um 1
         IF (ueber) EXIT              ! Ende bei Ueberlauf
      END DO
         PRINT *, 'Abbruchwert =', i
      END PROGRAM k4b6
! externes Unterprogramm datum
      SUBROUTINE datum                ! ohne Parameter
      IMPLICIT NONE
      INTEGER, DIMENSION(8) :: d      ! fuer Datum und Uhrzeit
      CHARACTER (18) :: dat,zei,zon, ort ='Gross-Umstadt, den'
      CALL DATE_AND_TIME(dat, zei, zon, d)   ! Systemsubroutine
      PRINT "(50X, A, I3,'.',I2,'.',I4)", ort, d(3),d(2),d(1)
      END SUBROUTINE datum
! externes Unterprogramm addi
      SUBROUTINE addi(x, mwert, marke)
      IMPLICIT NONE
      INTEGER, INTENT(IN OUT) :: x    ! Eingabe und Rueckgabe
      INTEGER, INTENT(IN) :: mwert    ! nur Eingabe
      LOGICAL, INTENT(OUT) :: marke   ! nur Rueckgabe
      IF (x .LT. mwert) THEN          ! Ueberlaufkontrolle
         x = x + 1
         marke = .FALSE.              ! kein Ueberlauf
      ELSE
         x = 1
         marke = .TRUE.               ! Ueberlaufmarke gesetzt
      END IF
      END SUBROUTINE addi
```

Bild 4-6: Parameterübergabe bei Subroutinen

Die einfache Form der Parameterübergabe ist anfällig für Programmierfehler. Unstimmigkeiten in den Parameterlisten werden nicht erkannt und können zu zweifelhaften Ergebnissen führen. Abschnitt 4.6 zeigt Kontrollmöglichkeiten durch eine Beschreibung der Übergabeschnittstelle (INTERFACE).

4.3 Übungen zur Unterprogrammtechnik

Die Lösungsvorschläge (Kapitel 8) enthalten einfache Hauptprogramme ohne Lese- und Kontrollschleifen.

1. Aufgabe:
Man entwickle eine Funktion, die für einen reellen Parameter, der auch negativ und 0 sein kann, die dritte Wurzel berechnet und als Funktionsergebnis zurückliefert. Die Näherungsformel lautet entsprechend der Übung 3.7 Aufgabe 4:

$$X_1 = \frac{1}{3} \cdot \left(2 \cdot X_0 + \frac{R}{X_0^2} \right)$$

2. Aufgabe:
Man entwickle eine Funktion, die für einen übergebenen Winkel im Gradmaß den Cotangens zurückliefert. Eine mögliche Division durch 0 ist abzufangen.

$$\cot(\alpha) = \frac{1}{\tan(\alpha)} = \frac{\cos(\alpha)}{\sin(\alpha)}$$

3. Aufgabe:
Es ist eine Subroutine zu entwickeln, die einen Winkel im Gradmaß übernimmt und die Werte der vier trigonometrischen Funktionen Sinus, Cosinus, Tangens und Cotangens als Ergebnisse zurückliefert.

4. Aufgabe:
Es ist eine Subroutine zu entwickeln, die einen Winkel im Gradmaß übernimmt, auf den Bereich von -360° bis +360° reduziert und zusätzlich den Winkel im Bogenmaß zurückliefert. Winkel größer/gleich +360 sind solange um 360 zu vermindern, bis sie kleiner als +360 sind; Winkel kleiner/gleich -360 sind solange um 360 zu erhöhen, bis sie größer als -360 sind. Der Parameter wird durch die Subroutine geändert (IN OUT).

5. Aufgabe:
Eine Subroutine expo soll die Komponenten a und b einer komplexen Zahl (a + jb) als REAL Werte übernehmen und den Absolutwert abs und den Winkel α der Exponentialdarstellung als Ergebnisse zurückliefern.

$$abs = \sqrt{a^2 + b^2}$$

$$\alpha = \arctan \frac{b}{a}$$

Eine Subroutine komp soll den Absolutwert abs und den Winkel α der Exponentialdarstellung übernehmen und die Komponenten a und b als REAL Werte zurückliefern.

$a = abs * cos(\alpha)$
$b = abs * sin(\alpha)$

6. Aufgabe:
Es ist eine Funktion zu entwickeln, die für ein ganzzahliges n den Wert für n ! als reelle Zahl zurückliefert.

```
n! = 1 * 2 * 3 * . . . * (n-2) * (n-1) * n
```

4.4 Rekursiver Aufruf von Unterprogrammen

Als *Rekursion* bezeichnet man ein Verfahren, das auf sich selbst zurückgreift. In der Unterprogrammtechnik bedeutet dies, daß eine Funktion oder eine Subroutine sich selbst aufruft oder daß sich Unterprogramme wechselseitig aufrufen. Ein Beispiel ist die Berechnung von n!, die zunächst einfach als Zählschleife lautet:

```
n! = 1 * 2 * 3 * . . . * (n-2) * (n-1) * n
4! = 1 * 2 * 3 * 4 = 24
```

Eine andere Möglichkeit zur Berechnung der Fakultät einer Zahl n läßt sich *rekursiv* formulieren, indem man die Berechnung von n! auf die Berechnung von n * (n-1)! zurückführt; das gleiche Verfahren also nur auf einen anderen Parameter anwendet.

```
4! = 4 * 3!
        3! = 3 * 2!
              2! = 2 * 1!
                    1! = 1 * 0!
                          0! = 1   Definition
```

Die Berechnung von 4! kann auf die Berechnung von 4 * 3! zurückgeführt werden. 3! ergibt sich aus 3 * 2! usf. Das Ende ist bei der Definition 0! = 1 bzw. schon für 1! = 1 erreicht. Allgemein läßt sich die Berechnung von n! auf die Berechnung von (n-1)! zurückführen. Die Rekursionsformel und die Endebedingung lauten:

```
Rekursionsformel:  f(n) = n * f(n-1)
Rekursionsende:    f(0) = 1
```

Das Verfahren der rekursiven Fakultätenberechnung läßt sich als Alternative formulieren. Die Funktion f enthalte das Verfahren zur Berechnung der Fakultät von n.

```
IF (n .GT. 1) THEN      ! Bedingung: Formel oder Ende ?
  f = n * f(n - 1)      ! n > 1: Rekursionsformel
ELSE
  f = 1                 ! n ≤ 1: Rekursionsende
END IF
```

Für die Programmierung von rekursiven Verfahren müssen Unterprogramme, die sich selbst aufrufen, mit dem Kennwort **RECURSIVE** gekennzeichnet werden, das bei Funktionen vor oder hinter dem optionalen Ergebnistyp stehen darf. Für Funktionen ist mit **RESULT** eine Ergebnisvariable anzugeben, die bei Wertzuweisungen an die Stelle des Funktionsnamens tritt.

```
[Typ] RECURSIVE FUNCTION Name (Liste) RESULT(Ergebnis)

RECURSIVE SUBROUTINE Name(Formalparameterliste)
```

```
! k4b7.for  Bild 4-7: Rekursive Fakultaetenberechnung
      IMPLICIT NONE
      INTEGER  n
      REAL fakul
      DO
         PRINT *, '0=Ende n>0 -> '; READ *, n
         IF (n .EQ. 0) EXIT
         PRINT *, n, '! =', fakul(n)
      END DO
      END
! Unterprogramm fak
      REAL RECURSIVE FUNCTION fakul(n)  RESULT (hilfe)
      IMPLICIT NONE
      INTEGER, INTENT(IN) :: n
      REAL hilfe
      IF (n .GT. 1) THEN
         hilfe = n * fakul(n-1)
      ELSE
         hilfe = 1.0
      END IF
      END FUNCTION fakul
```

Bild 4-7: Rekursive Funktion fakul berechnet n Fakultät

Die in *Bild 4-7* zusammen mit einem Hauptprogramm dargestellte Funktion fakul berechnet die Fakultät des übergebenen Parameters. Bei den rekursiven Aufrufen wird dieser so lange um 1 vermindert, bis die Endebedingung erreicht ist. Die in der Funktion vereinbarte und in RESULT angegebene Ergebnisvariable hilfe tritt bei den Wertzuweisungen an die Stelle des Funktionsnamens.

```
! k4b8.for  Bild 4-8: Ablauf der Rekursion fuer n! ganzzahlig
      IMPLICIT NONE
      INTEGER  n, fak, fakul
      PRINT *, '      Eingabe -> '; READ *, n
      fak = fakul(n)
      PRINT 100, n, fak
100   FORMAT ('0 Hauptprogramm:', I2, '! =', I6)
      END
! Unterprogramm fak
      INTEGER RECURSIVE FUNCTION fakul(n)  RESULT (hilfe)
      IMPLICIT NONE
      INTEGER  n, hilfe
      IF (n .GT. 1) THEN          ! Rekursionsformel
         PRINT 200, n, n, n-1
200      FORMAT (' fakul rechnet:', I2, '! =', I2, ' *',I3,'!')
         hilfe = n * fakul(n-1)
         PRINT 400, n, hilfe
400      FORMAT (' fakul liefert:', I2, '! =', I6)
      ELSE                        ! Rekursionsende
         hilfe = 1.0
         PRINT 300, n, hilfe
300      FORMAT ('0Rekursionsende:', I2, '! =', I2/)
      END IF
      END FUNCTION fakul
```

```
    Eingabe -> 5

fakul  rechnet:  5! = 5 *  4!
fakul  rechnet:  4! = 4 *  3!
fakul  rechnet:  3! = 3 *  2!
fakul  rechnet:  2! = 2 *  1!

Rekursionsende:  1! = 1

fakul  liefert:  2! =     2
fakul  liefert:  3! =     6
fakul  liefert:  4! =    24
fakul  liefert:  5! =   120

Hauptprogramm:  5! =   120
```

Bild 4-8: Ablauf des rekursiven Berechnungsverfahrens

Rekursiv arbeitende Verfahren lassen sich einfach formulieren und programmieren, sind aber in ihrem Ablauf schwer durchschaubar. Das in *Bild 4-8* dargestellte Programmbeispiel zeigt die rekursive Funktion `fakul` mit Ausgabeanweisungen in den beiden alternativen Zweigen. Damit läßt sich der Ablauf der Berechnungsverfahren verfolgen.

Das *Ausgabeprotokoll* zeigt, daß sich die Funktion solange im Rekursionszweig selber aufruft, bis für `x = 1` das Rekursionsende erreicht wird. Dann erst folgen die hinter dem rekursiven Aufruf liegenden Ausgabeanweisungen für die laufenden Ergebnisse in der Reihenfolge des Aufrufs.

Ein weiteres Beispiel für eine Rekursion ist das in Abschnitt 1.1 dargestellte *Divisionsrestverfahren* zur Umwandlung einer Dezimalzahl in eine Dualzahl. Zahlenbeispiel:

```
6 : 2 = 3  Rest 0──┐      1. Schritt
3 : 2 = 1  Rest 1─┐│      2. Schritt
1 : 2 = 0  Rest 1 ││      3. Schritt: Ende bei Quotient 0
                │ ││
       Dualzahl: 1 1 0
```

Bei der Ausgabe der Dualstellen (Divisionsrest) muß die höchste Stelle, die sich erst im *letzten* Schritt ergibt, *zuerst* erscheinen; der *erste* Divisionsrest muß *zuletzt* ausgegeben werden. Die in *Bild 4-9* dargestellte Subroutine `dual` ruft sich selbst (rekursiv) solange mit der halbierten Dezimalzahl auf, bis der Quotient ≤ 1 ist. Danach werden die Divisionsreste in umgekehrter Reihenfolge berechnet und ausgegeben. Der *Aufruf* der Subroutine `dual` ist unabhängig davon, ob diese rekursiv arbeitet oder nicht.

```
! k4b9.for   Bild 4-9: Rekursive Dezimal-Dual-Umwandlung
      IMPLICIT NONE
      INTEGER n
      PRINT *, ' n >= 0 ganz -> '; READ *, n
      WRITE (*, "(14X, I5, ' =')", ADVANCE = 'NO') n
      CALL dual(n)
      END
```

```
! Unterprogramm dual
      RECURSIVE SUBROUTINE dual(x)
      IMPLICIT NONE
      INTEGER x
      IF (x .GT. 1) CALL dual (x / 2)
      WRITE (*, "(I2)", ADVANCE = 'NO') MOD(x, 2)
      END SUBROUTINE dual

 n >= 0 ganz -> 16

        16 = 1 0 0 0 0
```

Bild 4-9: Subroutine für rekursives Divisionsrestverfahren

4.5 Die Übergabe der Parameter an externe Unterprogramme

Externe Unterprogramme sind dadurch gekennzeichnet, daß sie *getrennt* vom Hauptprogramm in einem eigenen Compilerlauf übersetzt werden. Der häufigste und zugleich folgenreichste Fehler besteht darin, ein Unterprogramm mit anderen Parametern als vereinbart aufzurufen.

Bei der *Übersetzung* eines *Unterprogrammaufrufs* sind dem Compiler Anzahl, Anordnung, Typen und Bezeichner der formalen Parameter nicht bekannt. Aufgrund der Liste der *aktuellen* Parameter erzeugt er Befehle, die die Werte bzw. deren Adressen in einem Übergabedatenbereich (Stapel) ablegen. Die binäre Zieladresse des Unterprogrammsprungbefehls bleibt zunächst noch offen; sie wird erst später durch den Linker (Binder) eingesetzt. Beim Aufruf einer Funktion übernimmt die aufrufende Programmeinheit das Funktionsergebnis z.B. aus einem Register des Prozessors. Der Compiler kann nicht kontrollieren, ob die aufgerufenen Unterprogramme tatsächlich entsprechend der Liste der aktuellen Parameter aufgebaut und ob sie bei der Ausführung des Programms überhaupt vorhanden sind.

Bei der *Übersetzung* des *Unterprogramms* erzeugt der Compiler aufgrund der Liste der *formalen* Parameter Befehle, die Werte bzw. Adressen aus dem Übergabedatenbereich (Stapel) übernehmen und anstelle der formalen Parameter (dummys) in die Anweisungen einsetzen. Bei allen formalen Parametern, die z.B. durch eine Zuweisung neue Werte erhalten, erzeugt der Compiler Befehle, die über die übergebene Adresse auf die Speicherstellen zugreifen; die entsprechenden aktuellen Parameter müssen daher Variablen sein. Bei Funktionen wird das Funktionsergebnis z.B. in einem Register des Prozessors abgelegt.

Der *Linker* bindet die getrennt übersetzten Objektdateien (OBJ) zu einem ausführbaren Maschinenprogramm (EXE) zusammen. Alle offenen Adressen der Unterprogrammaufrufe werden nun durch binäre Unterprogrammadressen ersetzt. Sind die aufgerufenen Unterprogramme nicht vorhanden, so gibt der Linker Fehlermeldungen aus, da er die entsprechenden Sprungadressen nicht einsetzen kann. Der Start eines Programms mit offenen Unterprogrammaufrufen kann zu einem Absturz des Systems führen.

4.5.1 Unterprogramme als Parameter

Ein Unterprogramm kann weitere Unterprogramme aufrufen. Mit bedingten Anweisungen ist eine Auswahl unter verschiedenen Unterprogrammen möglich. Das folgende Beispiel ruft in der Funktion aus entweder die Standardfunktion TAN oder die benutzerdefinierte Funktion cot auf. Die Auswahl erfolgt über eine Kennzahl (1 oder 2).

Hauptprogramm:
```
REAL   :: w = 45.0, aus
PRINT *, 'TAN =', aus(w, 1) ! Winkel und Kennzahl fuer TAN
PRINT *, 'cot =', aus(w, 2) ! Winkel und Kennzahl fuer cot
```

Unterprogramm:
```
REAL FUNCTION aus(x, i)      ! Winkel und Kennzahl
INTEGER  i
REAL   x, cot
IF (i .EQ. 1) aus = TAN(x*3.1416/180) ! Kennzahl = 1
IF (i .EQ. 2) aus = cot(x*3.1416/180) ! Kennzahl = 2
```

Bei der Auswahl der Funktion durch eine Kennzahl müssen alle möglichen Funktionen erfaßt werden. Einfacher ist es, der Funktion aus den Namen der aufzurufenden Funktion als Parameter zu übergeben. Beispiel:

Hauptprogramm:
```
REAL   :: w = 45.0, aus, cot
INTRINSIC   TAN               ! TAN ist Standardfunktion
EXTERNAL    cot               ! cot ist Benutzerfunktion
PRINT *, 'TAN =', aus(w, TAN) ! Winkel und Funktionsname
PRINT *, 'cot =', aus(w, cot) ! Winkel und Funktionsname
```

Unterprogramm:
```
REAL FUNCTION aus(x, func) !func ersetzt durch TAN oder cot
REAL   x, func             ! muessen erklaert werden
aus = func(x * 3.14159265 / 180.0)
```

Beim *Aufruf* eines Unterprogramms können in der Liste der aktuellen Parameter Namen von Unterprogrammen erscheinen , die vorher mit einer der Vereinbarungen

```
INTRINSIC   Standardunterprogrammliste
oder
EXTERNAL    Benutzerunterprogrammliste
```

oder einem entsprechenden Attribut als Unterprogramme gekennzeichnet werden müssen; für benutzerdefinierte Funktionen ist auch der Typ zu vereinbaren.

Bei der *Definition* erscheint in der Liste der formalen Parameter ein beliebiger Bezeichner, der beim Aufruf durch den aktuellen Unterprogrammnamen ersetzt wird; für formale Funktionsnamen ist ein Datentyp zu vereinbaren. Das in *Bild 4-10* dargestellte Programmbeispiel zeigt die Übergabe von Funktionsnamen als aktuelle Parameter an eine Subroutine, die den Funktionswert ausgibt.

```
! k4b10.for  Bild 4-10: Funktionen als Parameter
      IMPLICIT NONE
      REAL  wink, cot
      INTRINSIC TAN              ! eingebaute Standardfunktion
      EXTERNAL cot               ! benutzerdefinierte Funktion
      PRINT *, 'Winkel in Grad -> '; READ *, wink
      CALL aus(wink, TAN)
      CALl aus(wink, cot)
      END
! Unterprogramm aus
      SUBROUTINE aus(x, func)  ! uebernimmt Winkel und Funktion
      IMPLICIT NONE
      REAL x, func               ! muessen vereinbart werden
      EXTERNAL func              ! nicht erforderlich Typ genuegt
      PRINT *,'Funktionswert =', func(x * 3.14159265 / 180.0)
      END SUBROUTINE aus
! Unterprogramm cot
      REAL FUNCTION cot(x)
      IMPLICIT NONE
      REAL x, tang
      INTRINSIC TAN              ! nicht erforderlich da eingebaut
      tang = TAN(x)
      IF (tang .EQ. 0.0) tang = 1e-30
      cot = 1.0 / tang
      END FUNCTION cot
```

Bild 4-10: Funktionen als aktuelle Subroutine Parameter

Ein wichtiges Anwendungsbeispiel ist die ***numerische Integration*** einer mathematischen Funktion, die als FUNCTION Unterprogramm definiert ist. Die Funktion ntrap des *Bildes 4-11* berechnet das Integral einer beliebigen Funktion y = f(x) nach der *Trapezregel*. Die Integration wird auf eine Berechnung der Fläche zwischen dem Anfangswert Xa und dem Endwert Xe zurückgeführt. Die n+1 Stützstellen ergeben bei einer Verbindung durch Geraden n Trapeze als Teilflächen, die zu summieren sind. Bei einer linearen Teilung der X-Achse läßt sich die Integration auf eine Summation der Ordinatenwerte zurückführen. Dabei werden die außen liegenden Funktionswerte f(Xa) und f(Xe) mit dem Faktor 1, die innen liegenden jedoch mit dem Faktor 2 bewertet.

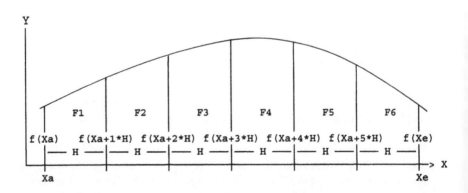

$$F = \frac{H}{2} * \left(f(Xa) + f(Xe) + 2*\sum_{k=1}^{n-1} f(Xa + k*H) \right) \qquad H = \frac{Xe - Xa}{n}$$

Die Funktion ntrap (*Bild 4-11*) übernimmt die Grenzen Xa und Xe, den Namen der zu integrierenden Funktion (Standard oder benutzerdefiniert) und die Anzahl der Teilflächen, die jedoch keine direkte Aussage über die Genauigkeit zuläßt.

Die Subroutine gtrap (*Bild 4-11*) berechnet das Integral nach dem *Halbierungsverfahren*, dem ebenfalls die Trapezregel zugrunde liegt. Zunächst teilt man die Fläche unter der Kurve in zwei Teilflächen (Trapeze) mit drei Stützstellen. In der Summenformel erscheint nur der innere Ordinatenwert f(Xa + 1*H). Verdoppelt man die Zahl der Teilflächen auf 4, so halbiert sich die Höhe H. In der Summenformel können f(Xa) und f(Xe) sowie der mittlere Ordinatenwert für k=2 erhalten bleiben; neu dazu kommen die Werte für k=1 und k=3. Bei einer weiteren Verdopplung der Teilflächen addiert man nur noch die Werte für k = 1, 3, 5 und 7, also für k ungerade bzw. Schrittweite 2. Das Verfahren kann abgebrochen werden, wenn zwei aufeinanderfolgende Berechnungen mit genügender Genauigkeit übereinstimmen (Näherungsschleife!).

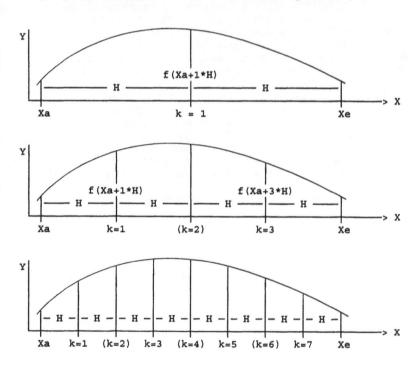

Anfangswerte für zwei Teilflächen:

```
n = 2
H = (Xe - Xa)/2
S = f(Xa) + f(Xe) + 2*f(Xa+H)

F = H/2 * S
```

Verdopplung von n, Halbierung von H:
```
n = 2 * n
H = H / 2
```

$$S = S + 2 * \sum_{k=1}^{n-1} f(Xa + k*H) \quad \textit{für k ungerade}$$

```
F = H/2 * S
```

Bei Testläufen zeigte es sich, daß für übertriebenene Genauigkeitsanforderungen (z.B. Abweichung $< 10^{-6}$) numerische Instabilitäten auftreten können. Daher wurde eine "Notbremse" eingebaut, die bei einer Verschlechterung der Genauigkeit das Verfahren abbricht. Die Subroutine gtrap gibt eine Fehlermeldung aus und liefert neben der berechneten Fläche auch die Anzahl der Näherungsschritte zurück.

```
! k4b11.for  Bild 4-11: Numerische Integration von Funktionen
      IMPLICIT NONE
      INTEGER n, nist
      REAL  xa, xe, genau, ntrap, gflae, funktion
      EXTERNAL funktion        ! benutzerdefinierte Funktion
      INTRINSIC SQRT, EXP      ! eingebaute Standardfunktionen
      PRINT *, '     Untere Grenze xa -> '; READ *, xa
      PRINT *, '     Obere Grenze xe -> '; READ *, xe
      PRINT *, 'Teilflaechen > 1 ganz -> '; READ *, n
      PRINT *, 'y = x**2    F =', ntrap(xa, xe, n, funktion)
      PRINT *, 'y = SQRT(x)  F =', ntrap(xa, xe, n, SQRT)
      PRINT *, 'y = EXP(x)   F =', ntrap(xa, xe, n, EXP)
      PRINT *, '     Genauigkeit reell -> '; READ *, genau
      CALL gtrap(xa, xe, genau, funktion, gflae, nist)
      PRINT *, 'y = x**2    F =', gflae, nist, ' Schritte'
      CALL gtrap(xa, xe, genau, SQRT, gflae, nist)
      PRINT *, 'y = SQRT(x) F =', gflae, nist, ' Schritte'
      CALL gtrap(xa, xe, genau, EXP, gflae, nist)
      PRINT *, 'y = EXP(x)  F =', gflae, nist, ' Schritte'
      END
! Unterprogramm enthaelt zu integrierende Funktion y = f(x)
      REAL FUNCTION funktion(x)
      IMPLICIT NONE
      REAL x
      funktion = x * x
      END FUNCTION funktion
! Unterprogramm Trapezregel bei n Teilflaechen
      REAL FUNCTION ntrap(xa, xe, n, func)
      IMPLICIT NONE
      INTEGER  k, n
      REAL xa, xe, func, h, summ
      EXTERNAL func
      IF (n .LT. 2) n = 2
      h = (xe - xa) / n
      summ = 0
      DO k = 1, n-1
        summ = summ + func(xa + k * h)
      END DO
      ntrap = h * (func(xa) + 2.0 * summ + func(xe)) / 2.0
      END FUNCTION ntrap
```

```
! Unterprogramm Trapezregel Naeherungsverfahren
      SUBROUTINE gtrap(xa, xe, gen, func, flae, durch)
      IMPLICIT NONE
      REAL, INTENT (IN) :: xa, xe, gen, func
      REAL, INTENT (OUT) :: flae
      INTEGER, INTENT (OUT) :: durch
      INTEGER  n, k
      REAL  h, falt, fneu, summ, delta, dalt
      dalt = 1.0   ! willkuerlicher Anfangswert
! Anfangswerte bei zwei Teilflaechen
      durch = 0
      n = 2
      h = (xe - xa) / n
      summ = func(xa) + 2.0*func(xa + h) + func(xe)
      falt = h * summ / 2.0  ! alte Flaeche
! Naeherung mit Notbremse
      DO
         durch = durch + 1   ! Durchlaufzaehler erhoehen
         n = n * 2            ! Anzahl der Flaechen verdoppeln
         h = h / 2.0          ! Teilung halbieren
         DO k = 1, n-1, 2     ! neue Flaechen dazu
           summ = summ + 2.0 * func(xa + k * h)
         END DO
         fneu = h * summ / 2.0
         delta = ABS( (fneu - falt) / fneu)
         IF (delta .LT. gen) EXIT    ! Genauigkeit erreicht
         falt = fneu                 ! neue Naeherung
         IF (delta .GT. dalt) THEN   ! Naeherung wird schlechter
           PRINT *, 'Notbremse delta =', delta
           EXIT
         END IF
         dalt = delta
      END DO                         ! Naeherung wurde besser
      flae = fneu                    ! Ergebnis: Flaeche
      END SUBROUTINE gtrap



      Untere Grenze xa -> 0

      Obere Grenze xe -> 1

Teilflaechen > 1 ganz -> 1000

y = x**2      F =    0.333334
y = SQRT(x)   F =    0.666660
y = EXP(x)    F =    1.71828
    Genauigkeit reell -> 1e-6

y = x**2      F =    0.333334          10 Schritte
y = SQRT(x)   F =    0.666666          13 Schritte
y = EXP(x)    F =    1.71828            8 Schritte
```

Bild 4-11: Numerische Integration einer Funktion

4.5.2 Optionale Parameter und Schlüsselwortparameter

Bei der bisher verwendeten *positionsgerechten* Parameterübergabe müssen die Parameterlisten in Anzahl und Datentyp übereinstimmen; der erste aktuelle Parameter ersetzt den ersten formalen Parameter, der zweite den zweiten usw. Eine Kontrolle ist weder bei der Übersetzung des Hauptprogramms noch des Unterprogramms noch bei der Verbindung durch den Linker möglich. Wie bereits gezeigt, kann in einem Unterprogramm mit dem Attribut INTENT oder mit der INTENT Vereinbarung die Richtung der Parameterübergabe festgelegt und kontrolliert werden; dies gilt nicht für die aufrufende Programmeinheit. Allen Ausgabe- und Ein-/Ausgabeparametern müssen beim Aufruf Variablen als aktuelle Parameter gegenüberstehen; bei Eingabeparametern dürfen es auch Konstanten oder Ergebnisse sein. Beispiel:

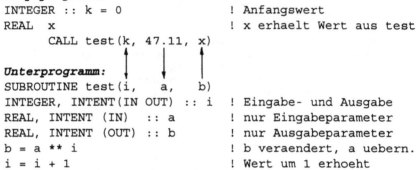

```
Hauptprogramm:
INTEGER :: k = 0                    ! Anfangswert
REAL   x                            ! x erhaelt Wert aus test
      CALL test(k,  47.11,  x)

Unterprogramm:
SUBROUTINE test(i,    a,    b)
INTEGER, INTENT(IN OUT) :: i        ! Eingabe- und Ausgabe
REAL, INTENT (IN)   :: a            ! nur Eingabeparameter
REAL, INTENT (OUT) :: b             ! nur Ausgabeparameter
b = a ** i                          ! b veraendert, a uebern.
i = i + 1                           ! Wert um 1 erhoeht
```

Als *Schnittstelle* (*interface*) eines externen Unterprogramms bezeichnet man alle Vereinbarungen für die formalen Parameter sowie für das Funktionsergebnis. Macht man der aufrufenden Programmeinheit diese Angaben zugänglich, so kann diese kontrollieren, ob die aktuellen und formalen Parameter miteinander verträglich sind. Dazu dient der *Schnittstellenblock* im Vereinbarungsteil der aufrufenden Programmeinheit. Die optionalen Spezifikationen sind generische Namen, Operatoren und Zuweisungen.

```
INTERFACE   [Spezifikationen]
  Typ FUNCTION Name(Formalparameterliste)
     Parametervereinbarungen
  END FUNCTION Name
  SUBROUTINE Name(Formalparameterliste)
     Parametervereinbarungen
  END SUBROUTINE Name
END INTERFACE
```

In einem Schnittstellenblock stehen zwischen **INTERFACE** und **END INTERFACE** die Vereinbarungen einer oder mehrerer externer Funktionen bzw. Subroutinen; ausführbare Anweisungen wie z.B. Wertzuweisungen sind nicht zulässig. Die Bezeichner der formalen Parameter im Schnittstellenblock müssen nicht mit denen der tatsächlichen Unterprogramme übereinstimmen; wichtig sind nur ihre Eigenschaften. Beispiel:

Hauptprogramm:
```
INTERFACE
   INTEGER FUNCTION summ(x, y, z)    ! auch summ (a, b, c)
   INTEGER x, y, z                   ! auch INTEGER a, b, c
   END FUNCTION summ
END INTERFACE
PRINT *, 'Summe =', summ (1, 2, 3)
```

Unterprogramm:
```
INTEGER FUNCTION summ(a, b, c)
INTEGER a, b, c
summ = a + b + c                     ! nicht im INTERFACE !
```

Für besondere Anwendungen kann es wünschenswert sein, ein Unterprogramm nicht mit allen Parametern aufzurufen. Dazu ist es erforderlich, formale Parameter, die *möglicherweise* nicht verwendet werden, im Unterprogramm mit dem Attribut oder der Vereinbarung **OPTIONAL** zu kennzeichnen.

```
Datentyp, OPTIONAL :: Formalparameterliste
oder
OPTIONAL   Formalparameterliste
```

Formale Parameter, für die keine aktuellen Parameter übergeben wurden, sind nicht definiert und dürfen nicht verwendet werden. Die Standardfunktion

```
PRESENT(optionaler Formalparameter)
```

liefert das logische Ergebnis .TRUE., wenn der Parameter übergeben wurde, sonst liefert die Funktion den Wert .FALSE. zurück. Ist in der aufrufenden Programmeinheit ein Schnittstellenblock (INTERFACE) vereinbart, so darf die Liste der aktuellen Parameter kleiner sein als die Liste der formalen Parameter. Die formalen Parameter am Ende der Liste, für die keine aktuellen Parameter übergeben wurden, dürfen, außer in der Funktion PRESENT, nicht angesprochen werden. Beispiel:

Hauptprogramm:
```
INTERFACE
   Funktion summ mit Vereinbarungen
END INTERFACE
PRINT *, summ(1, 2, 3)    ! mit optionalen Parametern
PRINT *, summ(1)          ! ohne optionale Parameter
```

Unterprogramm:
```
INTEGER FUNCTION summ(a, b, c)
INTEGER a                    ! a immer uebergeben
INTEGER, OPTIONAL :: b, c    ! optionale Parameter
IF (PRESENT(b)) THEN . . .   ! uebergeben ?
```

Durch die Verwendung von *Schlüsselwörtern*, die aus den Bezeichnern des Schnitt-
stellenblocks bestehen, lassen sich aktuelle Parameter in beliebiger Anzahl und Reihenfolge übergeben. Beispiel:

```
PRINT *, summ( c = 1, b = 2, a = 3)
```

Das in *Bild 4-12* dargestellte Programm zeigt Beispiele für den Aufruf einer Funktion
summ mit unterschiedlichen aktuellen Parameterlisten.

```
! k4b12.for  Bild 4-12: Variable Parameterlisten
      IMPLICIT NONE
      INTERFACE                          ! Schnittstelle
        INTEGER FUNCTION summ(x, y, z)
        IMPLICIT NONE
        INTEGER x                        ! x nicht optional
        INTEGER, OPTIONAL :: y, z        ! y und z optional
        END FUNCTION summ
      END INTERFACE
      PRINT *, '1 Par:', summ(1)         ! kein optionaler
      PRINT *, '2 Par:', summ(1, 2)      ! ein optionaler
      PRINT *, '3 Par:', summ(1, 2, 3)   ! zwei optionale
      PRINT *, '3 Par:', summ(z=3, y=2, x=1)  ! Schluesselw.
      PRINT *, '2 Par:', summ(x=1, z=3)  ! Schluesselwoerter
      END
! Unterprogramm mit optionalen Parametern
      INTEGER FUNCTION summ(a, b, c)
      IMPLICIT NONE
      INTEGER a, b, c                    ! a nicht optional
      OPTIONAL b, c                      ! b und c optional
      INTEGER  bb, cc                    ! lokale Variablen
      bb = 0; IF ( PRESENT(b) ) bb = b*10   ! b uebergeben ?
      cc = 0; IF ( PRESENT(c) ) cc = c*100  ! c uebergeben ?
      summ = a + bb + cc                 ! Summe der Parameter
      END FUNCTION summ
```

Bild 4-12: Optionale Parameter und Schlüsselwortparameter

4.5.3 Spezifische und generische Unterprogrammaufrufe

In der Tabelle Bild 2-8 erscheinen die Standardfunktionen mit ihren *generischen*
(typunabhängigen) Namen; der Datentyp des Parameters entscheidet, welche Funktion
aufgerufen wird. Ein Beispiel ist die *generische* Funktion ABS, die für alle numerischen
Datentypen den Absolutwert (Betrag) als Funktionsergebnis liefert. Daneben gibt es
noch die *typspezifischen* Funktionen IABS (für INTEGER), DABS (für DOUBLE
PRECISION) und CABS (für COMPLEX). Beispiele:

```
INTEGER  :: i = -123, j
REAL  :: x = -1.23, y
DOUBLE PRECISION :: d = -1.23D0, e
COMPLEX :: c = (3.0, 4.0)   ! Absolutwert ist REAL
j = ABS(i) + IABS(-1)       ! generisch und spezifisch
y = ABS(x)                  ! generisch = spezifisch
e = ABS(d) + DABS(-1.0D0)   ! generisch und spezifisch
y = ABS(c) + CABS(c)        ! generisch und spezifisch
```

Auch für benutzerdefinierte Unterprogramme lassen sich im Schnittstellenblock *generische Namen* vereinbaren, über die dann spezifische Namen aufgerufen werden.

```
INTERFACE  generischer Name
   Definitionen spezifischer Unterprogramme
END INTERFACE
```

Das in *Bild 4-13* dargestellte Programm vereinbart den generischen Namen wurz für zwei spezifische Funktionen iwurz und rwurz. Die Funktion iwurz liefert die Quadratwurzel eines INTEGER Parameters, die Funktion rwurz die eines REAL Parameters. Sie werden in dem Beispiel sowohl mit ihrem generischen Namen wurz als auch mit ihren spezifischen Namen iwurz oder rwurz aufgerufen.

```
! k4b13.for  Bild 4-13: spezifische und generische Funktionen
      IMPLICIT NONE
      INTERFACE wurz                 ! generischer Name
        REAL FUNCTION iwurz(x)    ! spezifischer Name
        IMPLICIT NONE
        INTEGER x
        END FUNCTION iwurz
        REAL FUNCTION rwurz(x)    ! spezifischer Name
        IMPLICIT NONE
        REAL x
        END FUNCTION rwurz
      END INTERFACE
      PRINT *, ' ganz:', wurz(4), wurz(-4)       ! generisch
      PRINT *, 'reell:', wurz(4.0), wurz(-4.0)   ! generisch
      PRINT *, ' ganz:', iwurz(4), iwurz(-4)     ! spezifisch
      PRINT *, 'reell:', rwurz(4.0), rwurz(-4.0) ! spezifisch
      END
! Unterprogramm mit INTEGER Parameter
      REAL FUNCTION iwurz(x)
      IMPLICIT NONE
      INTEGER x
      IF (x .GT. 0) THEN
        iwurz = SQRT(FLOAT(x))
      ELSE
        iwurz = 0.0            ! stuerzt nicht ab bei negativem x
      END IF
      END FUNCTION iwurz
! Unterprogramm mit REAL Parameter
      REAL FUNCTION rwurz(x)
      IMPLICIT NONE
      REAL x
      IF (x .GT. 0.0) THEN
        rwurz = SQRT(x)
      ELSE
        rwurz = 0.0            ! stuerzt nicht ab bei negativem x
      END IF
      END FUNCTION rwurz
```

Bild 4-13: Spezifische und generische Unterprogrammaufrufe

4.5.4 Benutzerdefinierte Operatoren und Zuweisungen

Ein *unärer Operator* ist ein Symbol, das für einen meist rechts davon angeordneten
Operanden ein definiertes Ergebnis liefert. Beispiele vordefinierter Operatoren:

```
INTEGER :: x, y = 4711
LOGICAL :: a, b = .TRUE.
x = - y      ! Operator - liefert den negierten Wert von y
a = .NOT. b  ! Operator .NOT. liefert das Komplement von b
```

Eine Funktion, die für einen einzigen Parameter ein Ergebnis liefert, wirkt wie ein
unärer Operator. In dem folgenden Beispiel liefert die Funktion gerade das logische
Ergebnis .TRUE. (wahr), wenn der aktuelle INTEGER Parameter geradzahlig ist, sonst
ist das Funktionsergebnis .FALSE. (falsch).

Hauptprogramm:
```
INTEGER   :: i = 1
LOGICAL   test, gerade
test = gerade(i)          ! als Operator: test = .GR. i
```

Funktion:
```
LOGICAL FUNCTION gerade(x)
INTEGER x
gerade = (x/2) * 2 .EQ. x  ! 0, 2, 4 sind gerade Zahlen
END FUNCTION gerade        ! 1, 3, 5 sind ungerade Zahlen
```

Vereinbart man im *Schnittstellenblock* der aufrufenden Programmeinheit mit der
Spezifikation

```
INTERFACE OPERATOR (Symbol)
   für Funktionen mit einem Parameter
END INTERFACE
```

ein *Symbol* als Operator, so kann anstelle des Funktionsaufrufs das Operatorsymbol
verwendet werden. Es besteht aus einem Bezeichner zwischen zwei Punkten. Vordefinierte Symbole wie z.B. Vergleiche (.EQ.) oder logische Operatoren (.AND.) dürfen
nicht verwendet werden. Abschnitt 6.3 Benutzerdefinierte Datentypen zeigt die Verwendung arithmetischer Operatoren (z.B. +). Benutzerdefinierte unäre Operatoren haben die
höchste Rangstufe und werden *vor* den vordefinierten Operatoren ausgeführt. Beispiel:

```
INTERFACE OPERATOR (.GR.)      ! unaeres Operatorsymbol
   LOGICAL FUNCTION gerade(x)
   INTEGER   x
   END FUNCTION gerade
END INTERFACE
test = .GR. i    ! als Funktion: test = gerade(i)
```

Der Operator .GR. liefert für den Operanden i die Aussage, ob dieser geradzahlig oder
ungeradzahlig ist. Anstelle von .GR. könnte man auch .FRIDOLIN. verwenden.

Ein *binärer* Operator ist ein Symbol, das meist zwischen zwei Operanden steht und ein definiertes Ergebnis liefert. Beispiele vordefinierter Operatoren:

```
INTEGER :: x = 123, y = 4711, z
LOGICAL :: a = .TRUE. , b = .TRUE., c
z = x + y        ! Operator + liefert die Summe von x und y
c = a .AND. b    ! Operator .AND. ergibt Konjunktion a Und b
```

Eine Funktion, die für zwei Parameter ein Ergebnis liefert, wirkt wie ein *binärer Operator*. In dem folgenden Beispiel liefert die Funktion hypo die Hypothenuse aus den beiden Katheten:

Hauptprogramm:
```
REAL :: a = 3.0, b = 4.0, c, hypo
c = hypo(a, b)          ! als Operator: c = a .H. b
```

Funktion:
```
REAL FUNCTION hypo(x, y)
REAL x, y
hypo = SQRT(x**2 + y**2)
END FUNCTION hypo
```

Vereinbart man im Schnittstellenblock der aufrufenden Programmeinheit mit der Spezifikation

```
INTERFACE OPERATOR (Symbol)
    für Funktionen mit zwei Parametern
END INTERFACE
```

ein *Symbol*, so kann anstelle der Funktionsaufrufe das Operatorsymbol verwendet werden. Es besteht aus einem Bezeichner zwischen zwei Punkten. Vordefinierte Symbole wie z.B. Vergleiche (.EQ.) oder logische Operatoren (.AND.) dürfen nicht verwendet werden. Abschnitt 6.3 Benutzerdefinierte Datentypen zeigt die Verwendung arithmetischer Operatoren (z.B. +). Benutzerdefinierte binäre Operatoren haben die *niedrigste* Rangstufe und werden *nach* den vordefinierten Operatoren ausgeführt. Beispiel:

```
INTERFACE OPERATOR (.H.)     ! binaeres Operatorsymbol
   REAL FUNCTION hypo(x, y)
   REAL   x, y
   END FUNCTION hypo
END INTERFACE
c = a .H. b                  ! als Funktion: c = hypo(a, b)
```

Mit den benutzerdefinierten Operatoren lassen sich Datentypen miteinander verknüpfen, die entsprechend Abschnitt 2.4 nicht in gemischten Ausdrücken zugelassen sind. Ein Beispiel ist der benutzerdefinierte unäre Operator .GR., der für eine ganze Zahl ein logisches Ergebnis liefert. Auch für die Zuweisungsoperation = gibt es entsprechende Einschränkungen. Das Beispiel

```
INTEGER   i
LOGICAL   :: x = .TRUE.
i = x               ! Fehlermeldung: INTEGER = LOGICAL
```

führt auf eine Fehlermeldung des Compilers, da einer numerischen Variablen kein
logischer Ausdruck zugewiesen werden darf. Das Problem läßt sich jedoch mit Unterprogrammen lösen. Eine *Subroutine*, die für einen Eingabeparameter einen Ausgabeparameter liefert, wirkt wie eine Wertzuweisung (*Zuweisungsoperator*). Beispiel:
Hauptprogramm:

```
INTEGER   :: i
LOGICAL   :: x = .FALSE.
CALL intlog(i, x)          ! als Zuweisung:  i = x
```

Subroutine:
```
SUBROUTINE intlog(zahl, logo)
INTEGER, INTENT (OUT) :: zahl
LOGICA1, INTENT (IN) :: logo
IF (logo) THEN
  zahl = 1
ELSE
  zahl = 0
END IF
END SUBROUTINE intlog
```

Vereinbart man im Schnittstellenblock der aufrufenden Programmeinheit mit der
Spezifikation

```
INTERFACE ASSIGNMENT (=)
  für Subroutine mit zwei Parametern
END INTERFACE
```

eine oder mehrere Subroutinen mit zwei Parametern, so lassen sich beliebige Datentypen einander zuweisen. Wertzuweisungen wie z.B. *INTEGER = LOGICAL*, die
standardmäßig nicht zulässig sind und zu Fehlermeldungen führen, werden vom Compiler über benutzerdefinierte Subroutinen ausgeführt. Das in *Bild 4-14* dargestellte Programm faßt die Beispiele zusammen. In der praktischen Anwendung definiert man die
Schnittstellen und Unterprogramme als Module und ordnet sie mit USE zu, so daß das
Hauptprogramm von den umfangreichen Definitionen entlastet wird.

```
! k4b14.for Bild 4-14: Benutzerdef. Operatoren und Zuweisungen
      IMPLICIT NONE
      INTEGER :: i = 1, j = 2
      LOGICAL :: x = .FALSE., y = .TRUE., test
      REAL :: a = 3.0, b = 4.0
      INTERFACE OPERATOR (.GR.) ! Operator .GR. fuer gerade Zahl
        LOGICAL FUNCTION gerade(x)
        IMPLICIT NONE
        INTEGER x
```

```
        END FUNCTION gerade
      END INTERFACE
      INTERFACE OPERATOR (.H.)   ! Operator .H. fuer Hypothenuse
        REAL FUNCTION hypo(x, y)
        IMPLICIT NONE
        REAL x, y
        END FUNCTION hypo
      END INTERFACE
      INTERFACE ASSIGNMENT (=)   ! Zuweisung INTEGER = LOGICAL
        SUBROUTINE intlog(zahl, logo)
        IMPLICIT NONE
        INTEGER, INTENT (OUT) :: zahl
        LOGICAL, INTENT (IN) :: logo
        END SUBROUTINE intlog
      END INTERFACE
! Test des unaeren Operators  .GR. fuer geradzahlig
      test = .GR. i                              ! Operator
      IF ( test )    PRINT *, i, ' ist geradzahlig' !
      IF (gerade(j)) PRINT *, j, ' ist geradzahlig' ! Funktion
! Test des binaeren Operators .H. fuer Hypothenuse
      PRINT *, a .H. b        ! Operator
      PRINT *, hypo(a, b)     ! Funktion
! Test der Zuweisung INTEGER = LOGICAL
      i = x;             PRINT *, i, ' =', x  ! Zuweisung =
      CALL intlog(j, y); PRINT *, j, ' =', y  ! CALL intlog
      END
! externe Unterprogramme fuer Operatoren und Zuweisung
! Funktion fuer unaeren Operator .GR.    LOGICAL = f(INTEGER)
      LOGICAL FUNCTION gerade(x)
      IMPLICIT NONE
      INTEGER x
      gerade = (x/2)*2 .EQ. x   ! 0, 2, . . sind gerade Zahlen
      END FUNCTION gerade
! Funktion fuer binaeren Operator .H.    REAL = f(REAL, REAL)
      REAL FUNCTION hypo(x, y)
      IMPLICIT NONE
      REAL x, y
      hypo = SQRT(x**2 + y**2)
      END FUNCTION hypo
! Subroutine fuer Wertzuweisung  INTEGER = LOGICAL
      SUBROUTINE intlog(zahl, logo)
      IMPLICIT NONE
      INTEGER, INTENT (OUT) :: zahl
      LOGICAL, INTENT (IN) :: logo
      IF (logo) THEN
        zahl = 1
      ELSE
        zahl = 0
      END IF
      END SUBROUTINE intlog
```

Bild 4-14: Benutzerdefinierte Operatoren und Zuweisungen

4.6 Interne Unterprogramme und Moduln

Hauptprogramm und externe Unterprogramme werden *getrennt* übersetzt; jede Programmeinheit hat eigene *lokale* Vereinbarungen wie z.B. Bezeichner, die nur ihr zur Verfügung stehen und die in den anderen Einheiten nicht sichtbar sind.

Dieser Abschnitt behandelt Programmeinheiten mit *internen* Unterprogrammen und zugeordneten *Moduln*. Dabei unterscheidet man *globale* Vereinbarungen, die allgemein zugänglich sind, und *lokale* Größen, die nur intern sichtbar und vor einem Zugriff von außen geschützt sind.

4.6.1 Interne Unterprogramme

Interne Unterprogramme werden am Ende der aufrufenden Programmeinheit hinter einer **CONTAINS** Anweisung vereinbart und mit dem gleichen Compilerlauf übersetzt.

```
letzte Anweisung der aufrufenden Programmeinheit
CONTAINS
    interne Funktionen und Subroutinen
END der aufrufenden Programmeinheit
```

Interne Unterprogramme können wie externe mit vollständigen Parameterlisten und voneinander unabhängigen Bezeichnern verwendet werden. Das folgende Beispiel ruft eine intern vereinbarte Funktion summ auf, die nicht mehr in einer Typvereinbarung des Hauptprogramms erscheint.

```
PROGRAM haupt
IMPLICIT NONE                       ! gilt auch fuer summ
REAL   :: a = 1.1, b = 2.2, c = 3.3 ! ohne summ !
PRINT *, summ(a, b, c)              ! letzte Anweisung
CONTAINS                            ! enthaelt eine
  REAL FUNCTION summ(x, y, z)       ! interne Funktion
  REAL x, y, z , a                  ! lokale Variable a
  a = x + y + z
  summ = a
  END FUNCTION summ
END PROGRAM haupt
```

Die `IMPLICIT NONE` Vereinbarung des Hauptprogramms gilt auch in der internen Funktion summ. Der Bezeichner a wird im Hauptprogramm für eine vorbesetzte Variable und in der internen Funktion davon unabhängig für eine lokale Hilfsgröße verwendet. Der Compiler überprüft bei der gemeinsamen Übersetzung, ob die Parameterlisten übereinstimmen; für optionale Parameter und Schlüsselwortparameter ist kein Schnittstellenblock (`INTERFACE`) erforderlich. Beispiel:

```
PRINT *, summ(z = 3.3, y = 2.2, x = 1.1)
```

Alle Vereinbarungen des Hauptprogramms wie z.B. Bezeichner, die im internen Unterprogramm *nicht neu* definiert werden, sind **global** und daher auch im internen Unterprogramm verfügbar. Das folgende Beispiel zeigt ein Subroutine add, die ohne Parameter aufgerufen wird. Sie enthält keine eigenen Vereinbarungen und greift auf die *globalen* Variablen des Hauptprogramms zu.

```
PROGRAM haupt
REAL :: a = 1.0, b = 2.2, c = 3.3, d  ! global auch in add
CALL add                    ! Aufruf ohne Parameter
PRINT *, 'Summe =', d  ! d in add veraendert
CONTAINS                    ! enthaelt interne Subroutine
  SUBROUTINE add            ! ohne Parameter und Vereinbarungen
  d = a + b + c             ! verwendet globale Variablen
```

Ein externes Unterprogramm kann eigene *interne* Unterprogramme enthalten, die nur von ihm aufgerufen werden dürfen. Ein internes Unterprogramm darf selbst *keine* weiteren internen Unterprogramme enthalten. Das in *Bild 4-15* dargestellte Beispiel zeigt eine externe Funktion wsin mit einer internen Funktion bog.

```
! k4b15.for  Bild 4-15: Interne Unterprogramme
      PROGRAM haupt   ! Hauptprogramm und interne Unterprogramme
      IMPLICIT NONE                 ! auch in add und summ
      REAL :: wsin, a=1.1, b=2.2, c=3.3,d ! global auch in add
      PRINT *, 'Summe =', summ(a, b, c)   ! Aufruf mit Parametern
      PRINT *, summ(z=1.0, y=1.0, x=1.0)  ! ohne INTERFACE
      CALL add                      ! Aufruf ohne Parameter
      PRINT *, 'Summe =', d         ! d in add veraendert
      PRINT *, 'Sin(45) =', wsin(45.0)  ! Externe Funktion
      CONTAINS ! Enthaelt die internen Unterprogramme summ und add
        REAL FUNCTION summ(x, y, z)     ! normale Parameter
        REAL x, y, z, a                 ! lokale Hilfvariable a
        a = x + y + z                   ! uebersteuert a in HP
        summ = a
        END FUNCTION summ
        SUBROUTINE add                  ! ohne Parameter
        d = a + b + c                   ! a b c d sind global
        PRINT *, 'Sin(0)  = ', wsin(0.0)  ! wsin ist global
        END SUBROUTINE add
      END PROGRAM haupt
! Externes Unterprogramm mit eigener interner Funktion
      REAL FUNCTION wsin(w)
      IMPLICIT NONE
      REAL, PARAMETER :: pi = 3.14159265
      REAL  w
      wsin = SIN(bog(w))
      CONTAINS                      ! Enthaelt die interne Funktion bog
        REAL FUNCTION bog(b)        ! nur in wsin verfuegbar
        REAL b
        bog = b * pi / 180.0        ! nimmt pi aus wsin
        END FUNCTION bog
      END FUNCTION wsin
```

Bild 4-15: Interne Unterprogramme

Die wichtigsten Regeln für *interne Unterprogramme*, die innerhalb einer umgebenden Programmeinheit definiert sind, lauten:
- Interne Unterprogramme liegen zwischen CONTAINS und END.
- Alle Vereinbarungen im internen Unterprogramm sind lokal und von außen nicht zugänglich.
- Alle Vereinbarungen der umgebenden Einheit sind global und auch im internen Unterprogramm verfügbar.
- Lokale Vereinbarungen des internen Unterprogramms *übersteuern* im Unterprogramm gleichlautende Vereinbarungen der umgebenden Programmeinheit.

4.6.2 Definition und Zuordnung von Moduln

Ein Modul ist eine selbständig übersetzte Programmeinheit, die Vereinbarungen und interne Unterprogramme (Modulunterprogramme) enthält. Sie wird mit USE einer anderen Programmeinheit zugänglich gemacht. Vereinbarung und Übersetzung müssen *vor* der Zuordnung in einer *eigenen Programmeinheit* erfolgen.

```
MODULE Modulname
Vereinbarungen
CONTAINS
    interne Funktionen und Subroutinen
END [MODULE Modulname]
```

Auf eine **MODULE** Anweisung folgen Vereinbarungen wie z.B. Konstanten oder benutzerdefinierte Datentypen; interne Unterprogramme, auch Modulfunktionen und Modulsubroutinen genannt, werden hinter der CONTAINS Anweisung angeordnet. Auf der **END** Anweisung können das Kennwort MODULE und der Name entfallen. Beispiel:

```
MODULE trig
REAL, PARAMETER :: pi = 3.14159265        ! Konstante
CONTAINS
   REAL FUNCTION wsin(winkel)             ! Modulfunktion
   REAL winkel
   wsin = SIN(winkel * pi / 180.0)
   END FUNCTION wsin
END MODULE trig
```

Die Vereinbarungen und Unterprogramme eines Moduls können einem Hauptprogramm oder externen Unterprogramm zugeordnet und damit verfügbar gemacht werden. Die wahlfreien Spezifikationen dienen zur Auswahl und Umbenennung von Bezeichnern.

```
USE Modulname [, Spezifikationen]
```

Die Behandlung von Moduln ist abhängig vom verwendeten Fortran System. Die Beispiele dieses Buches wurden mit einem System getestet, das die Definition von Moduln vor ihrer Zuordnung in einem gemeinsamen Quelltext gestattet. Der verwendete Compiler legt bei der Übersetzung von Moduln die Dateien *Modulname*.MOD und

Modulname. LIB im zugeordneten Verzeichnis des Betriebssystems an, so daß sie auch anderen Programmen zur Verfügung stehen. Das in *Bild 4-16* dargestellte Programmbeispiel vereinbart einen Modul trig und verwendet ihn sowohl im Hauptprogramm als auch in einem externen Unterprogramm. Reihenfolge des Quelltextes:

- ***Modulprogrammeinheit***
- *Hauptprogramm*
- *Externes Unterprogramm*

Der erste *Compilerlauf* übersetzt die Modulprogrammeinheit, der zweite das Hauptprogramm mit zugeordnetem Modul und der dritte das externe Unterprogramm mit erneut zugeordnetem Modul; ein *Linklauf* verbindet Haupt- und externes Unterprogramm zu einer Ladedatei mit dem ausführbaren Maschinenprogramm.

```
! k4b16.for  Bild 4-16: Modul vereinbaren und zuordnen
! Moduldefinition als trig.MOD und trig.LIB abgelegt
      MODULE trig
      IMPLICIT NONE
      REAL, PARAMETER :: pi = 3.14159265   ! Konstante
      CONTAINS                             ! Modulfunktion
        REAL FUNCTION wsin(winkel)
        REAL winkel
        wsin = SIN(winkel * pi / 180.0)
        END FUNCTION wsin
      END MODULE trig
! Hauptprogramm ordnet Modul mit USE trig zu
      PROGRAM haupt
      USE trig                   ! liefert pi und Funktion wsin
      IMPLICIT NONE
      REAL x, wcos               ! wcos ist externe Funktion
      PRINT *, 'Winkel in Grad -> '; READ *, x
      PRINT *, 'Sin (', x, ') =', wsin(x),' pi =', pi
      PRINT *, 'Cos (', x, ') =', wcos(x)
      END PROGRAM haupt
! Externe Funktion benutzt auch Modul trig
      REAL FUNCTION wcos(win)
      USE trig                   ! liefert Funktion wsin
      REAL win
      wcos = wsin(90.0 - win)
      END FUNCTION wcos
```

Bild 4-16: Vereinbarung und Zuordnung eines Moduls

In der praktischen Anwendung arbeitet der Benutzer nicht nur mit eigenen Moduln, deren Unterprogramme und Bezeichner er kennt, sondern auch mit Unterprogramm-bibliotheken in Form von vordefinierten Moduln, deren Aufbau ihm unbekannt ist.

Ohne besondere Vereinbarung (Voreinstellung) sind alle Vereinbarungen und Unterprogramme eines Moduls in der zuordnenden Programmeinheit verfügbar, also global. In besonderen Fällen müssen jedoch *in einem Modul vereinbarte Größen* vor einem Zugriff von außen *geschützt* werden. Mit der Anweisung bzw. mit dem Attribut

```
PRIVATE [ [::] Namensliste ]
Datentyp, PRIVATE :: Namensliste
```

werden die in der Liste genannten Bezeichner lokal gemacht, d.h. sie sind nur in der
Moduleinheit verfügbar und können bei der Zuordnung des Moduls mit USE nicht
angesprochen werden. Die PRIVATE Anweisung allein ohne Liste schützt die gesamte
Moduleinheit. Dann müssen einzelne Bezeichner mit

```
PUBLIC [ [::] Namensliste ]
Datentyp, PUBLIC :: Namensliste
```

wieder öffentlich zugänglich gemacht werden. Das folgende Beispiel schützt die Modulfunktion bog und macht die Konstante pi und die Modulfunktion wsin öffentlich
zugänglich.

```
MODULE trigfu
REAL, PARAMETER :: pi = 3.14159265
PRIVATE  bog              ! nur in trigfu verfuegbar
PUBLIC  pi, wsin          ! oeffentlich zugaenglich
```

Bei der Verwendung von vordefinierten Moduln kann es zu Namenskonflikten zwischen (öffentlichen) Namen des Moduls und der aufrufenden Programmeinheit kommen. Dann ist es bei der Zuordnung erforderlich, einen Bezeichner, der im Modul
verwendet wird, mit einem eigenen Namen anzusprechen. Dazu dient der Operator =>.

```
USE Modulname, eigener Name => Name im Modul
```

Das folgende Beispiel verwendet den eigenen Bezeichner pipi anstelle des im Modul
verwendeten Bezeichners pi und kann dann unter dem Namen pi einen eigenen Wert
vereinbaren.

```
USE  trigfu, pipi => pi
REAL, PARAMETER :: pi = 3.1       ! recht ungenau!!!
PRINT *, pi, ' /= ', pipi
```

Wird ein Modul geändert, so müssen alle Programme, die diesen Modul mit USE
zuordnen, neu übersetzt werden. Bei umfangreichen Modulbibliotheken kann es sinn-
voll sein, eine Auswahl unter den Vereinbarungen und Modulunterprogrammen zu
treffen, um z.B. nur bestimmte spezifische Namen zu verwenden.

```
USE Modulname, ONLY: Liste
USE Modulname, ONLY: eigener Name => Name im Modul [, ..
```

Das folgende Beispiel verwendet aus dem Modul `trigfu` nur die Funktion `wsin` unter dem Bezeichner `sinus`.

```
USE  trigfu, ONLY: sinus => wsin
```

```
! k4b17.for Bild 4-17: Auswahl und Umbenennung von Modulgroessen
      MODULE trigfu
      IMPLICIT NONE
      REAL, PARAMETER :: pi=3.14159265 ! globale Konstante
      PRIVATE bog                      ! nur lokal in trigfu
      PUBLIC pi, wsin                  ! oeffentlich verfuegbar
      CONTAINS                         ! Modulfunktionen
        REAL FUNCTION wsin(x)
        REAL x                         ! x ist lokal in wsin
        wsin = SIN(bog(x))
        END FUNCTION wsin
        REAL FUNCTION bog(x)
        REAL x                         ! x ist lokal in bog
        bog = x * pi / 180.0           ! pi aus Vereinbarung
        END FUNCTION bog
      END MODULE trigfu
! Hauptprogramm verwendet nur wsin und definiert eigenes pi
      PROGRAM haupt
      USE trigfu, ONLY: wsin           ! nur wsin aus trigfu
      IMPLICIT NONE
      REAL :: x, wcos, pi = 3.1416      ! eigenes pi vereinbart
      PRINT *, 'Winkel in Grad -> '; READ *, x
      PRINT *, 'Sin (', x, ') =', wsin(x),' pi =', pi
      PRINT *, 'Cos (', x, ') =', wcos(x)
      END PROGRAM haupt
! Externe Funktion benutzt wsin aus trigfu
      REAL FUNCTION wcos(x)
      USE trigfu, sinus => wsin        ! sinus statt wsin
      REAL :: x
      wcos = sinus(90.0 - x)
      END FUNCTION wcos
```

Bild 4-17: Auswahl und Umbenennung von Modulgrößen

Das in *Bild 4-17* dargestellte Programmbeispiel zeigt die Auswahl und Umbenennung von Konstanten und Modulfunktionen durch die zuordnenden Programmeinheiten.

Ein Modul kann **Datenbereiche** vereinbaren, auf die in den *zuordnenden* Programmeinheiten zugegriffen werden kann. Das in *Bild 4-18* dargestellte Programmbeispiel legt in dem Modul `daten` drei INTEGER Speicherstellen an und besetzt sie mit Anfangswerten. Das Hauptprogramm ordnet sie mit USE zu und gibt die Anfangswerte aus. Durch den Aufruf der externen Subroutine `plus` ohne Parameter werden die Werte um 1 erhöht. Der Aufruf der externen Subroutine `aus` ebenfalls ohne Parameter gibt die Variablen des Moduls aus. Die externe Subroutine `plus` verwendet die gleichen Bezeichner wie im Modul; die externe Subroutine `aus` spricht sie mit anderen Namen an. Die im Modul `daten` angelegten Speicherstellen sind also durch USE allen drei Programmeinheiten gleichermaßen zugänglich, so daß auf die Übergabe von Parametern verzichtet werden kann. Abschnitt 4.7 zeigt die entsprechenden COMMON Blöcke.

```
! k4b18.for  Bild 4-18: Uebergabe von Werten mit einem Modul
! Modul vereinbart und initialisiert Datenbereich
      MODULE daten
      IMPLICIT NONE
      INTEGER :: a = 1, b = 2, c = 3  ! vorbesetzte Variablen
      END MODULE daten
! Hauptprogramm gibt Daten aus
      PROGRAM haupt
      USE daten                       ! Bezeichner aus Modul
      IMPLICIT NONE
      PRINT *, 'Haupt:', a, b, c
      CALL plus                       ! addiert 1
      CALL aus                        ! gibt Werte aus
      END PROGRAM haupt
! Externe Subroutine addiert 1 mit Bezeichnern aus Modul
      SUBROUTINE plus
      USE daten                       ! Bezeichner aus Modul
      IMPLICIT NONE
      a = a + 1;  b = b + 1;  c = c + 1
      END SUBROUTINE plus
! Externe Subroutine gibt Werte aus mit neuen Bezeichnern
      SUBROUTINE aus
      USE daten, x => a, y => b, z => c  ! neue Bezeichner
      IMPLICIT NONE
      PRINT *, ' Aus:', x, y, z
      END SUBROUTINE aus
```

Bild 4-18: Übergabe von Werten mit einem Moduldatenbereich

Die Modultechnik bietet folgende Vorteile:
- Module sind bereits vorübersetzt und damit fehlerfrei.
- Module können Schnittstellenblöcke externer Unterprogramme enthalten.
- Modulunterprogramme statt interner Unterprogramme verkürzen das Hauptprogramm.
- Unterprogrammbibliotheken können als Module zugeordnet werden.
- Module können Konstanten und gemeinsame Datenbereiche enthalten.
- Module können benutzereigene Datentypen, Operatoren und Zuweisungen definieren.

4.6.3 Einfügen von Quelltext mit INCLUDE

Bei der Zuordnung eines *Moduls* werden die darin enthaltenen vorübersetzten Vereinbarungen und Modulunterprogramme *zugänglich* gemacht. Im Gegensatz dazu lassen sich mit einer **INCLUDE** Zeile

```
INCLUDE    'Dateiname'
oder
INCLUDE    "Dateiname"
```

Programmzeilen aus einer Textdatei in einen Quelltext *einbauen*, die dann zusammen mit diesem übersetzt werden. Das folgende Beispiel zeigt eine Textdatei *konst.txt* mit Definitionen, die in ein Fortran Programm eingebaut werden.

Textdatei konst.txt:

```
! Datei mit DOS-Editor als "konst.txt" aufgebaut
      IMPLICIT NONE
      REAL, PARAMETER :: pi = 3.14159265
```

Fortran Programm:

```
      PROGRAM haupt
      INCLUDE 'konst.txt'
      PRINT *, pi
      END PROGRAM haupt
```

4.6.4 Lokale und temporäre Konstanten und Variablen

In einem Unterprogramm lassen sich lokale Variablen, vorbesetzte Variablen und
Konstanten vereinbaren. Im Gegensatz zu einem Hauptprogramm, das nur einmal
gestartet wird, kann ein Unterprogramm mehrmals aufgerufen werden. Dabei erhebt
sich die Frage, ob Konstanten und vorbesetzte Variablen bei jedem Aufruf den gleichen
Anfangswert haben und ob lokale Variablen zwischen den Aufrufen ihre Werte behalten. Dies hängt davon ab, ob der Compiler lokale Größen in einem festen Speicherbereich oder auf dem Stapel anlegt, der bei jedem Unterprogrammaufruf verändert wird.
Mit der Anweisung bzw. mit dem Attribut

```
SAVE [ [::] Liste ]
Datentyp, SAVE :: Liste
```

wird sichergestellt, daß lokale Variablen vor dem Rücksprung gerettet werden. Das
bedeutet, daß sie zwischen den Aufrufen ihre Werte behalten. Eine SAVE Anweisung
ohne Liste bewirkt, daß alle Variablen gerettet werden. Sie kann nicht auf formale
Parameter angewendet werden, die nur Platzhalter (dummys) für aktuelle Größen sind.
Das in *Bild 4-19* dargestellte Testprogramm untersucht die Übergabe lokaler Größen
einer Subroutine, die bei jedem Aufruf lokale Zähler um 1 erhöht.

```
! k4b19.for Bild 4-19: Retten lokaler temporaerer Variablen
      PROGRAM haupt
      IMPLICIT NONE
      INTEGER i
      DO i = 0, 3
        CALL zaehl(i)            ! zaehl wird 4 mal aufgerufen
      END DO
      END PROGRAM haupt
! externes Unterprogramm: Ohne RECURSIVE auch var2 gerettet
      RECURSIVE SUBROUTINE zaehl(x)    ! ohne RECURSIVE testen!
      IMPLICIT NONE
      INTEGER :: x                     ! Dummy
      INTEGER, PARAMETER :: konst = 12 ! Konstante
      INTEGER :: vor1 = 11, vor2 = 22  ! vorbesetzte Variablen
      INTEGER var1, var2               ! lokale Variablen
      SAVE var1                        ! nur var1 gerettet
```

```
      IF (x .EQ. 0) THEN
      PRINT *, '    x konst  vor1  vor2  var1  var2'
        vor1 = 0;  var1 = 0;  var2 = 0
      ELSE
        vor1 = vor1 + 1; var1 = var1 + 1; var2 = var2 + 1
      END IF
      PRINT 100, x, konst, vor1, vor2, var1, var2
100   FORMAT(1x, 6I6)
      END SUBROUTINE zaehl

   x konst  vor1  vor2  var1  var2
   0   12     0    22     0     0
   1   12     1    22     1 15129
   2   12     2    22     2 15129
   3   12     3    22     3 15129
```

Bild 4-19: Übergabe lokaler und temporärer Größen

Die folgenden Ergebnisse gelten nur für den Compiler des Testlaufes und lassen sich nicht auf andere Fortran Systeme übertragen:
- benannte Konstanten wurden *immer* mit ihrem vereinbarten Wert übergeben,
- vorbesetzte Variablen wurden beim *ersten* Aufruf mit dem Anfangswert übergeben,
- bei allen folgenden mit dem zuletzt zugewiesenen Wert,
- bei nichtrekursiven Unterprogrammen behielten alle Variablen zwischen den Aufrufen ihre Werte, SAVE war also überflüssig und
- nur bei rekursiven Unterprogrammen mußten die Werte zwischen den Aufrufen mit SAVE gerettet werden.

4.6.5 Formelfunktionen

Formelfunktionen oder Funktionsanweisungen sind einfache Unterprogramme, die nur aus einer Wertzuweisung (Formel) bestehen, und die vom Compiler an der Stelle des Aufrufs in den Code eingebaut werden. Die Vereinbarung erfolgt *vor* den ausführbaren Anweisungen in der aufrufenden Programmeinheit..

```
Name (Formalparameterliste) = Ausdruck
```

Der Ausdruck enthält eine Formel, die neben den formalen Parametern auch Literalkonstanten, benannte Konstanten und Funktionsergebnisse enthalten darf. Beispiel:
```
REAL   a, b, hypo
hypo(a, b) = SQRT(a**2 + b**2)
```

Der Aufruf einer Formelfunktion erfolgt wie bei einer Funktion mit entsprechenden aktuellen Parametern. Beispiel:
```
PRINT *, 'Pythagoras:', hypo(3.0, 4.0)
```

Formelfunktionen gehören zu den als veraltet bezeichneten Unterprogrammtechniken und können durch interne Unterprogramme ersetzt werden. Bild 4-20 zeigt ein einfaches Beispiel für eine Formelfunktion.

4.7 Veraltete Unterprogrammtechniken

Die in diesem Abschnitt zusammenfassend dargestellten Unterprogrammanweisungen sind in der Norm Fortran 90 als veraltet gekennzeichnet und sollten in neuen Fortran Programmsystemen durch moderne Anweisungsformen ersetzt werden.

Mit Hilfe der ENTRY Anweisung ist es möglich, in einem externen Unterprogramm oder Modulunterprogramm zusätzliche Eingangspunkte zu vereinbaren, die wie selbständige Unterprogramme aufgerufen werden.

> **ENTRY *Name*** *(Formalparameterliste)*

Die Parameterliste des ENTRY Eingangs muß nicht mit der Parameterliste des Haupteingangspunktes, also der FUNCTION oder SUBROUTINE Anweisung übereinstimmen. Beispiel:

```
SUBROUTINE unter2(x, y)      ! Haupteingang
INTEGER x, y, z
. . . . . . . .
ENTRY unter3(x, y, z)        ! Nebeneingang
```

Ein Unterprogramm kehrt in der Regel mit der Ausführung der END Anweisung an die Stelle des Aufrufs zurück. Die RETURN Anweisung ermöglicht einen vorzeitigen Rücksprung; sie kann in einem externen Unterprogramm oder Modulunterprogramm an beliebiger Stelle stehen. Das Rückkehrziel ist optional.

> **RETURN** *[Rückkehrziel]*

Die *einfache* RETURN Anweisung kehrt aus der Funktion oder Subroutine an die Stelle des Aufrufs zurück. Die Angabe eines *Rückkehrziels* ist nur bei Subroutinen möglich, die mit einer entsprechenden CALL Anweisung aufgerufen werden. Das folgende Beispiel ruft eine Subroutine wurz auf, die entweder zur Anweisung 100 oder zur Anweisung 200 zurückkehren soll.

```
      CALL wurz(z, w, *100, *200)
100   PRINT *, w, 'imaginaer'
      STOP
200   PRINT *, w, 'reell'
      END
```

In der Liste der formalen Parameter der Subroutine werden die möglichen Rückkehrziele durch das Zeichen * als Platzhalter gekennzeichnet. Die RETURN Anweisung enthält eine Kennzahl, die angibt, welcher Rückkehrpunkt benutzt werden soll. Das folgende Beispiel springt entweder über den ersten Rückkehrpunkt zur Anweisung 100 oder über den zweiten zurück zur Anweisung 200 des aufrufenden Programms.

```
SUBROUTINE wurz(r, y, *, *)

IF (r .LT. 0) RETURN 1
IF (r .GE. 0) RETURN 2
```

Das in *Bild 4-20* dargestellte Programmbeispiel zeigt die Anwendung einer Formelfunktion sowie Subroutinen mit Eingangspunkten und variablen Rücksprüngen. In der modernen Programmiertechnik, die auf Sprungziele und Sprunganweisungen verzichtet, würde man getrennte Unterprogramme oder Parameter zur Auswahl von Programmzweigen verwenden.

```
! k4b20.for  Bild 4-20: Test Formelfunktion ENTRY RETURN
      PROGRAM haupt
      IMPLICIT NONE
      INTEGER :: a = 1, b = 2, c = 3
      REAL :: hypo, x, y, z, w
      hypo(x, y) = SQRT(x**2 + y**2)           ! Formelfunktion
      PRINT *, 'Pythagoras:', hypo(3.0, 4.0)   ! Aufruf
      CALL unter2(a, b)                    ! nach Haupteingang
      CALL unter3(a, b, c)                 ! nach Nebeneingang
      PRINT *,'reelle Zahl -> '; READ *, z
      CALL wurz(z, w, *100, *200)          ! zwei Rueckkehrziele
100   PRINT *, 'Wurzel (', z, ') =', w, ' imaginaer'
      STOP                                 ! Rueckkehr nach System
200   PRINT *, 'Wurzel (', z, ') =', w, ' reell'
      END PROGRAM haupt                    ! normale Rueckkehr
! Externe Subroutine unter2 mit ENTRY Einsprung unter3
      SUBROUTINE unter2(x, y)       ! Haupteingang
      IMPLICIT NONE
      INTEGER x, y, z
      PRINT *, 'unter2:', x, y
      RETURN                        ! Ruecksprung nach Aufruf
      ENTRY unter3(x, y, z)         ! Nebeneingang
      PRINT *, 'unter3:', x, y, z
      END SUBROUTINE unter2         ! normaler Ruecksprung
! Externe Subroutine mit variablen Rueckspruengen
      SUBROUTINE wurz(r, w, *, *)
      IMPLICIT NONE
      REAL r, w
      w = SQRT(ABS(r))
      IF (r) 10, 20, 20        ! veraltetes arithmetisches IF
10    RETURN 1                 ! Ruecksprung ueber ersten *
20    RETURN 2                 ! Ruecksprung ueber zweiten *
      END SUBROUTINE wurz
```

Bild 4-20: Test Formelfunktion, ENTRY und RETURN

Mit Hilfe der COMMON Anweisung werden Speicherbereiche vereinbart, die von mehreren Programmeinheiten gemeinsam benutzt werden können. Dadurch lassen sich Werte zwischen einem Hauptprogramm und externen Unterprogrammen ohne Parameterlisten übertragen.

```
COMMON   Variablenliste
COMMON  /Name/Variablenliste [,/Name/Liste]
```

Eine COMMON Anweisung *ohne* Namen vereinbart einen unbenannten gemeinsamen Speicherbereich. Das folgende Beispiel definiert im Hauptprogramm drei Variablen a, b und c und bestimmt, daß sie im unbenannten COMMON Bereich liegen sollen. Die Subroutine unter vereinbart drei lokale Variablen x, y und z und legt sie im gleichen unbenannten COMMON Bereich an. Die Variable a des Hauptprogramms nimmt den gleichen Speicherplatz wie die lokale Variable x der Subroutine unter ein; b entspricht y, und c entspricht z.

```
PROGRAM haupt
INTEGER a, b, c
COMMON a, b, c
a = 4711
CALL unter

SUBROUTINE unter
INTEGER x, y, z
COMMON x, y, z
PRINT *, 'Es riecht nach', x
```

Eine BLOCK DATA *Programmeinheit* dient dazu, Speicherinhalte eines COMMON Bereiches mit Anfangswerten zu versehen. Sie wird mit einem eigenen Compilerlauf übersetzt und durch den Linker mit dem Hauptprogramm verbunden, ohne daß wie bei einem externen Unterprogramm ein besonderer Aufruf stattfindet.

```
BLOCK DATA [Name]
    Vereinbarungen wie z.B.
    COMMON Anweisungen
    DATA Anweisungen
END [BLOCK DATA Name]
```

Das in *Bild 4-21* dargestellte Programmbeispiel zeigt die Anwendung von benannten und unbenannten COMMON Bereichen und ihre Initialisierung mit einer BLOCK DATA Programmeinheit. In der modernen Unterprogrammtechnik verwendet man anstelle von COMMON besser Moduldatenbereiche. Bild 4-18 zeigt ein Programmbeispiel, das anstelle von COMMON in einem Modul einen gemeinsamen Speicherbereich vereinbart, auf den ein Hauptprogramm und externe Unterprogramme gemeinsam zugreifen.

```
! k4b21.for Bild 4-21: Test COMMON und BLOCK DATA
      PROGRAM haupt
      IMPLICIT NONE
      INTEGER a, b, c
      COMMON a, b, c                  ! unbenanntes COMMON
      REAL r, s, t
      COMMON /reell/ r, s, t          ! benanntes COMMON
      r = 1.1; s = 2.2; t = 3.3       ! Anfangswerte
      CALL sub                        ! Ausgabe r, s, t ueber COMMON reell
      CALL unter                      ! Ausgabe a, b, c ueber COMMON unben.
      END PROGRAM haupt
! Externes Unterprogramm mit unbenanntem COMMON
      SUBROUTINE unter
      IMPLICIT NONE
      INTEGER x, y, z
      COMMON x, y, z                  ! unbenanntes COMMON
      PRINT *, 'unbenann. COMMON:', x, y, z   ! Ausgabe
      END SUBROUTINE unter
! Externes Unterprogramm mit benanntem COMMON
      SUBROUTINE sub
      IMPLICIT NONE
      REAL x, y, z
      COMMON /reell/ x, y, z          ! benanntes COMMON
      PRINT *, 'benanntes COMMON:',x, y, z        ! Ausgabe
      END SUBROUTINE sub
! BLOCK DATA Programmeinheit enthaelt nur Vereinbarungen
      BLOCK DATA werte                ! BLOCK DATA Einheit
      IMPLICIT NONE
      INTEGER x, y, z
      COMMON x, y, z                  ! unbenanntes COMMON
      DATA x/111/, y/222/, z/333/     ! Anfangswerte
      END BLOCK DATA werte


benanntes COMMON:     1.10000       2.20000       3.30000
unbenann. COMMON:         111           222           333
```

Bild 4-21: Test COMMON und BLOCK DATA

5. Felder und Texte

In vielen Anwendungen müssen große zusammenhängende Datenmengen gespeichert und bearbeitet werden. Ein einfaches Beispiel ist die Aufgabe, aus zehn reellen Meßwerten die Summe und den arithmetischen Mittelwert zu berechnen. Die zehn Werte lassen sich mit einem *Index* bezeichnen.

Indexschreibweise:

$$X_1 \quad X_2 \quad X_3 \quad . \quad . \quad . \quad X_i \quad . \quad . \quad . \quad X_9 \quad X_{10}$$

Summenformel:

$$S = \sum_{i-1}^{10} X_i = X_1 + X_2 + \ldots + X_9 + X_{10}$$

Anstelle von zehn einzelnen REAL Variablen läßt sich in Fortran ein *Feld* für zehn reelle Werte vereinbaren.

```
REAL   x(10)                 ! Feldvereinbarung
```

Für die Programmierung der Summenformel verwendet man eine Schleife, die den Index von 1 bis 10 mit der Schrittweite 1 laufen läßt.

```
summ = 0.0
DO i = 1, 10, 1              ! Bearbeitungsschleife
   summ = summ + x(i)
END DO
```

Das in *Bild 5-1* dargestellte Beispiel zeigt die Datenstruktur des Feldes und ein Programm mit Struktogramm, das die zehn Werte liest, die Summe berechnet und diese zusammen mit dem Mittelwert ausgibt.

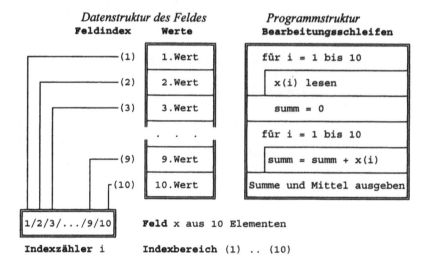

```
! k5b1.for   Bild 5-1: Feld speichert 10 reelle Messwerte
      IMPLICIT NONE
      REAL   x(10), summ
      INTEGER  i
      DO  i = 1,10
        PRINT *, i,'.Wert -> '; READ *, x(i)
      END DO
      summ = 0.0
      DO i = 1,10
        summ = summ + x(i)
      END DO
      PRINT *, 'Summe =', summ, ' Mittelwert =', summ/10
      END


          1.Wert -> 1
          2.Wert -> 2
          3.Wert -> 3
          4.Wert -> 4
          5.Wert -> 5
          6.Wert -> 6
          7.Wert -> 7
          8.Wert -> 8
          9.Wert -> 9
         10.Wert -> 10

Summe =    55.0000    Mittelwert =    5.50000
```

Bild 5-1: Feld speichert zehn reelle Meßwerte

Für die Bearbeitung mehrdimensionaler Anordnungen wie z.B. Matrizen gibt es mehrdimensionale Felder. Das folgende Beispiel vereinbart eine Matrix koeff aus vier Zeilen und drei Spalten vom Datentyp REAL.

```
REAL  koeff(4,3)     ! zweidimensionales Feld
```

5.1 Eindimensionale Felder

Dieser einführende Abschnitt zeigt die grundlegenden Feldoperationen mit eindimensionalen Feldern, die mit Schleifen bearbeitet werden. Der Abschnitt 5.5 behandelt Vereinfachungen des Zugriffs und weitere Anwendungsbeispiele.

Eindimensionale Felder bezeichnet man auch als einfach indizierte Variablen oder Vektoren. Sie haben den Rang 1 und müssen in ihrer *Größe* mit einer ganzzahligen Konstanten vereinbart (dimensioniert) werden. Dazu gibt es mehrere Möglichkeiten.

```
Datentyp   Feldname(Größe)
Datentyp, DIMENSION(Größe) :: Feldnamensliste
Datentyp   Feldname
DIMENSION Feldname(Größe)
```

Der *Name* eines Feldes wird nach den gleichen Regeln gebildet wie der Name einer einfachen Variablen. Verwendet man als Schutz gegen Schreibfehler die IMPLICIT NONE Vereinbarung, so müssen Felder in einer Typvereinbarung erscheinen, die für alle ihre Elemente gilt. Für die Größe des Feldes verwendet man oft eine benannte Konstante anstelle eines Literals, um die Grenzen einfach ändern und kontrollieren zu können. Beispiele:

```
IMPLICIT NONE
INTEGER, PARAMETER :: nmax = 100    ! maximal 100 Elemente
REAL   x(nmax)                      ! Typ und Feld
REAL, DIMENSION(nmax) :: y          ! als Attribut
```

In dieser einfachen Form legt die Feldvereinbarung die Anzahl der Feldelemente fest, der Indexbereich beginnt mit 1 und endet mit der *Größe* des Feldes. Der Speicherbedarf hängt ab vom Datentyp und vom Artparameter. Die REAL Felder x und y des obigen Beispiels belegen bei einem (voreingestellten) Artparameter von 4 je 400 Bytes im Arbeitsspeicher, zusammen also 800. Die maximale Größe des gesamten Datenbereiches (Variablen, Konstanten und Felder) ist abhängig vom Fortran System, Betriebssystem und Speicherausbau des Rechners. In jedem Fall müßte ein Datenbereich von mindestens 60 000 Bytes zur Verfügung stehen, der für einfache Test- und Übungsprogramme ausreicht.

Die Elemente eines eindimensionalen Feldes werden in *Ausdrücken* durch die Angabe einer Indexposition in runden Klammern angesprochen.

> *Feldname* **(Indexposition)**

Die *Indexposition* ist ein ganzzahliger Ausdruck von (1) bis zur (*Größe*) des Feldes. Reelle Ausdrücke, die in Fortran 77 zugelassen waren, müssen in Fortran 90 mit einer Umwandlungsfunktion ganzzahlig gemacht werden. Beispiele:

```
REAL   :: z = 6.66      ! reeller Index gibt geschnitten 6
INTEGER  i              ! Laufvariable
DO i = 1, nmax
  x(i) = 0.0            ! ganzzahlige Laufvariable
END DO
x(1) = 47.11            ! ganzzahlige Literalkonstante
x(nmax) = 4712          ! ganzzahlige benannte Konstante
i = 2
x(2*i+1) = 47.55        ! ganzzahliger Ausdruck gibt 5
x(INT(z)) = 47.66       ! INT schneidet Nachpunktstellen ab
```

Liegt die Indexposition außerhalb des vereinbarten Bereiches, so sind die Auswirkungen dieses sehr häufigen Fehlers nicht vorhersehbar. Schlimmstenfalls werden andere Speicherstellen des Programms oder des Betriebssystems überschrieben, und der Rechner stürzt ab oder es ergeben sich unbemerkt fehlerhafte Ergebnisse. Bei vielen Compilern läßt sich eine allerdings zeitraubende Bereichskontrolle einstellen, die zur Laufzeit Fehlermeldungen bei Überschreitung der Feldgrenzen ausgibt. Auf jeden Fall sollte bei der Eingabe von Feldern eine Bereichskontrolle durch das Programm vorgenommen werden. Der Zugriff auf die Elemente erfolgt vorzugsweise *fortlaufend* (sequentiell) mit Zählschleifen.

Für die *Eingabe* eindimensionaler Felder verwendet man meist Schleifen, die jedes Feldelement einzeln anfordern und speichern. Das in *Bild 5-2* dargestellte Programmbeispiel liest die Anzahl der Feldelemente ein und kontrolliert, ob die als benannte Konstante vereinbarte Größe des Feldes nicht überschritten wird. Die geprüfte Anzahl steuert dann eine *Zählschleife*, die gleichzeitig die Feldelemente summiert. Bei der Ausgabe erscheinen der gespeicherte Wert und seine Abweichung vom Mittelwert auf einer Zeile.

```
! k5b2.for  Bild 5-2: Summe, Mittelwert und Abweichungen
      IMPLICIT NONE
      INTEGER, PARAMETER :: nmax = 1000       ! max. Feldgroesse
      INTEGER n, i
      REAL x(nmax), su, mi
      DO          ! Kontrollschleife zum Lesen der Anzahl der Werte
        PRINT *, '0 < n <=', nmax, ' Anzahl n -> '; READ *, n
        IF (0 .LT. n .AND. n .LE. nmax) EXIT
      END DO
      su = 0.0
      DO i = 1, n     ! Lesen und summieren der Messwerte
        PRINT *, i, '.Messwert reell -> '; READ *, x(i)
        su = su + x(i)
      END DO
      mi = su / n     ! Mittelwert berechnen fuer n ungleich 0
      PRINT *, 'Summe =', su, ' Mittelwert =', mi
      PRINT *, '     Wert     Abweichung'
      DO i = 1, n     ! Werte und Abweichungen ausgeben
        PRINT *, x(i), x(i) - mi
      END DO
      END
```

Bild 5-2: Zählschleife zur Eingabe eines Feldes

Die in Bild 5-2 verwendete Zählschleife hat den Nachteil, daß die Anzahl der einzulesenden Werte vorher bekannt sein muß. Bequemer ist die in *Bild 5-3* dargestellte *Leseschleife*, die durch eine systemabhängige Endemarke (STRG+Z) abgebrochen wird. Die Werte werden in der Schleife gespeichert und gezählt. Das Verfahren zur Bestimmung des größten bzw. des kleinsten Wertes verwendet zwei Hilfsspeicherstellen maxi und mini, denen willkürlich das erste Feldelement als Anfangswert zugewiesen wird. Die Suchschleife vergleicht sie mit allen Nachfolgern. Gibt es ein noch größeres bzw. kleineres Element, so wird es nach maxi bzw. mini gebracht. Anstelle der Werte könnten auch die Indexpositionen ima und imi verwendet werden.

```
ima = 1;   imi = 1              ! Index des groessen und kleinsten
DO i = 2, n                     ! gibt es noch andere?
  IF (x(i) .GT. x(ima) ) ima = i ! ja: Index merken
  IF (x(i) .LT. x(imi) ) imi = i ! ja: Index merken
END DO
PRINT *, x(imi), '= Minimum . . . Maximum =', x(ima)
```

Werte lesen, speichern und zählen bis Endemarke	
Anzahl gleich 0	
falsch	wahr
Maximum = x(1) Minimum = x(1)	
für i = 2 bis Anzahl	

x(i) > Maximum		
wahr		falsch
Maximum = x(i)		|

x(i) < Minimum		
wahr		falsch
Minimum = x(i)		|

Minimum und Maximum ausgeben	Meldung keine Werte da

```
! k5b3.for   Bild 5-3: Leseschleife und Extremwerte
      IMPLICIT NONE
      INTEGER, PARAMETER :: nmax = 10     ! fuer Kontrolltest
      REAL  x(nmax), maxi, mini
      INTEGER  i, n, test
      n = 0
      PRINT *,'Maximal', nmax,' Werte moeglich'
      DO                       ! Leseschleife bis STRG+Z
        PRINT *, 'Ende mit STRG+Z', n+1,'.Wert reell -> '
        READ (*, *, IOSTAT = test) x(n+1)
        IF (test .LT. 0) EXIT    ! Endemarke STRG+Z erkannt
        IF (test. GT. 0) THEN    ! Eingabefehler erkannt
          PRINT *,'Eingabefehler!    Wert richtig eingeben!'
          CYCLE                  ! neue Eingabe
        END IF
        n = n + 1                ! Werte zaehlen
        IF (n. GT. nmax) THEN    ! und Anzahl kontrollieren
          PRINT *,'Anzahl von max.', nmax, ' ueberschritten'
          n = n - 1; EXIT        ! Abbruch der Leseschleife
        END IF
      END DO                     ! Ende der Leseschleife
      IF (n .EQ. 0) THEN
        PRINT *, 'Es wurden keine Werte eingegeben'
      ELSE
        maxi = x(1); mini = x(1)  ! 1. groesster und kleinster
        DO i = 2, n               ! gibt es noch andere?
          IF (x(i) .GT. maxi) maxi = x(i)  ! ja: speichern
          IF (x(i) .LT. mini) mini = x(i)  ! ja: speichern
        END DO
        PRINT *, mini, '= Minimum . . . Maximum =', maxi
      END IF
      END
```

Bild 5-3: Leseschleife zur Eingabe eines Feldes

Für die *Eingabe und Ausgabe von Feldern* lassen sich *implizite DO Schleifen* verwenden, die so wirken, als seien alle Elemente in der *Liste* der Ein-/Ausgabeanweisung einzeln aufgeführt worden.

```
Ein-/Ausgabe   (Liste, Lauf = Anfang, Ende [,Schritt])
```

Das folgende Beispiel gibt alle Elemente eines Feldes x bestehend aus n Elementen auf *einer* Zeile aus.
```
PRINT *, 'Werte =', (x(i), i = 1, n)
```

Die implizite DO Schleife in Verbindung mit listengesteuerter *Eingabe* ermöglicht die Anordnung mehrerer Werte auf *einer* Eingabezeile, die durch einen Wagenrücklauf abgeschlossen wird. Werden zu wenig Daten eingegeben, so fordert das System solange weitere an, bis alle Elemente der Liste Werte erhalten haben. Überzählige Eingaben am Ende der Liste werden nicht ausgewertet. Beispiel für n = 10:
```
PRINT *, 'Liste -> '
READ *, (x(i), i = 1, n)              ! fuer n = 10

Liste -> 1 2 3 4 5 6 7 8 9 10  cr  ! cr = Wagenruecklauf
```

Bei der *Ausgabe* von Feldern kann man die Werte gesteuert durch eine explizite DO Schleife auf je einer neuen Zeile ausgeben oder mit einer impliziten DO Schleife auf einer Zeile anordnen. Bei der listengesteuerten Ausgabe erscheinen die Daten in einer festen Anordnung; Tabellen gibt man besser mit Formaten aus, die sich an den zu erwartenden Wertebereich anpassen lassen. Das in *Bild 5-4* dargestellte Programmbeispiel erstellt eine Tabelle mit dem kleinen Einmaleins. Im Gegensatz zu den Bildern 3-13 und 3-14 werden die Werte einer Zeile in einem eindimensionalen Feld erst berechnet und dann ausgegeben.

```
! k5b4.for Bild 5-4: Feld speichert Ausgabezeile
      IMPLICIT NONE
      INTEGER, PARAMETER :: n = 10, m = 10
      INTEGER i, j, zeile(m)      ! speichert eine Zeile
      PRINT *, '             Das kleine Einmaleins'
      PRINT 100, (i, i = 1, m)    ! Ueberschrift
100   FORMAT('    I', 10I4 / ' ---I', 40('-'))
      DO i = 1, n                 ! Zeilenschleife
        DO j = 1, m               ! Spaltenschleife
          zeile(j) = i*j          ! Zeile berechnen
        END DO
        PRINT 200, i, (zeile(j), j = 1, m)  ! Zeile ausgeben
200     FORMAT(1X, I2, ' I', 10I4)
      END DO
      END
```

Bild 5-4: Tabellenausgabe mit Zeilenspeicher

Felder können als **aktuelle Parameter** an Unterprogramme übergeben werden. *Einzelne*
Feldelemente werden durch einen Index bezeichnet und dienen wie nichtindizierte
skalare Variablen sowohl als Eingabe- als auch als Ausgabeparameter. Beispiele:

```
REAL   wert(10)
wert(1) = 47.11
CALL   plus(wert(1))              ! Subroutineaufruf
PRINT *, wert(1), SQRT(wert(1))   ! Funktionsergebnisse
```

Felder können auch in ihrer *Gesamtheit* als Parameter an Unterprogramme übergeben
werden. Neben der Angabe des Feldnamens ist bei eindimensionalen Feldern auch die
Übergabe der Feldgröße oder eines kleineren Teilbereiches erforderlich. Die gilt sowohl
für Funktionen als auch für Subroutinen.

Aufruf:
Unterprogrammname(Feldname, *Größe*)

Definition:
Unterprogrammname(Feldparameter, *Größenparameter*)
Feldparameter(*Größenparameter*)

Bei der Definition kann der formale Feldparameter als eindimensionales Feld durch den
übergebenen formalen Größenparameter dimensioniert werden. Diese "variable" Felddimensionierung ist nur in einem Unterprogramm mit formalen Feldern und formalen
Größenparametern möglich. Beispiel:

Hauptprogramm:
```
INTEGER, PARAMETER :: nmax = 100
REAL mess(nmax)
CALL ordne(mess, nmax)        ! Feld und Feldgroesse
```

Externes Unterprogramm:
```
SUBROUTINE ordne(x, n)        ! Feld und Feldgroesse
INTEGER  n                    ! "variable" Dimensionierung
REAL   x(n)                   ! nur in Unterprogrammen
```

Der Abschnitt 5.5 behandelt weitere Möglichkeiten, Felder mit Unterprogrammen zu
bearbeiten. Das in *Bild 5-5* dargestellte Programmbeispiel zeigt ein Hauptprogramm,
das Messwerte, die auf einer Eingabezeile angeordnet sind, einliest und zwei benutzerdefinierte externe Unterprogramme aufruft. Die Funktion `mittel` berechnet den
arithmetischen Mittelwert über alle Feldelemente. Die Subroutine `ordne` ordnet die
Listenelemente aufsteigend. Die Kontrollausgabe erfolgt listengesteuert mit einer
impliziten DO Schleife. Das Sortierverfahren der Subroutine `ordne` ist recht einfach,
aber relativ langsam. Es vergleicht die Elemente vom ersten bis zum vorletzten mit allen
Nachfolgern und vertauscht sie, wenn ein kleinerer Nachfolger gefunden wurde. Anstelle der zeitaufwendigen Umspeicherungen könnte man auch nur den Index des
jeweils kleinsten Elementes festhalten und das Vertauschen, wenn überhaupt erforderlich, erst am Ende der inneren Schleife vornehmen.

Subroutine ordne(x, n)

```
(formale Parameter und lokale Zähler vereinbaren)

für i = 1 bis n-1      (vom 1. bis vorletzten)

   für j = i+1 bis n   (vom nächsten bis letzten)

                            x(i) > x(j)
      wahr         (vertauschen)              falsch

      hilfe = x(i)
      x(i) = x(j)
      x(j) = hilfe

          Rücksprung nach aufrufendem Programm
```

```fortran
! k5b5.for   Bild 5-5: Felder als Unterprogrammparameter
      IMPLICIT NONE
      INTEGER, PARAMETER :: nmax = 100
      REAL mess(nmax), mittel
      INTEGER i, n
      PRINT *, 'maximal', nmax, ' Werte'
      DO                              ! Kontrollschleife fuer n
       PRINT *, 'n ganz -> '; READ *, n
       IF (0 .LT. n .AND. n .LE. nmax) EXIT
      END DO
      PRINT *,'Liste -> '
      READ *, (mess(i), i = 1, n)  ! Eingabe auf einer Zeile
      PRINT *, 'Mittelwert =', mittel(mess, n)
      CALL ordne(mess, n)              ! ordnet Werte aufsteigend
      PRINT *, 'Kontrollausgabe geordnet:'
      PRINT *, (mess(i), i = 1, n)
      END
! Externe Subroutine ordnet Listenelemente aufsteigend
      SUBROUTINE ordne(x, n)
      IMPLICIT NONE
      INTEGER n, i, j
      REAL  hilfe, x(n)             ! Feld uebernommen
      INTENT (IN OUT) x             ! und geaendert zurueck
      DO i = 1, n-1                 ! vom 1. bis zum vorletzten
        DO j = i+1, n               ! vom naechsten bis letzten
          IF (x(i) .GT. x(j)) THEN  ! oben groesser als unten
            hilfe = x(i)            ! dann vertauschen
            x(i) = x(j)
            x(j) = hilfe
          END IF
        END DO
      END DO
      END SUBROUTINE ordne
! Externe Funktion berechnet Mittelwert
      REAL FUNCTION mittel(x, n)
      IMPLICIT NONE
      INTEGER  n, i
      REAL  su, x(n)                ! Feld und Groesse uebernommen
```

```
su = 0.0
DO i = 1, n
   su = su + x(i)              ! Elemente summieren
END DO
mittel = su/n                  ! n hoffentlich nicht null
END FUNCTION mittel
```

Bild 5-5: Felder als Unterprogrammparameter

Bei einem ***direkten Zugriff*** (random access) wird die *Indexposition* eines Feldelementes
aus einer Eingabegröße berechnet. Das in *Bild 5-6* dargestellte Beispiel zeigt die Auswahl eines von sechs Feldelementen durch einen eingelesenen Wert, der direkt die
Indexposition angibt. In der Aufgabe werden ganze Zahlen von 1 bis 6 (Augen beim
Würfeln) eingegeben; es ist zu zählen, wie oft jede Zahl geworfen wurde. Anstelle von
sechs einzelnen Zählvariablen und entsprechenden Programmverzweigungen (IF oder
SELECT CASE) verwendet die dargestellte Lösung ein Feld aus sechs Zählern: die
eingelesene Zahl wird als Index für den zu erhöhenden Zähler verwendet.

```
! k5b6.for   Bild 5-6: Index als Ordnungszahl und Direktzugriff
      IMPLICIT NONE
      INTEGER  i, j, test, wurf, a(6)    ! nur 6 Moeglichkeiten
      DO i = 1, 6
        a(i) = 0                         ! 6 Zaehler loeschen
      END DO
      DO
         PRINT *, 'Ende mit STRG+Z  Augen von 1..6 ganz -> '
         READ (*, *, IOSTAT = test) wurf
         IF (test .LT. 0) EXIT           ! Ende der Spiele
         IF (test .GT. 0 .OR. wurf.LT.1 .OR. wurf.GT.6) THEN
            PRINT *, 'Mit welchem Wuerfel arbeitest Du denn?'
            CYCLE                        ! Eingabefehler
         END IF
         a(wurf) = a(wurf) + 1           ! gute Wuerfe zaehlen
      END DO
      DO i = 1, 6                        ! 6 Zaehler ausgeben
         PRINT *,(' ',j=6,i,-1),('*',j =1,i),' war',a(i),' mal'
      END DO
      END
```

Bild 5-6: Direkter Zugriff auf Feldelemente

Funktionen lassen sich als Wertetabellen darstellen. Ein Beispiel sei eine Funktion y =
f(x), die aus 10 Wertepaaren besteht. Sie werde in zwei eindimensionalen Feldern x und
y gespeichert. Der nächste Abschnitt verwendet dafür ein zweidimensionales Feld.

```
REAL, DIMENSION(10) :: x, y            ! zwei Vektoren
REAL, DIMENSION(2, 10) :: tabelle      ! eine Tabelle
INTEGER i
DO i = 1, 10
   PRINT *, i, '.Paar -> '; READ *, x(i), y(i)
   tabelle(1, i) = x(i);  tabelle(2, i) = y(i)
END DO
```

5.2 Zweidimensionale Felder

Anstelle zweier eindimensionaler Felder kann auch ein zweidimensionales Feld zur
Speicherung einer Funktionstabelle verwendet werden. In dem folgenden Beispiel gibt
die erste Indexposition die Nummer des Paares an. In der zweiten Position entspricht
der Index 1 den X-Werten und der Index 2 den Y-Werten.

```
REAL tab(10, 2)                    ! 10 Wertepaare * 2 Werte
INTEGER i                          ! (...,1) = X  (...,2) = Y
DO i = 1, 10
  PRINT *, i, '.Paar x y -> '; READ *, tab(i,1), tab(i,2)
END DO
```

Wertetabelle einer Funktion y = f(x)
zwei eindimensionale Felder   ein zweidimensionales Feld

x	(1)		y	(1)		tab	(1,1)	(1,2)
x	(2)		y	(2)		tab	(2,1)	(2,2)
x	(3)		y	(3)		tab	(3,1)	(3,2)
x	. . .		y	. . .		tab	. . .	. . .

Die gleiche Tabelle ließe sich auch mit vertauschten Indexpositionen aufbauen. Das
folgende Beispiel legt die Anzahl der Wertepaare in die zweite Dimension.

```
REAL tab(2, 10)                    ! 2 Werte * 10 Wertepaare
INTEGER i                          ! (1,...) = X  (2,...) = Y
DO i = 1, 10
  PRINT *, i, '.Paar x y -> '; READ *, tab(1,i), tab(2,i)
```

Zweidimensionale Felder bezeichnet man auch als doppelt indizierte Variablen oder
Matrizen. Sie haben den Rang 2 und müssen in ihrer Größe in beiden Dimensionen mit
einer ganzzahligen Konstanten vereinbart (dimensioniert) werden. Dazu gibt es mehrere
Möglichkeiten.

```
Datentyp   Feldname(Größe_1, Größe_2)
Datentyp, DIMENSION(Größe_1, Größe_2) :: Namensliste
Datentyp   Feldname
DIMENSION Feldname(Größe_1, Größe_2)
```

Für die Vergabe des Feldnamens gelten die gleichen Regeln wie für einfache Variablen.
Die *Größe_1* bezeichnet die Anzahl der Elemente in der ersten Dimension, die *Größe_2*
die in der zweiten Dimension. Das Produkt *Größe_1 * Größe_2* ergibt die Gesamtzahl
der Elemente. Das folgende Beispiel beschreibt eine Matrix aus vier Zeilen und drei
Spalten vom Datentyp REAL. Sie umfaßt 4 * 3 = 12 Speicherplätze und belegt bei
einem Artparameter von 4 insgesamt 4 * 12 = 48 Bytes im Arbeitsspeicher.

```
REAL  x(4,3)        ! 4 Zeilen und 3 Spalten = 12 Elemente
```

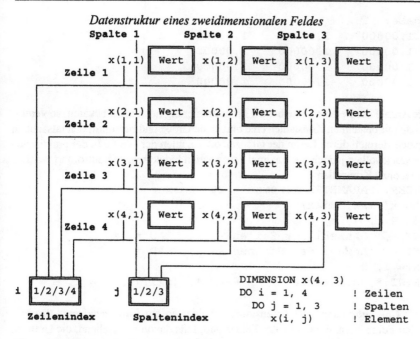

Datenstruktur eines zweidimensionalen Feldes

```
DIMENSION x(4, 3)
DO i = 1, 4        ! Zeilen
  DO j = 1, 3      ! Spalten
    x(i, j)        ! Element
```

Ein zweidimensionales Feld kann durch Indizierung seiner Elemente mit einem Doppelindex angesprochen werden. Für die Indexausdrücke gelten die gleichen Regeln wie für eindimensionale Felder.

> *Feldname(Indexposition_1, Indexposition_2)*

In der Mathematik bezeichnet die erste Indexposition die Zeile und die zweite Indexposition die Spalte. In Fortran sind die Anordnung der Elemente und die Reihenfolge der Bearbeitung frei wählbar. Das folgende Beispiel besetzt alle Elemente einer Matrix x aus 4 Zeilen und 3 Spalten mit dem Anfangswert 1.

```
REAL   x(4, 3)          ! Feldvereinbarung
INTEGER i, j            ! Laufvariablen
DO i = 1, 4             ! Zeilenschleife
  DO j = 1, 3           ! Spaltenschleife
    x(i, j) = 1.0       ! Element adressiert
  END DO
END DO
```

Bei der *Eingabe und Ausgabe* zweidimensionaler Felder verwendet man vorzugsweise eine explizite DO Schleife für die Zeilen und eine implizite DO Schleife, die über die Spalten läuft. Dann erscheinen alle Spaltenwerte auf einer Zeile. Beispiel:

```
DO i = 1, 4                        ! Zeilenschleife
  PRINT *, (x(i, j), j = 1, 3)     ! Spaltenschleife
END DO
```

```
Ausgabe:
    1.00000    1.00000    1.00000
    1.00000    1.00000    1.00000
    1.00000    1.00000    1.00000
    1.00000    1.00000    1.00000
```

Ist die Anzahl der Feldelemente bei der Programmierung noch nicht bekannt, so vereinbart man mit benannten Konstanten eine maximale Größe und bestimmt den tatsächlich benutzten Bereich durch Lesen der Grenzen oder Zählen der Werte. In der praktischen Anwendung sollten jedoch die maximal vereinbarten Indexgrenzen kontrolliert werden. Beispiel ohne Kontrollen:

```
INTEGER, PARAMETER :: zmax = 20, smax = 8
REAL  x(zmax, smax)
INTEGER i, j, z, s
PRINT *, ' Anzahl der Zeilen -> '; READ *, z
PRINT *, 'Anzahl der Spalten -> '; READ *, s
DO i = 1, z
   PRINT *, s,' Werte -> '; READ *, (x(i,j), j = 1, s)
```

Bei der *Übergabe* eines zweidimensionalen Feldes an ein *Unterprogramm* übergibt man den Feldnamen, die Größe des Feldes und, falls davon abweichend, die Grenzen des Bereiches, in dem es bearbeitet werden soll.

Aufruf:
Name(*Feldname,   Größe_1, Größe_2,   Grenze_1, Grenze_2*)

Definition:
Name(*Feldparameter, Größen, Grenzen*)
   Feldparameter(*Größenparameter*)
   Bearbeitung mit Grenzparametern

Das in *Bild 5-7* dargestellte Programmbeispiel vereinbart ein zweidimensionales Feld aus nmax Zeilen und 2 Spalten zur Aufnahme der Wertetabelle einer Funktion, die nach der Trapezregel integriert werden soll. Unter der Voraussetzung einer linearen Teilung der X-Achse genügt es, die Ordinatenwerte zu summieren.

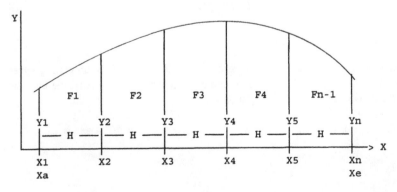

$$F = \frac{H}{2} * \left(Y_1 + Y_n + 2 * \sum_{k=2}^{n-1} Y_k \right) \qquad H = \frac{Xe - Xa}{n-1}$$

```
! k5b7.for  Bild 5-7: Integration der Wertetabelle einer Funktion
      IMPLICIT NONE
      INTEGER, PARAMETER :: nmax = 1000
      REAL tab(nmax,2), f, trap   ! statt x(nmax), y(nmax)
      INTEGER n, i, j             ! n = Anzahl der Wertepaare
      DO                          ! Kontrollschleife fuer Anzahl
        PRINT *, 'Anzahl der Wertepaare n > 1 -> '; READ *, n
        IF (n .GT. 1 .AND. n .LE. nmax) EXIT
      END DO
      DO i = 1, n                 ! Leseschleife fuer Wertepaare
        PRINT *, i,'.Wertepaar -> '; READ *, (tab(i,j), j = 1,2)
      END DO
      f = trap(tab, nmax, n)      ! nmax=vereinbart  n=verwendet
      PRINT *,'Integral von', tab(1,1), ' bis', tab(n,1), ' =',f
      END
! Externe Funktion berechnet Integral nach der Trapezregel
      REAL FUNCTION trap(t,mx,n)  ! mx = vereinbarte Groesse
      IMPLICIT NONE               ! n = benutzter Bereich
      INTEGER  mx, n, k           ! t(..,1) = X-Werte
      REAL  t(mx, 2), su, h       ! t(..,2) = Y-Werte
      h = (t(n,1) - t(1,1)) / (n - 1)  ! h = (Xe - Xa)/(n-1)
      su = 0.0
      DO k = 2, n-1               ! nur innere Ordinaten
        su = su + t(k,2)          ! summieren der Y-Werte
      END DO
      trap = 0.5 * h * (t(1,2) + t(n,2) + 2*su)
      END FUNCTION trap
```

Bild 5-7: Integration einer als Tabelle gegebenen Funktion

Das Programm *Bild 5-7* liest die Wertepaare zeilenweise ein und ruft für das Integrationsverfahren eine Funktion `trap` auf, der der Name des Feldes und sowohl die vereinbarte als auch die tatsächliche Größe der ersten Indexposition übergeben wird. Die zweite Indexposition hat die konstante Größe 2 und wird nicht übergeben, da es sich immer um Wertepaare handelt. Bei Matrizen, die in beiden Indexpositionen variabel angesprochen werden können, sind für beide Dimensionen sowohl die maximal vereinbarten Größen als auch die Grenzen anzugeben, in denen das Unterprogramm auf das Feld zugreifen soll.

```
! k5b8: Bild 5-8: Matrix zeilenweise lesen und ausgeben
      IMPLICIT NONE
      INTEGER, PARAMETER :: zmax = 20, smax = 8
      REAL a(zmax, smax)              ! maximale Groesse
      INTEGER i, j, z, s
      PRINT *,'Maximal:', zmax,' Zeilen', smax,' Spalten'
      DO                              ! Kontrollschleife
        PRINT *, ' Anzahl der Zeilen -> '; READ *, z
        PRINT *, 'Anzahl der Spalten -> '; READ *, s
        IF (z.GT.0.AND.z.LE.zmax.AND.s.GT.0.AND.s.LE.smax) EXIT
      END DO
```

```
      DO i = 1, z                        ! zeilenweise lesen
        PRINT *, s,' Werte -> '; READ *, (a(i,j), j = 1,s)
      END DO
      CALL aus(a, zmax, smax, z, s) ! Kontrollausgabe
      DO i = 1, z                        ! elementweise bearbeiten
        DO j = 1, s
          IF (a(i,j) < 0) a(i,j) = 0 ! alles < 0 loeschen
        END DO
      END DO
      CALL aus(a, zmax, smax, z, s)  ! Ergebnis ausgeben
      END
! Externe Subroutine gibt Matrix formatiert aus
      SUBROUTINE aus(x, zmax, smax, zist, sist)
      INTEGER zmax, smax, zist, sist, i, j
      REAL x(zmax,smax)                  ! vereinbarte Groesse
      PRINT "('0',9x,8(I3,'.Spalte'))", (j, j = 1, sist)
      DO i = 1, zist
        PRINT "(1x,I2,'.Zeile:',8F10.2)", i, (x(i,j),j = 1,sist)
      END DO
      END SUBROUTINE
```

Bild 5-8: Matrixoperationen und Unterprogramm

Das in *Bild 5-8* dargestellte Programm vereinbart eine Matrix aus maximal 20 Zeilen und 8 Spalten und liest die tatsächlich benutzten Grenzen in zwei Kontrollschleifen ein. Die Eingabe der Werte erfolgt zeilenweise mit einer impliziten DO Schleife. Beim Aufruf der Subroutine aus werden sowohl die maximal vereinbarten Größen als auch die Grenzen des tatsächlich belegten Feldbereiches übergeben.

Bei der Bearbeitung von Matrizen kommt es oft vor, daß nur wenige Elemente besetzt sind, der größte Teil ist konstant, z.B. 0. Dann kann man das gesamte Feld zunächst mit einem Vorgabewert vorbesetzen und anschließend nur noch die davon abweichenden Werte eingeben. Dies geschieht in dem in *Bild 5-9* dargestellten Programmbeispiel in einer Leseschleife mit Benutzerdialog. Nach der Eingabe des Zeilenindex und des Spaltenindex wird der Wert im direkten Zugriff gespeichert. Eine recht aufwendige Kontrolle sorgt dafür, daß die vereinbarten Indexgrenzen eingehalten werden.

```
! k5b9.for  Bild 5-9: Koeffizienten ungleich Vorgabe lesen
      IMPLICIT NONE
      INTEGER, PARAMETER :: zmax = 20, smax = 8
      REAL koeff(zmax, smax), vor
      INTEGER i, j, z, s
      CHARACTER ant
      PRINT *, 'Maximal:', zmax,' Zeilen', smax,' Spalten'
      DO                           ! Kontrollschleife Zeilenzahl
        PRINT *, ' Anzahl der Zeilen -> '; READ *, z
        IF (z .GT. 0 .AND. z .LE. zmax) EXIT
      END DO
      DO                           ! Kontrollschleife Spaltzahl
        PRINT *, 'Anzahl der Spalten -> '; READ *, s
        IF (s .GT. 0 .AND. s .LE. smax) EXIT
      END DO
      PRINT *, 'vorbesetzen mit reell -> '; READ *, vor
```

```
DO i = 1, z                    ! alle Elemente vorbesetzen
  DO j = 1, s
    koeff(i,j) = vor
  END DO
END DO
DO                             ! Leseschleife fuer Koeffizienten
  DO                           ! Kontrollschleife Zeilenindex
    PRINT *, ' Zeilenindex -> '; READ *, i
    IF (i .GT. 0 .AND. i .LE. z) EXIT
  END DO
  DO                           ! Kontrollschleife Spaltenindex
    PRINT *, 'Spaltenindex -> '; READ *, j
    IF (j .GT. 0 .AND. j. LE. s) EXIT
  END DO
  PRINT *, ' Koeffizient -> '; READ *, koeff(i,j)
  PRINT *, 'Noch ein Wert? j = ja -> '; READ *, ant
  IF (ant .NE. 'j') EXIT
END DO                         ! Ende der Leseschleife
PRINT *,'Kontrollausgabe:'
DO i = 1, z
  PRINT *, (koeff(i,j), j = 1, s)
END DO
END
```

Bild 5-9: Direkter Zugriff auf Feldelemente

5.3 Einfache Übungen mit Feldern

Die Lösungsvorschläge (Kapitel 8) bearbeiten die Felder mit Schleifen und benutzen noch nicht die im Abschnitt 5.4 dargestellten Vereinfachungen des Fortran 90.

1. Aufgabe:
Zwei Vektoren A und B aus je drei Elementen sind zeilenweise einzulesen. Man berechne das Skalarprodukt nach der Formel

$$S = a_1 * b_1 + a_2 * b_2 + a_3 * b_3$$

und den Produktvektor C nach den Formeln

$$c_1 = a_1 * b_1 \qquad c_2 = a_2 * b_2 \qquad c_3 = a_3 * b_3$$

2. Aufgabe:
Es ist festzustellen, wie oft jede Lottozahl gezogen wird. Dazu sind in einer Leseschleife Zahlen von 1 bis 49 einzulesen und in einem von 49 Zählern zu zählen. Bei der Ausgabe sollen die Lottozahlen von 1 bis 49 und die Anzahl ihres Auftretens ausgegeben werden. Beispiel:
```
Die Zahl  1 kam  3 mal
Die Zahl  2 kam 12 mal
Die Zahl  3 kam  5 mal
```

3. Aufgabe:

In einem eindimensionalen Feld ist eine Tabelle der Quadratwurzeln von 1 bis 100 aufzubauen. In einer Leseschleife sollen ganzzahlige Radikanden von 1 bis 100 gelesen werden. Die Wurzel ist im direkten Zugriff der Tabelle zu entnehmen und auszugeben.

4. Aufgabe:

Eine Matrix aus 5 Zeilen und 4 Spalten ist zeilenweise zu lesen. Man stelle für jede Zeile den Wert des größten Elementes fest und gebe ihn zusammen mit der Spaltenposition aus, in der er aufgetreten ist. Beispiel mit Kontrollausgabe der Matrix:

```
47.11    33.12    -2.99    19.44    Maximum=  47.11 in Spalte 1
33.33    66.66    77.77    11.11    Maximum=  77.77 in Spalte 3
```

5. Aufgabe:

Man lese zwei Vektoren A und B aus je 5 Elementen zeilenweise ein und bestimme das Skalarprodukt mit einer externen Funktion, die das Skalarprodukt für Vektoren aus allgemein n Elementen zurückliefert.

6. Aufgabe:

Zwei Matrizen A und B aus je 5 Zeilen und 4 Spalten sind zeilenweise einzugeben. Bei der Addition entsteht die Summenmatrix C durch Addition der Elemente:

$$c_{ij} = a_{ij} + b_{ij}$$

Die Summenmatrix ist durch ein externes Subroutine Unterprogramm zu bilden, dem neben den Namen der Felder sowohl die vereinbarte Größe als auch die Grenzen der zu bearbeitenden Indexbereiche übergeben wird.

5.4 Felder in Fortran 90

Die grundlegenden Eigenschaften von Feldern wurden bisher mit einfachen Beispielen unter Verwendungen von Schleifen erklärt. Dieser Abschnitt faßt die besonderen Feldoperationen des Fortran 90 zusammen. Das folgende Beispiel vergleicht Schleifen-lösungen zum Besetzen, Kopieren und Ausgeben eines Feldes mit den entsprechenden Feldoperationen.

```
INTEGER i, a(6), b(6)         ! Feldvereinbarungen
! altertuemliche Loesungen mit DO Schleifen
DO i = 1, 6                    ! Feld mit Konstanten
  a(i) = i                     ! von 1 bis 6 fuellen
END DO
DO i = 1, 6                    ! Feld kopieren
  b(i) = a(i)
END DO
PRINT "(6I3)", (b(i),i=1,6)    ! Feld ausgeben
```

```
! Feldoperationen in Fortran 90 vereinfachen die Sache
a = (/ 1, 2, 3, 4, 5, 6 /)    ! Feld mit Konstanten
b = a                          ! Feld kopieren
PRINT "(6I6)", b               ! Feld ausgeben
```

5.4.1 Feldeigenschaften und Anordnung der Elemente im Speicher

Ein **Skalar** ist eine einfache, nicht dimensionierte, Konstante oder Variable, die nur einen bestimmten Wert darstellt. Ein **Feld** ist eine Zusammenfassung von mehreren Konstanten oder Variablen unter einem gemeinsamen Namen; alle Elemente müssen vom gleichen Datentyp und Artparameter sein. Die Anzahl der Indexpositionen oder Dimensionen wird als **Rang** (rank) des Feldes bezeichnet. Ein Skalar hat den Rang 0, ein Vektor den Rang 1 und eine Matrix den Rang 2. In Fortran sind maximal sieben Indexpositionen oder Dimensionen und damit der Rang 7 möglich. Die Anzahl der Elemente einer Dimension ergibt sich aus ihrem kleinsten und größten Index. Die **Gestalt** (shape) des Feldes wird bestimmt durch seinen Rang und die Anzahl der Elemente jeder Dimension. Die **Größe** (size) des Feldes ist die Gesamtzahl der Feldelemente, die sich aus dem Produkt der Größen aller Dimensionen ergibt. Felder mit konstanten Indexgrenzen sind in ihrer Gestalt zu vereinbaren:

```
Datentyp    Feldname(Gestalt) [,...]
Datentyp, DIMENSION(Gestalt) :: Feldnamensliste
Datentyp    Feldnamensliste
DIMENSION Feldname(Gestalt) [,...]
```

Die *Gestalt* des Feldes wird in einer Liste der Indexbereiche beschrieben. Für jede Dimension sind zwischen einem Doppelpunkt die untere und die obere Grenze des Indexbereiches mit Konstanten (Literal oder benannt) zu vereinbaren. Es sind maximal sieben Dimensionen oder Indizes möglich.

```
( Untergrenze : Obergrenze [, . . .] )
( j1 : k1, j2 : k2, . . . , j7 : k7 )
```

Größe der i.Dimension: $d_i = MAX((1 + k_i - j_i), 0)$
Größe des Gesamtfeldes: $d = d_1 * d_2 * . . . * d_7$

Fehlen die Untergrenze und der Doppelpunkt, so wird als Untergrenze 1 angenommen, und die Obergrenze gibt die Anzahl der Feldelemente der betreffenden Dimension an. Ist die Untergrenze größer als die Obergrenze oder wird die Anzahl der Feldelemente mit 0 angegeben, so haben die entsprechende Dimension und damit das gesamte Feld die Größe 0. Beispiele:

```
INTEGER, PARAMETER :: iu=-1,io=+1 ! benannte Konstanten
INTEGER, DIMENSION(iu:io) :: a, b ! Rang 1 Groesse 3
REAL c(0:3, 5)                    ! Rang 2 Groesse 4*5=20
COMPLEX e(2, 3, 4)               ! Rang 3 Groesse 24
LOGICAL d
DIMENSION d(0)                    ! Rang 1 Groesse 0
```

Die Elemente eines Feldes, auch eines mehrdimensionalen, sind auf fortlaufenden Adressen im Arbeitsspeicher angeordnet. Für die Position **p** eines Elementes mit dem Index **i** gelten die Positionsformeln:

Rang	Vereinbarung	Größe für j≤k	Index i	Position p =
1	(j1:k1)	d1 = 1+k1-j1	(i1)	1 + (i1-j1)
2	(j1:k1, j2:k2)	d1 = 1+k1-j1 d2 = 1+k2-j2 d = d1 * d2	(i1,i2)	1 + (i1-j1) + (i2-j2)*d1
3	(j1:k1,.,j3:k3)	d1 = 1+k1-j1 d2 = 1+k2-j2 d3 = 1+k3-j3 d = d1*d2*d3	(i1,i2,i3)	1 +(i1-j1) +(i2-j2)*d1 +(i3-j3)*d1*d2
7	(j1:k1,.,j7:k7)	d1 = 1+k1-j1 d2 = 1+k2-j2 d3 = 1+k3-j3 d7 = 1+k7-j7 d = d1*..*d7	(i1,..,i7)	1 +(i1-j1) +(i2-j2)*d1 +(i3-j3)*d1*d2 +(i7-j7)*d1.d6

Eine Auswertung der Positionsformeln zeigt, daß bei mehrdimensionalen Feldern der erste (linke) Index am schnellsten läuft; der letzte (rechte) ändert sich am langsamsten. Das folgende Beispiel zeigt die Anordnung der Elemente eines zweidimensionalen Feldes im Arbeitsspeicher. Wird in der Ausgabeanweisung nur der Name des Feldes genannt, so erscheinen die Elemente in der Reihenfolge, in der sie im *Speicher* angeordnet sind.

```
INTEGER  i1, i2                       ! Laufvariablen
INTEGER, DIMENSION (1:2, 1:3) :: x ! Feldvereinbarung
DO i1 = 1, 2                          ! Reihenfolge durch
  DO i2 = 1, 3                        ! Schleifen bestimmt
    x(i1, i2) = 10*i1 + i2            ! Wert wie Index
  END DO
END DO
PRINT *, 'x=', x            ! Reihenfolge wie im Speicher

Ausgabe: x=    11    21    12    22    13    23
```

Die spaltenweise Anordnung von zweidimensionalen Feldern im Speicher kann bei der Eingabe und Ausgabe von Matrizen zu Schwierigkeiten führen, wenn diese zeilenweise eingegeben bzw. ausgegeben werden sollen. In diesen Fällen muß die Reihenfolge durch Schleifen gesteuert werden. Beispiel.

```
REAL koeff(2, 3)                 ! 2 Zeilen  3 Spalten
INTEGER i, j                     ! Laufvariablen
DO i = 1, 2                      ! Zeilenschleife
  PRINT *, (koeff(i,j), j=1,3) ! Spaltenschleife
```

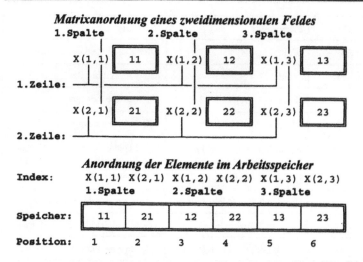

Matrixanordnung eines zweidimensionalen Feldes

Anordnung der Elemente im Arbeitsspeicher

Zur Ausführung der Feldoperationen speichert das System die vereinbarte Gestalt (Rang, Indexgrößen und Indexgrenzen) der Felder. Mit den in *Bild 5-10* zusammengestellten vordefinierten Funktionen lassen sich diese Eigenschaften ausgeben und ändern. Der optionale Parameter DIM wählt eine Dimension aus. Der Parameter Maske wird im Abschnitt 5.4.3 im Zusammenhang mit der WHERE Anweisung behandelt. Besondere Bedeutung hat die Funktion **RESHAPE**, die anstelle von DO Schleifen dazu verwendet werden kann, *mehrdimensionale* Felder mit konstanten Werten zu besetzen.

RESHAPE(*Quelle, Gestalt* [,PAD=*Füllwerte*] [,ORDER=*Folge*])

Das Funktionsergebnis ist ein Feld vom Datentyp des Quellfeldes. Der Gestaltvektor beschreibt die Anzahl der Elemente in jeder Dimension, das Produkt der Elemente des Gestaltvektors ist gleich der Größe (size) des Ergebnisfeldes. Enthält das Quellfeld mehr Elemente als der Gestaltvektor beschreibt, so werden überzählige Elemente am Ende des Quellfeldes nicht verwendet. Enthält das Quellfeld weniger Elemente, so werden die fehlenden Werte dem optionalen Feld PAD entnommen, das vom gleichen Datentyp wie das Quellfeld sein muß und gegebenenfalls mehrmals kopiert wird, bis alle Elemente des Ergebnisfeldes besetzt sind. Ohne Angabe eines optionalen Folgevektors ORDER erfolgt die Zuordnung in der Reihenfolge, in der die Elemente der Felder im Speicher angeordnet sind; also zuerst die erste Dimension, dann die zweite usw. Dies entspricht dem Folgevektor (1, 2, . . , n) bei n Dimensionen. Wird eine andere Reihenfolge gewünscht, so ist sie im optionalen Folgevektor anzugeben. Das folgende Beispiel speichert die Zahlen von 1 bis 6 in die Matrix x. Das Quellfeld ist ein Vektor mit den konstruierten Feldwerten von 1 bis 6. Der Gestaltvektor ordnet 2 Elemente in der ersten und 3 Elemente in der zweiten Dimension an.

```
INTEGER, DIMENSION(1:2, 1:3) :: x              ! Vereinbarung
x = RESHAPE( (/ 1,2,3,4,5,6 /), (/ 2,3 /) ) ! ohne Optionen
```

Ergebnis	Funktion	Parameter	Wirkung
Skalar	SIZE	(Feld [,DIM])	liefert Gesamtzahl der Elemente
Vektor	SHAPE	(Feld)	liefert Anzahl in jeder Dimension
Vektor	LBOUND	(Feld [,DIM])	liefert untere Indexgrenzen
Vektor	UBOUND	(Feld [,DIM])	liefert obere Indexgrenzen
Feld	RESHAPE	(Quellfeld, Gestaltvektor [,PAD= Füllvektor] [,ORDER= Reihenfolge])	liefert Feld entsprechender Gestalt freie Positionen mit Füllvektor PAD in Reihenfolge ORDER auffüllen
Vektor	PACK	(Feld, Maske, [Vektor])	Feld in einen Vektor umformen
Feld	UNPACK	(Vektor, Maske, Feld)	Vektor und Feld in Feld umformen
Feld	SPREAD	(Feld, Dimension, Kopien)	Feld um eine Dimension erweitern
Feld	MERGE	(Feld_1, Feld_2, Maske)	zwei Felder bedingt mischen

Bild 5-10: Funktionen für Feldeigenschaften

Das in *Bild 5-11* dargestellte Testprogramm zeigt die Anwendung der Feldfunktionen auf ein zweidimensionales Feld.

```
! k5b11.for  Bild 5-11: Test Funktionen Gestalt von Feldern
      IMPLICIT NONE
      INTEGER i1, i2, i
      INTEGER, DIMENSION (1:2, 1:3) :: x, y
      LOGICAL, DIMENSION (1:2, 1:3) :: m
      PRINT 100, 1, LBOUND(x,DIM=1), UBOUND(x,1), SIZE(x,1)
      PRINT 100, 2, LBOUND(x,DIM=2), UBOUND(x,2), SIZE(x,2)
100   FORMAT(I2,'.Dimension (',I1,' :',I2,') = ',I2,' Elemente')
      PRINT 200, SIZE(SHAPE(x)), SIZE(x)
200   FORMAT(3X,'Rang',I2,8X,'Gesamt',I2,' Elemente'/' Matrix:')
      DO i1 = 1, 2                          ! Reihenfolge durch
        DO i2 = 1, 3                        ! DO-Schleifen bestimmt
          x(i1, i2) = 10*i1 + i2            ! Wert = mathem. Index
        END DO                             ! mathemat.
        PRINT "(11X,3I5)", (x(i1, i2), i2 = 1, 3) ! Anordnung
      END DO
      PRINT "('0 Speicher:', 6I4)", x
      x = RESHAPE( (/ 1,2,3,4,5,6 /), (/ 2, 3 /) )
      PRINT "('0Neue Werte von x:', 6I4)", x
      PRINT "(' PACK(x , x.LT.6):', 6I4)", PACK(x, x .LT. 6)
      m = RESHAPE( (/ (.TRUE.,i=1,3),(.FALSE.,i=1,3) /),(/2,3/))
      PRINT "('0   Maskenfeld m:', 6L4)", m
      PRINT "(' UNPACK(Ve, m, x):', 6I4)", UNPACK((/7,8,9/),m,x)
      PRINT "('0 SPREAD(x, 3, 2):', 12I4)", SPREAD(x, 3, 2)
      y = x*11
      PRINT "('0    Hilfsfeld y:', 6I4)", y
      PRINT "('     Maskenfeld m:', 6L4)", m
      PRINT "('    MERGE(y, x, m):', 6I4)", MERGE(y, x, m)
      END
```

```
1.Dimension (1 : 2) =  2 Elemente
2.Dimension (1 : 3) =  3 Elemente
  Rang 2        Gesamt 6 Elemente
Matrix:
              11   12   13
              21   22   23


  Speicher:  11  21  12  22  13  23

Neue Werte von x:   1   2   3   4   5   6
PACK(x , x.LT.6):   1   2   3   4   5

   Maskenfeld m:    T   T   T   F   F   F
UNPACK(Ve, m, x):   7   8   9   4   5   6

 SPREAD(x, 3, 2):   1   2   3   4   5   6   1   2   3   4   5   6

   Hilfsfeld y:    11  22  33  44  55  66
   Maskenfeld m:    T   T   T   F   F   F
  MERGE(y, x, m):  11  22  33   4   5   6
```

Bild 5-11: Testprogramm für Feldeigenschaften

5.4.2 Konstante und vorbesetzte Felder

Bei Skalaren unterscheidet man *Literalkonstanten* wie z.B. die Zahl 3.1415926 und *benannte Konstanten* wie z.B. pi, die mit dem Attribut PARAMETER versehen werden oder in einer PARAMETER Anweisung erscheinen. Für eindimensionale Felder (Vektoren) lassen sich "Literalkonstanten" in Form von **konstruierten Feldwerten** angeben.

```
(/ Werteliste /)
(/ implizite DO Schleife /)
(/ benannte Feldkonstante /)
(/ Liste aus Werten, Schleifen, Feldkonstanten /)
```

Felder können bei der Vereinbarung mit konstruierten Feldwerten vorbesetzt werden. Benannte Feldkonstanten, die mit dem Attribut PARAMETER oder in einer besonderen PARAMETER Anweisung vereinbart wurden, dürfen im Programm nicht mehr verändert werden. Für die Zuweisung von Anfangswerten gibt es folgende Möglichkeiten, die auch für Wertzuweisungen im Programm gelten:

```
  Feldname = skalare Konstante
Vektorname = konstruierte Feldwerte
  Feldname = RESHAPE(konstruierte Feldwerte, Gestalt)
```

Eine skalare Konstante gilt für alle Elemente des Feldes. Die Anzahl der konstruierten Feldwerte muß mit der Anzahl der vereinbarten Feldelemente übereinstimmen. Mehrdimensionale Felder werden mit der Funktion **RESHAPE** aus Vektoren aufgebaut. Die folgenden Beispiele zeigen konstante und vorbesetzte Felder.

```
INTEGER  i                                     ! Laufvariable
INTEGER, PARAMETER, DIMENSION (6) :: a = 1     ! Skalar
INTEGER, DIMENSION (6) :: b = (/ 1,2,3,4,5,6 /) ! Liste
INTEGER, DIMENSION (6) :: c = (/ (i,i=1,6) /)  ! DO Schleife
INTEGER, DIMENSION (8) :: d = (/ a, 7, 8 /)    ! Konstanten
REAL, DIMENSION (2, 3) :: x = RESHAPE((/1,2,3,4,5,6/),(/2,3/))
REAL y(6), z(6,2)
PARAMETER ( y = (/ (1.1*i, i=1,6) /), z = 47.11 )
```

Für die Besetzung von *Teilfeldern* und für BOZ-Konstanten muß die DATA Anweisung verwendet werden, die bereits im Abschnitt 2.3 für skalare Variablen eingeführt wurde.

```
DATA   Objektliste / Konstantenliste / [, . . . ]
```

Als *Objekte* können skalare Variablen, Felder, Teilfelder oder Feldelemente verwendet werden. Teilfelder, auch mehrdimensionale, werden mit impliziten DO Schleifen angegeben, deren Laufvariablen nicht vereinbart werden müssen. Die Anzahl der skalaren Konstanten muß mit der Anzahl der Elemente der Objektliste übereinstimmen. Mehrere gleiche Konstanten lassen sich mit einem Wiederholungsfaktor zusammenfassen. Die Zuordnung erfolgt in der Reihenfolge, in der die Elemente in den Listen bzw. im Speicher angeordnet sind. Felder in COMMON Bereichen lassen sich mit BLOCK DATA (Abschnitt 4.7) vorbesetzen. Beispiele:

```
INTEGER a(6), b(3,4), c(3,4)      ! Feldvereinbarungen
DATA (a(i),i=1,3) / 3*Z'ff' /     ! Teilfeld BOZ-Konstanten
DATA ((b(i,j),j=1,3),i=1,3) / 1,2,3,4,5,6,7,8,9 /
DATA  c / 3*1, 3*2, 3*3, 3*4 /    ! Gesamtfeld
```

5.4.3 Operationen mit Feldern

Feldelemente werden durch ganzzahlige skalare Ausdrücke, auch Indizes genannt, ausgewählt. Erscheint nur der Name des Feldes, so entspricht dies *allen* Elementen des Feldes in der Reihenfolge, in der sie im Speicher angeordnet sind. In Fortran 90 lassen sich *Teilfelder* auch durch Indexbereiche angeben.

```
Name ( Anfangsindex : Endindex : Schritt, ...)
Name ( (/ Indexliste /), ...)
Name ( (/ Indexvektor /), ...)
Name ( (/ implizite DO Schleife /), ...)
```

Fehlt in der Angabe des Indexbereiches der Anfangsindex, so wird die untere Indexgrenze angenommen; fehlt der Endindex, so gilt die obere Indexgrenze. Eine fehlende Schrittweite wird 1 gesetzt. Erscheint nur der Doppelpunkt, so werden der Anfangsindex und der Endindex mit der Schrittweite +1 verwendet. Das in *Bild 5-12* dargestellte Beispiel zeigt die Verwendung von Indexausdrücken zur Bearbeitung von Teilfeldern sowie zur Auswahl von Feldelementen.

```
! k5b12.for Bild 5-12: Gesamtfeld, Teilfelder und Feldelemente
  IMPLICIT NONE
  INTEGER i
  INTEGER, DIMENSION (3)    :: ind = (/ 1,2,3 /) ! Indexvektor
  INTEGER, DIMENSION (6,6) :: x          ! Testmatrix
  x = 0                     ! Gesamtfeld wird 0 gesetzt
  x(1:6, 1) = (/ (i,i=1,6) /) ! Teilfeld erhaelt Werte 1...6
  x(6:1:-1, 1) = x( : , 1)  ! Teilfeld x(1:6:+1, 1) umordnen
  x( :5, 2) = 2             ! Teilfeld Bereich wie x(1:5, 2)
  x( (/ 1,2,3,4 /), 3) = 3  ! Teilfeld Liste
  x( (/ ind /), 4) = 4      ! Teilfeld Vektor
  x( (/ (i,i=1,2) /), 5) = 5 ! Teilfeld implizite DO Schleife
  x(1, 6) = 11              ! Element Konstante
  i = 2; x(i, 6) = 22       ! Element Variable
  x(i+1, 6) = 33            ! Element INTEGER Ausdruck
  x(INT(SQRT(16.0)), 6) = 44 ! Element REAL Ausdruck
  x(ind(3) + 2, 6) = 55     ! Element Doppelindex und Ausdruck
  x(x(x(1,1),1)+5, 6) = 66  ! Element Mehrfachindex
  PRINT "(1X,6I4)", x       ! wie Speicher spaltenweise
  END


  6   5   4   3   2   1
  2   2   2   2   2   0
  3   3   3   3   0   0
  4   4   4   0   0   0
  5   5   0   0   0   0
 11  22  33  44  55  66
```

Bild 5-12: Testprogramm für Teilfelder und Feldelemente

Wird ein Feld in einer Dimension mit einem Indexbereich angesprochen, so behält das Teilfeld seinen Rang. Ein *skalarer* Index in einer Dimension vermindert den Rang des Teilfeldes um 1.

Vektor(Indexbereich) *ergibt einen* Vektor
Vektor(*Skalar*) *ergibt ein* skalares Feldelement
Matrix(Indexbereich, Indexbereich) *ergibt eine* Matrix
Matrix(Indexbereich, *Skalar*) *ergibt einen* Vektor
Matrix(*Skalar*, Indexbereich) *ergibt einen* Vektor
Matrix(*Skalar*, *Skalar*) *ergibt ein* skalares Feldelement
Allgemein:
Feld(*Skalar*, Bereich) *ergibt* Teilfeld(Bereich)

Das Teilfeld einer Matrix, die in einer Dimension mit einem Skalar und in der anderen mit einem Indexbereich beschrieben wird, hat den Rang 1 eines Vektors. Wird sie in beiden Dimensionen mit einem Skalar angesprochen, so wird ein skalares Feldelement mit dem Rang 0 ausgewählt. Beispiele:

```
INTEGER a(6), b(6, 3), c(6, 3, 2)
a = b(1:6, 1)          ! Vektor als Teilfeld einer Matrix
a = c(1:6, 1, 2)       ! Vektor aus dreidimensionalem Feld
b = c(1:6, 1:3, 2)     ! Matrix aus dreidimensionalem Feld
b(1, 1) = c(6, 3, 2) + a(3)      ! skalare Feldelemente
```

Auf Felder lassen sich alle vordefinierten *Operatoren und Standardfunktionen* anwenden, die im Abschnitt 2.4 für skalare Größen eingeführt wurden. *Wertzuweisungen* gelten für alle Elemente des empfangenden Feldes bzw. Teilfeldes. Zuerst werden für *alle* Elemente der *rechten* Seite die Operationen durchgeführt, erst dann erfolgt die Zuweisung der Ergebnisse an *alle* Elemente der *linken* Seite. Beispiele:

```
REAL, DIMENSION (5) :: x = (/ 1,2,3,4,5 /)
x = x(5:1:-1)              ! Folge vertauschen
x =  x + SQRT(x)           ! Formel fuer alle Elemente
PRINT *, 'x=', x           ! Ausgabe aller Elemente
```

Die Feldoperanden müssen in ihrer Gestalt übereinstimmen. Dies bedeutet, daß der Rang sowie die Anzahl der Elemente jeder Dimension gleich sein müssen, nicht die vereinbarten Indexgrenzen. Skalare als Operanden werden wie Felder entsprechender Gestalt behandelt und auf alle Feldelemente angewendet. Beispiele:

```
INTEGER a(6), b(6, 3), c(0:5, 0:2), i
REAL x(-3:2,-2:0)               ! Gestalt wie b und c
a = 1                           ! skalare Konstante
b(1:6:1, 1) = a(1) + a(2)       ! skalare Feldelemente
b(1:6, 2) = 1 + a**2            ! Skalar + Vektorvariable
b( : , 3) = 2 * (/ (i,i=0,5) /) ! Skalar * Vektor
c = 1 + b**2                    ! Skalar + Feld
x = SQRT( FLOAT(b))             ! Standardfunktionen
```

Auf Felder lassen sich auch *Vergleichs- und Verknüpfungsoperatoren* anwenden, die in Abschnitt 3.1 für skalare Größen eingeführt wurden. Sind beide Operanden Felder, so müssen sie die gleiche Gestalt haben. Ein Skalar als Vergleichsoperand wird auf alle Elemente des Vergleichsfeldes angewendet. Das Vergleichsergebnis ist ein Feld vom Datentyp LOGICAL mit der Gestalt der als Operanden verwendeten Felder. Die **WHERE** Anweisung bzw. die **WHERE** Struktur enthält eine Schleife (DO) für alle Elemente und Wertzuweisungen, die bedingt (IF) ausgeführt werden.

```
WHERE(Logischer Bedingungsausdruck) Ja_Feldzuweisung

WHERE(Logischer Bedingungsausdruck)
   Ja_Feldzuweisungen
[ ELSE WHERE
   Nein_Feldzuweisungen ]
END WHERE
```

Zunächst wird der logische Ausdruck für die zu vergleichenden Feldelemente bzw. für alle Elemente des logischen Feldes (LOGICAL) ausgewertet. Dann erfolgen die Wertzuweisungen in der Reihenfolge, in der die Elemente im Speicher angeordnet sind. Ist ein Element des *Bedingungsausdrucks* wahr (ja, .TRUE.), so wird die *Ja_Zuweisung* für das entsprechende Feldelement ausgeführt. Bei falsch (nein, .FALSE.) unterbleibt sie bzw. es erfolgt die *Nein_Zuweisung* im optionalen ELSE Zweig. Der logische Bedingungsausdruck und die Felder, denen in den Zweigen Werte zugewiesen werden, müssen die gleiche Gestalt (Rang und Größe der Dimensionen) haben. Die WHERE Anweisung läßt sich nur auf Felder und nicht auf skalare Größen anwenden. Das folgende Beispiel besetzt zunächst einen Vektor a mit den Anfangswerten von 1 bis 6 und weist dann den anderen Vektoren bedingt Werte zu.

```
INTEGER i                               ! Laufvariable
LOGICAL, DIMENSION(6) :: m              ! Maskenfeld
INTEGER, DIMENSION(6) :: a=(/ 1,2,3,4,5,6 /), b,c,d,e,f
WHERE(a < 2) b = 2                      ! bedingte Zuweisung
WHERE(a < 3)                            ! einseitig bedingter Block
  c = 3
END WHERE
WHERE(a < 4)                            ! zweiseitig bedingter Block
  d = 4
  m = .TRUE.                            ! Maskenfeld besetzen
ELSE WHERE
  d = -4
  m = .FALSE.                           ! Maskenfeld besetzen
END WHERE
WHERE (m) e = 5                         ! Maskenfeld als Bedingung
DO i = 1, 6                             ! Ersatzloesung fuer WHERE
  IF (a(i) < 5) f(i) = -5              ! bedingte Anweisung
END DO
```

Ergebnis	Funktion	Parameter	Wirkung
Skalar [, Feld]	SUM	(Feld [,DIM=][, MASK=])	Summe der Feldelemente
Skalar [, Feld]	PRODUCT	(Feld [,DIM=][,MASK=])	Produkt der Feldelemente
Skalar [, Feld]	MAXVAL	(Feld [,DIM=][,MASK=])	liefert den größten Wert
Feld ganz	MAXLOC	(Feld [,MASK=])	Indexposition des größten
Skalar [, Feld]	MINVAL	(Feld [,DIM=][,MASK=])	liefert den kleinsten Wert
Feld ganz	MINLOC	(Feld [,MASK=])	Indexposition des kleinsten
Feld	CSHIFT	(Feld, ±Anzahl [,DIM=])	schiebt Elemente zyklisch
Feld	EOSHIFT	(Feld, ±Anzahl [,BOUNDARY])	schiebt mit Auffüllen
Skalar [, Feld]	ALL	(logisches Feld [,DIM=])	wahr, wenn alle Elem. wahr
Skalar [, Feld]	ANY	(logisches Feld [,DIM=])	wahr, wenn ein Elem. wahr
Skalar ganz	COUNT	(logisches Feld [,DIM=])	Anzahl der wahren Elem.
Skalar	DOT_PRODUCT	(Vektor, Vektor)	liefert Skalarprodukt
Matrix	TRANSPOSE	(Matrix(m, n))	transponierte Matrix(n,m)
Matrix	MATMUL	(Feld, Feld)	liefert Produktmatrix

Bild 5-13: Vordefinierte Feldfunktionen

Die in *Bild 5-13* zusammengestellten vordefinierten Funktionen lassen sich nur auf Felder anwenden. Die Option DIM gibt an, auf welche Dimension die Operation angewendet werden soll. Die Option MASK gibt wie bei WHERE eine Bedingung für die Ausführung an. *Bild 5-14* zeigt ein Testprogramm, das vorwiegend Vektoren als einfache Beispiele verwendet und auf die optionalen Möglichkeiten verzichtet, die den Unterlagen der Compiler entnommen werden können.

```
! k5b14.for Bild 5-14: Test der vordefinierten Feldfunktionen
      IMPLICIT NONE
      INTEGER i, j
      REAL a(4), b(4), x(2,4), y(4,2), z(2,2)
      a = (/ (i,i=1,4) /)
      b = a + 4
      x = RESHAPE( (/ 1,5,2,6,3,7,4,8 /), (/ 2,4 /) )
      PRINT 4, '        Vektor a = ', a
      PRINT 4, '          SUM(a) = ', SUM(a)
      PRINT 4, '      PRODUCT(a) = ', PRODUCT(a)
      PRINT 4, '       MAXVAL(a) = ', MAXVAL(a)
      PRINT 1, '       MAXLOC(a) = ', MAXLOC(a)
      PRINT 4, '       MINVAL(a) = ', MINVAL(a)
      PRINT 1, '       MINLOC(a) = ', MINLOC(a)
      PRINT 4, '     CSHIFT(a, -1) = ', CSHIFT(a, -1)
      PRINT 4, '    EOSHIFT(a, -1) = ', EOSHIFT(a, -1)
      PRINT 3, '      ALL( a < 3 ) = ', ALL(a .LT. 3)
      PRINT 3, '      ANY( a < 3 ) = ', ANY(a .LT. 3)
      PRINT 1, '    COUNT( a < 3 ) = ', COUNT(a .LT. 3)
      PRINT 4, '        Vektor b = ', b
      PRINT 2, ' DOT_PRODUCT(a,b) = ', DOT_PRODUCT(a, b)
      PRINT 4, '        Matrix x = ', ((x(i,j),j=1,4),i=1,2)
      y = TRANSPOSE(x)
      PRINT 2, ' TRANSPOSE(x) = y = ', ((y(i,j),j=1,2),i=1,4)
      z = MATMUL(x, y)
      PRINT 2, ' MATMUL(x, y) = z = ', ((z(i,j),j=1,2),i=1,2)
    1 FORMAT(1X, A, I7)
    2 FORMAT(1X, A, 2F7.1:/, (21X,2F7.1))
    3 FORMAT(1X, A, L7)
    4 FORMAT(1X, A, 4F7.1:/, (21X,4F7.1))
      END


           Vektor a =      1.0     2.0     3.0     4.0
             SUM(a) =     10.0
         PRODUCT(a) =     24.0
          MAXVAL(a) =      4.0
          MAXLOC(a) =        4
          MINVAL(a) =      1.0
          MINLOC(a) =        1
      CSHIFT(a, -1) =      4.0     1.0     2.0     3.0
     EOSHIFT(a, -1) =      0.0     1.0     2.0     3.0
       ALL( a < 3 ) =        F
       ANY( a < 3 ) =        T
     COUNT( a < 3 ) =        2
           Vektor b =      5.0     6.0     7.0     8.0
   DOT_PRODUCT(a,b) =     70.0
           Matrix x =      1.0     2.0     3.0     4.0
                           5.0     6.0     7.0     8.0
```

```
TRANSPOSE(x) = y =      1.0      5.0
                        2.0      6.0
                        3.0      7.0
                        4.0      8.0
MATMUL(x, y) = z =     30.0     70.0
                       70.0    174.0
```

Bild 5-14: Test der vordefinierten Feldfunktionen

5.4.4 Vereinbarung und Anwendung dynamischer Felder

Die bisher behandelten statischen Felder mußten bereits zur Übersetzungszeit in ihrer
Größe mit konstanten Indexgrenzen fest vereinbart werden. Mit den folgenden Anweisungen ist es möglich, die Größe eines (dynamischen) Feldes erst zur Laufzeit zu
bestimmen. Der erforderliche Speicherplatz wird vom Betriebssystem zugeteilt (allocate) und kann vom Programm auch wieder freigegeben werden (deallocate).

```
Vereinbaren:
   Datentyp, ALLOCATABLE, DIMENSION( : ) :: Liste
             Feldname( : )
ALLOCATABLE Feldnamensliste
Zuteilen:
   ALLOCATE (Feldname(Größe) [,..] [,STAT = Variable])
Freigeben:
   DEALLOCATE (Feldnamensliste [,STAT = Variable])
Abfragen:
   ALLOCATED (Feldname)
```

Für dynamische Felder, die mit dem Attribut **ALLOCATABLE** oder in einer ALLOCA-
TABLE Anweisung vereinbart werden, erscheint für jede Dimension nur ein Doppelpunkt ohne Indexgrenzen. Damit ist nur der Rang des Feldes festgelegt, nicht die Größe.
Die Anweisung **ALLOCATE** fordert vom Betriebssystem Speicherplatz entsprechend
den in ihr genannten Indexgrenzen an. Die in der Option STAT angegebene INTEGER
Variable hat den Wert 0 (kein Fehler), wenn die Speicherzuweisung erfolgreich ausgeführt werden konnte. Die Anweisung **DEALLOCATE** hebt die Zuweisung auf und gibt
den Speicherplatz wieder frei; am Ende des Programms geschieht dies automatisch. Ein
Zugriff innerhalb der angeforderten Indexgrenzen ist nur auf zugeordnete dynamische
Felder zulässig. Die Zuordnung kann mit der vordefinierten Funktion **ALLOCATED**
geprüft werden, die in diesem Fall das Ergebnis .TRUE. liefert. Das folgende Beispiel
fordert den Benutzer zur Eingabe der Größe eines Vektors auf.

```
INTEGER  i, n
REAL, ALLOCATABLE, DIMENSION( : ) :: x        ! Rang
PRINT *, 'Anzahl der Werte -> '; READ *, n    ! Groesse
ALLOCATE( x(n) )                              ! zuordnen
IF (ALLOCATED(x)) PRINT *, 'zugeordnet'       ! pruefen
x = (/ (i,i=1,n) /); PRINT *, x               ! Testwerte
DEALLOCATE(x)                                 ! freigeben
```

5.4.5 Felder in Unterprogrammen

Lokale und temporäre Felder werden nicht als Parameter übergeben, sondern sind nur im Unterprogramm und nur während der Arbeit des Unterprogramms verfügbar. Für benannte Konstanten und vorbesetzte variable Felder ist die Größe fest zu vereinbaren. Es gelten die gleichen Regeln wie für die in Abschnitt 4.6.4 behandelten skalaren Größen. Benannte konstante Felder dürfen nicht verändert werden (Kontrolle durch den Compiler!); die Konstanten stehen bei jedem Unterprogrammaufruf unverändert zur Verfügung. Das Verhalten vorbesetzter variabler Felder hängt davon ab, ob der Compiler lokale Größen im statischen Speicher oder auf dem Stapel anlegt. Mit der Anweisung bzw. mit dem Attribut SAVE wird sichergestellt, daß sie vor jedem Rücksprung gerettet werden und damit zwischen den Aufrufen ihre Werte behalten. Das bedeutet jedoch, daß ihre vorbesetzten Werte nur beim ersten Aufruf verfügbar sind und alle folgenden Aufrufe möglicherweise geänderte Werte vorfinden; das Verhalten ohne SAVE ist systemabhängig. Beispiele fest vereinbarter lokaler Felder:

```
SUBROUTINE fest       ! nur lokale und temporaere Felder
REAL, PARAMETER, DIMENSION(4)::a=(/1,2,3,4/) ! konstant
REAL, SAVE, DIMENSION(4) :: b=(/ 5,6,7,8 /)  ! vorbesetzt
```

Wie in einem Hauptprogramm können auch in Unterprogrammen *dynamische Felder* entsprechend Abschnitt 5.4.4 angelegt werden. Bei der Vereinbarung wird nur der Rang durch Doppelpunkte festgelegt, die tatsächlichen Indexgrenzen der ALLOCATE Anweisung können formale Parameter sein. Mit formalen Parametern dimensionierte lokale Felder werden **automatisch** beim Aufruf des Unterprogramms angelegt und beim Rücksprung wieder freigegeben.

```
dynamisches Lokalfeld ( : [, :] )
   ALLOCATE( Lokalfeld(Indexgrenzen) )
DEALLOCATE( Lokalfeld )

automatisches Lokalfeld (Formalparameter)
```

Das Verhalten dynamischer und automatischer Felder zwischen Unterprogrammaufrufen ist systemabhängig; Konstanten sowie vorbesetzte Werte und SAVE sind nicht möglich. Beispiele:

Hauptprogramm:
```
CALL upro(100)                        ! Feldgroesse
```

Unterprogramm:
```
SUBROUTINE upro(n)                    ! nur Feldgroesse
INTEGER n                             ! uebergeben
REAL, DIMENSION(n) :: b               ! lokal automatisch
REAL, ALLOCATABLE, DIMENSION( : ) :: c  ! lokal dynamisch
ALLOCATE( c(n) )                      ! n Elemente anfordern
. . . . . . .
DEALLOCATE(c)                         ! und freigeben
```

Als *aktuelle Parameter* übergebene Felder werden im Hauptprogramm angelegt und vom Unterprogramm bearbeitet. Bei externen Unterprogrammen muß der Compiler mit zusätzlich zu übergebenden Parametern in der Lage sein, die im Abschnitt 5.4.1 genannten Indexrechnungen vorzunehmen. Bei Feldern *übernommener Größe* übergibt man neben dem Namen (Anfangsadresse) des Feldes auch die vereinbarten Indexgrößen bzw. sogar Indexgrenzen. Im Unterprogramm wird der formale Feldparameter mit formalen Indexparametern dimensioniert. Für die Berechnung der Elementpositionen entsprechend Abschnitt 5.4.1 ist jedoch die Größe der letzten Indexposition nicht erforderlich. Sie kann daher bei der Dimensionierung im Unterprogramm mit einem * als *offen* gekennzeichnet werden; für diese formalen Felder sind keine Feldoperationen, sondern nur Schleifenzugriffe möglich.

```
Formalfeld (Formalparameter)
Formalfeld (Formalparameter [,...], *)
```

Beim Aufruf *externer Unterprogramme* wird standardmäßig nur die Anfangsadresse der Felder übergeben; die Gestalt der entsprechenden formalen Felder kann von der Gestalt im Hauptprogramm abweichen. Das folgende Beispiel übergibt eine Matrix x an ein Unterprogramm, das sie als Matrix der gleichen Gestalt a(m,n), als Matrix mit offener zweiter Dimension b(p,*) und als Vektor c(k) gleicher Größe behandelt.

Hauptprogramm:
```
REAL, DIMENSION(2,3)::x=RESHAPE((/1,2,3,4,5,6/),(/2,3/))
CALL upro(x,2,3, x,2,3, x,2*3)
```
Unterprogramm:
```
SUBROUTINE upro(a,m,n, b,p,q, c,k)
INTEGER i,j, m,n, p,q, k
REAL   a(m, n)              ! Matrix Gestalt wie Hauptprogramm
REAL   b(p, *)             ! Matrix offene letzte Dimension
REAL   c(k)                ! Vektor Gestalt geaendert
PRINT *, a                 ! Feldoperation
PRINT *, ((b(i,j),j=1,q),i=1,p)  ! nur Indexschleifen
PRINT *, c                 ! Feldoperation
```

Bei Feldern *übernommener Gestalt* kennzeichnet man die Dimensionen der formalen Felder nur durch einen Doppelpunkt bzw. durch eine zusätzliche untere Indexgrenze, wenn sie von 1 abweichen soll.

```
Formalfeld ( Untergrenze : [, . . .] )
Formalfeld ( : [, . . . ] )
```

Damit liegt nur der Rang des Feldes fest; die Indexbereiche müssen als "versteckte" Parameter vom Hauptprogramm übergeben werden und dienen im Unterprogramm zur Berechnung der Positionen im Speicher. Dies ist nur für *Modulunterprogramme* und *interne Unterprogramme* möglich; für externe Unterprogramme ist eine Schnittstelle (INTERFACE) im Hauptprogramm zu vereinbaren. *Bild 5-15* zeigt Beispiele für

-eine Modulsubroutine (Zuordnung mit USE),

-eine interne Subroutine (CONTAINS) und

- eine externe Subroutine mit INTERFACE.

```
! k5b15.for Bild 5-15: Felder uebernommener Gestalt
! Modulunterprogramm vor Hauptprogramm uebersetzt
      MODULE upros
      CONTAINS      ! Modulunterprogramm ohne Interface
        SUBROUTINE ein(a)
        IMPLICIT NONE
        REAL a( :, :)              ! Feld uebernommener Gestalt
        a = 1                      ! Anfangswerte 1
      END SUBROUTINE ein
      END MODULE upros
! Hauptprogramm ruft Subroutinen mit Feldern auf
      PROGRAM haupt
      USE upros                    ! Modulunterprogramm zuordnen
      IMPLICIT NONE
      REAL x(2, 3)                 ! Feld vereinbaren
      INTERFACE
        SUBROUTINE aus(b)          ! Interface externe Subroutine
          IMPLICIT NONE
          REAL b( :, :)            ! uebernommene Gestalt
        END SUBROUTINE aus
      END INTERFACE
! Unterprogrammaufrufe im Hauptprogramm
      CALL ein(x)                  ! Feld mit Werten besetzen
      CALL add(x)                  ! Feld mit Konstante addieren
      CALL aus(x)                  ! Kontrollausgabe
      CONTAINS        ! internes Unterprogramm ohne Interface
        SUBROUTINE add(c)          ! addiert Wert 1
          IMPLICIT NONE
          REAL c(:, :)
          c = c + 1
        END SUBROUTINE add
      END PROGRAM haupt
! Externes Unterprogramm hat Interface im Hauptprogramm
      SUBROUTINE aus(b)            ! gibt Matrix und Gestalt aus
      IMPLICIT NONE
      REAL b( :, :)                ! Feld uebernommener Gestalt
      PRINT "(/(3F8.2))", b
      END SUBROUTINE aus
```

Bild 5-15: Felder übernommener Gestalt

FUNCTION Unterprogramme können ein Feld als *Funktionsergebnis* zurückliefern. Wegen der Übergabe des Ergebnisfeldes können wie bei Feldern übernommener Gestalt nur Modulfunktionen oder interne Funktionen Felder zurückliefern; für externe Funktionen ist im Hauptprogramm eine Schnittstelle (INTERFACE) der Funktion zu vereinbaren. *Bild 5-16* zeigt entsprechende Beispiele als

- Modulfunktion mit Zuordnung durch USE,

- interne Funktion (CONTAINS) und

- externe Funktion mit Schnittstelle (INTERFACE).

```
! k5b16.for Bild 5-16: Felder als Funktionsergebnis
! Modulunterprogramm
      MODULE upros
      CONTAINS
      FUNCTION mkopiere(d, m,n)      ! liefert kopiertes Feld + 1
         IMPLICIT NONE
         INTEGER m,n
         REAL, DIMENSION(m, n) :: mkopiere, d
         mkopiere = d + 1
      END FUNCTION mkopiere
      END MODULE upros
! Hauptprogramm ruft Funktionen mit Feldergebnissen auf
      PROGRAM haupt
      USE upros                      ! Modulunterprogramm zuordnen
      IMPLICIT NONE
      REAL,DIMENSION(2,3):: x=RESHAPE((/1,2,3,4,5,6/), (/2,3/))
      INTERFACE
         FUNCTION ekopiere(d, m,n) ! Interface externe Funktion
         IMPLICIT NONE
         INTEGER m,n
         REAL, DIMENSION(m, n) :: ekopiere, d
         END FUNCTION ekopiere
      END INTERFACE
! Unterprogrammaufrufe
      PRINT *, mkopiere(x, 2,3) ! liefert kopiertes Feld + 1
      PRINT *, ikopiere(x, 2,3) ! liefert kopiertes Feld + 2
      PRINT *, ekopiere(x, 2,3) ! liefert kopiertes Feld + 3
      CONTAINS            ! internes Unterprogramm ohne Interface
         FUNCTION ikopiere(d, m,n) ! liefert kopiertes Feld + 2
         IMPLICIT NONE
         INTEGER m,n
         REAL, DIMENSION(m, n) :: ikopiere, d
         ikopiere = d + 2
         END FUNCTION ikopiere
      END PROGRAM haupt
! Externe Funktion Matrix als Ergebnis  Interface erforderlich
      FUNCTION ekopiere(d, m,n)      ! liefert kopiertes Feld + 3
      IMPLICIT NONE
      INTEGER m,n
      REAL, DIMENSION(m, n) :: ekopiere, d       ! Ergebnistyp
      ekopiere = d + 3
      END FUNCTION ekopiere
```

Bild 5-16: Feld als Funktionsergebnis

5.4.6 Beispiele und Übungen mit Feldoperationen

Mit den Feldoperationen und vordefinierten Feldfunktionen des Fortran 90 lassen sich Felder (fast) so einfach wie skalare Größen behandeln. Die Programme werden dadurch kürzer und übersichtlicher. Es ist zu erwarten, daß die Compiler auch effektiveren und damit schnelleren Code erzeugen.

Das in *Bild 5-17* dargestellte Programm berechnet die Summe und den Mittelwert eines Vektors (Einführendes Beispiel Bild 5-1). Es ersetzt die Schleifen durch Feldoperationen und die vordefinierte Funktion SUM.

```
! k5b17.for Bild 5-17: Summe und Mittelwert mit Feldoperationen
      IMPLICIT NONE
      INTEGER, PARAMETER :: n = 10          ! Anzahl der Elemente
      REAL   x(n)                           ! fest dimensioniert
      PRINT *, n,' Werte -> '; READ *, x
      PRINT *, 'Summe =', SUM(x), ' Mittelwert =', SUM(x)/n
      END
```

Bild 5-17: Summe und Mittelwert mit Feldoperationen

Das in *Bild 5-18* dargestellte Programm berechnet den Mittelwert und die Abweichungen einer Meßreihe (Bild 5-2). Anstelle des mit maximaler Größe vereinbarten Feldes wird ein dynamisches Feld verwendet, dessen Größe erst zur Laufzeit bestimmt wird. Ein Feld gleicher Größe nimmt die Abweichungen vom Mittelwert auf.

```
! k5b18.for Bild 5-18: Feldoperationen mit Vektoren
      IMPLICIT NONE
      INTEGER n, i
      REAL x(:), ab(:), mittel, summ     ! Groesse variabel
      ALLOCATABLE x, ab                  ! dynamische Felder
      PRINT *, ' n > 0 Anzahl -> '; READ *, n
      ALLOCATE( x(n), ab(n) )            ! Speicher zuordnen
      PRINT "(1X,I4,' reelle Werte -> ')", n; READ *, x
      summ = SUM(x)                      ! Summenfunktion
      mittel = summ / n
      PRINT *, 'Summe =', summ, ' Mittelwert =', mittel
      ab = x - mittel                    ! Feld mit Abweichungen
      PRINT *, '        Wert   Abweichung'
      PRINT "(1x,2F12.1)", (x(i), ab(i),i=1,n)
      DEALLOCATE(x, ab)                  ! Speicher freigeben
      END
```

Bild 5-18: Feldoperationen mit Vektoren

Das in *Bild 5-19* dargestellte Programm behandelt das Beispiel des Bildes 5-8. Es liest eine Matrix, setzt alle negativen Werte auf 0 und gibt die Matrix mit einer Subroutine aus. Das Beispiel arbeitet mit einem dynamischen Feld anstelle eines mit maximaler Größe vereinbarten.

```
! k5b19.for Bild 5-19: Matrix lesen, bearbeiten und ausgeben
      IMPLICIT NONE
      REAL, ALLOCATABLE, DIMENSION(:, :) :: a  ! dynamisch
      INTEGER i, z, s
      PRINT *, ' Anzahl der Zeilen -> '; READ *, z
      PRINT *, 'Anzahl der Spalten -> '; READ *, s
      ALLOCATE( a(z, s) )                      ! zuordnen
      DO i = 1, z                              ! zeilenweise
         PRINT *,s,' Werte -> ';READ *,a(i,1:s) ! lesen
      END DO
      CALL aus(a, z, s)                        ! ausgeben
      WHERE (a < 0) a = 0                      ! bearbeiten
      CALL aus(a, z, s)
      DEALLOCATE (a)                           ! freigeben
      END
```

```
l Externe Subroutine gibt Matrix formatiert aus
    SUBROUTINE aus(x, zist, sist)
    INTEGER zist, sist, i
    REAL x(zist, sist)
    PRINT "('0',9x,8(I3,'.Spalte'))", (i, i = 1, sist)
    DO i = 1, zist
      PRINT "(1x,I2,'.Zeile:',8F10.2)", i, x(i, 1:sist)
    END DO
    END SUBROUTINE
```

Bild 5-19: Feldoperationen mit Matrizen

Zur Übung können die Aufgaben des Abschnitts 5.3 mit Feldoperationen programmiert werden. Lösungsvorschläge befinden sich im Kapitel 8.

5.5 Zeichen und Texte

Mit dem vordefinierten Datentyp CHARACTER lassen sich sowohl einzelne Zeichen als auch aus Zeichen zusammengesetzte Texte (Zeichenketten oder Strings) speichern und bearbeiten. Der Artparameter (KIND) bestimmt den Zeichensatz; standardmäßig wird für KIND = 1 ein 8-bit-Code (z.B. ASCII) verwendet.

Für *einzelne Zeichen* lassen sich Literalkonstanten, benannte Konstanten und Variablen vereinbaren. Sie werden als Zeichenketten der Länge 1 behandelt. Für den voreingestellten Artparameter gilt:

> *Literale:* `'Zeichen'` *oder* `"Zeichen"`
> **CHARACTER** `Variablenliste`
> **CHARACTER** `[, Attribute] :: Liste`

Auf einzelne Zeichen lassen sich die Wertzuweisung (Operator =) und numerischen Vergleiche (z.B. .LE. bzw. <=) sowie die Vergleichsfunktionen des Bildes 5-24 und die in *Bild 5-20* zusammengestellten vordefinierten Funktionen anwenden. Die numerischen Angaben beziehen sich auf die Position des Zeichens im eingestellten Zeichensatz. Für die üblicherweise verwendeten Standardzeichensätze entsprechen sie den als Zahlen behandelten binären Codierungen.

Ergebnis	Funktion	Parameter	Wirkung
Zeichen	CHAR	(ganz [,KIND])	liefert Zeichen entsprechend Zeichensatz
Zeichen	ACHAR	(ganzzahlig)	liefert Zeichen aus ASCII Zeichensatz
ganzzahlig	ICHAR	(Zeichen)	liefert Position im Zeichensatz
ganzzahlig	IACHAR	(Zeichen)	liefert Position im ASCII Zeichensatz

Bild 5-20: Vordefinierte Funktionen für einzelne Zeichen

Die *Eingabe und Ausgabe* einzelner Zeichen können vom verwendeten Fortran System und Betriebssystem abhängig sein. Dies läßt sich mit dem in *Bild 5-21* dargestellten Testprogramm untersuchen, das Zeichen sowohl listengesteuert als auch formatgebunden liest und den entsprechenden Code ausgibt.

```
! k5b21.for  Bild 5-21: Untersuchung des Zeichensatzes
      IMPLICIT NONE
      CHARACTER (KIND=1) :: z   ! KIND = 1 ist voreingestellt
      INTEGER i, test
      DO
         PRINT *, 'Format Strg^Z = Ende Zeichen -> '
         READ (*, "(A1)", IOSTAT = test) z
         IF (test < 0) EXIT
         PRINT *, 'ICHAR =', ICHAR(z),' IACHAR =', IACHAR(z)
         PRINT *, 'Liste    * = Ende Zeichen -> '; READ *, z
         PRINT *, 'ICHAR =', ICHAR(z),' IACHAR =', IACHAR(z)
         IF (z == '*')  EXIT
         PRINT *, 'Zahl -> '; READ *, i
         PRINT *, 'CHAR = ', CHAR(i),' ACHAR = ', ACHAR(i)
         PRINT "( ' CHAR = ',A1,' ACHAR = ',A1)",CHAR(i),ACHAR(i)
      END DO
      END
```

Bild 5-21: Untersuchung des Zeichensatzes

Bei der formatgebundenen Eingabe mit READ (*, *Format*) im Format A1 wurden Leerzeichen und Kommandotasten (Wagenrücklauf) als Zeichen eingelesen; bei der listengesteuerten Eingabe mit READ * dagegen nicht. Bei der Ausgabe wirkten die folgenden Steuercodes:
- CHAR(7) lies die Hupe ertönen (*bell*),
- CHAR(8) ergab einen Rückschritt (*backspace*),
- CHAR(10) bewirkte einen Zeilenvorschub (*line feed*),
- CHAR(13) bewirkte einen Wagenrücklauf (*carriage return*) und
- CHAR(26) brach das Programm mit einer Fehlermeldung ab.

Die Wirkung der Steuercodes im Bereich der Codewerte von 0 bis 31 ist im wesentlichen systemabhängig; genauso wie die Zeichen oberhalb des Codewertes 127. Das in *Bild 5-22* dargestellte Programmbeispiel gibt den Bereich der Codewerte von 32 bis 127 aus, der in fast allen Zeichensätzen in dieser Form belegt ist. Der Anhang enthält die vollständige Tabelle des ASCII Zeichensatzes, dem auch die Blockgraphikzeichen der Tabellenumrandung entnommen wurden.

```
! k5b22.for Bild 5-22: ASCII-Zeichentabelle mit DOS - Editor
      IMPLICIT NONE
      INTEGER :: i, j
      PRINT *, '┌', (('=', i=1,7),'┬',j=1,7),('=', i=1,7), '┐'
      DO i = 32, 32+11
         PRINT 100, (i+j, CHAR(i+j), '║', j=0, 7*12, 12)
100      FORMAT(1X, '║', 8(I4, 1X, A1, 1X, A1))
      END DO
      PRINT *, '└', (('=', i=1,7),'┴',j=1,7),('=', i=1,7), '┘'
      END
```

32		44	,	56	8	68	D	80	P	92	\	104	h	116	t
33	!	45	-	57	9	69	E	81	Q	93	]	105	i	117	u
34	"	46	.	58	:	70	F	82	R	94	^	106	j	118	v
35	#	47	/	59	;	71	G	83	S	95	_	107	k	119	w
36	$	48	0	60	<	72	H	84	T	96	`	108	l	120	x
37	%	49	1	61	=	73	I	85	U	97	a	109	m	121	y
38	&	50	2	62	>	74	J	86	V	98	b	110	n	122	z
39	'	51	3	63	?	75	K	87	W	99	c	111	o	123	{
40	(	52	4	64	@	76	L	88	X	100	d	112	p	124	|
41	)	53	5	65	A	77	M	89	Y	101	e	113	q	125	}
42	*	54	6	66	B	78	N	90	Z	102	f	114	r	126	~
43	+	55	7	67	C	79	O	91	[	·103	g	115	s	127	⌂

Bild 5-22: Tabelle eines Standardzeichensatzes (ASCII)

Der Editor des untersuchten Systems arbeitete unter Windows standardmäßig mit einem anderen Zeichensatz (ANSI) als die unter DOS ablaufenden Programme (ASCII). Die abgebildeten Programmlisten wurden in Sonderfällen (z.B. Blockgraphikzeichen und deutsche Umlaute) mit einem unter DOS arbeitenden Editor aufgebaut.

Für *Zeichenketten* (Strings), die aus Texten bestehen, verwendet man anstelle von Feldern den Datentyp CHARACTER mit einer Längenspezifikation, die die Anzahl der maximal zu speichernden Zeichen angibt. Das folgende Beispiel vereinbart eine Textvariable vorname aus 50 Zeichen, liest einen Text ein und gibt ihn wieder aus.

```
CHARACTER  vorname*50                 ! 50 Zeichen
PRINT *, 'Wie heisst Du ? -> '
READ *, vorname                       ! lesen und speichern
PRINT *, 'Guten Morgen, ', vorname    ! Text ausgeben
```

Für den Datentyp *Zeichenkette* lassen sich Literale, benannte Konstanten und Variablen vereinbaren; CHARACTER Größen ohne Längenangabe werden wie Zeichenketten der Länge 1 behandelt.

> *Literale:* 'Text' *oder* "Text"
> **CHARACTER*Länge** Liste
> **CHARACTER** Name***Länge** [, . . .]
> **CHARACTER (LEN = Länge)** [, Attribute] :: Liste

Zeichenketten müssen, außer als Parameter in Unterprogrammen, mit Konstanten fest vereinbart werden. Eine weitere Ausnahme sind benannte Konstanten, bei denen der Compiler die offene Länge * durch die Anzahl der Zeichen in der Textkonstanten ersetzt. Die folgenden Beispiele zeigen vorbesetzte Variablen und benannte Konstanten.

```
CHARACTER*10 ziffer                     ! 10 Zeichen
CHARACTER (LEN = 5) :: otto = '12345'   !  5 Zeichen
CHARACTER (LEN = *), PARAMETER :: neu = 'abcdefg' ! offen
DATA ziffer / "0123456789" /            ! Anfangswerte
```

Zeichenketten werden in Fortran immer in der vereinbarten oder einer anzugebenden Länge bearbeitet, besondere Endemarken (Null) oder aktuelle Längen wie in anderen Programmiersprachen gibt es nicht. Stattdessen werden gegebenenfalls Leerzeichen als Füllzeichen an den Text angehängt. Es gibt folgende Operationen:
- die *Wertzuweisung* an Textvariablen mit dem Operator =,
- *Aneinanderkettung* von Texten mit dem Operator // sowie
- *Vergleichsoperationen* (z.B. .LE. bzw. <=) und die
- *Eingabe und Ausgabe* wie für Zeichen und numerische Daten.

Ist bei einer **Wertzuweisung** die links stehende Variable größer als der rechts stehende Ausdruck, so erfolgt die Übergabe linksbündig, und der Rest wird mit Leerzeichen aufgefüllt. In dem folgenden Beispiel erhält eine Variable neu den Anfangswert 'abcdef'. Sie bekommt durch die Wertzuweisung den Inhalt '123   ', da an die drei Zeichen '123' noch drei Leerzeichen als Füllzeichen angehängt werden.

```
CHARACTER (LEN = 6) :: neu = 'abcdef'
CHARACTER (LEN = 3) :: alt = '123'
neu = alt
PRINT *, '>', neu, '<'
```

Ausgabe: >123   <

Ist bei einer Wertzuweisung die links stehende Variable kleiner als der rechts stehende Ausdruck, so erfolgt die Übernahme nur in der vereinbarten Länge der empfangenden Variablen; überzählige Zeichen des Ausdrucks werden nicht übertragen. Damit ist sichergestellt, daß die vereinbarte Länge der Textzeichenkette nicht überschritten wird. Beispiel:

```
CHARACTER (LEN = 3) :: new = 'abc'
CHARACTER (LEN = 6) :: old = '123456'
new = old
PRINT *, '>', new, '<'
```

Ausgabe: >123<

Soll eine Operation nicht in der vereinbarten Länge der Zeichenkette, sondern nur mit einem Teil der Zeichenkette durchgeführt werden, so ist die entsprechende *Teilzeichenkette* wie bei Feldern durch eine Anfangs- und eine Endposition zu vereinbaren; die Positionen zählen von 1 bis zur vereinbarten Länge und sind ganzzahlige Konstanten oder Variablen.

```
Zeichenkette ( [Anfang] : [Ende] )
```

Fehlt die Angabe der Anfangsposition, so wird 1 angenommen; fehlt die Endposition, so wird die vereinbarte Länge eingesetzt. Die Schrittweite ist immer 1. Teilzeichenketten lassen sich sowohl von Variablen als auch von Konstanten bilden. Beispiele:

```
CHARACTER (LEN = 6) :: master = 'ABCDEF'
CHARACTER (LEN = 3) :: slave = 'xyz'
INTEGER i
master( : 3) = slave          ! gibt xyzDEF
i = 2
slave(i : i) = '*'            ! gibt x*z
master = 'ABCDEF'
master(4 : ) = '123456'(1:3)  ! gibt ABC123
```

Der *Operator* // , der nur auf CHARACTER Größen angewendet werden kann, setzt
zwei Zeichenketten zu einer neuen Zeichenkette zusammen. Beispiel:
```
PRINT *, '>' // master // slave // '<'
```

Bei der *Eingabe und Ausgabe* von Texten muß man zwischen der Listensteuerung (*)
und der formatgebundenen Übertragung mit der Formatangabe **A** unterscheiden.

Die *listengesteuerte Eingabe* behandelt das Leerzeichen allgemein - und leider auch bei
Texten - als Endemarke der Eingabezeichen; es werden also nur Zeichen vom ersten
Nicht-Leerzeichen bis zum nächsten Leerzeichen übernommen. Verwendet man bei der
formatgebundenen Eingabe den Kennbuchstaben A ohne Längenangabe, so wird in der
vereinbarten Länge der Variablen gelesen; dabei werden auch Leerzeichen mit übernommen. Ist der eingegebene Text kürzer als die vereinbarte Länge, so wird mit Leerzeichen
aufgefüllt. Ist er kleiner, so werden überzählige Zeichen am Ende der Eingabe nicht
übertragen. Bei der Eingabe von Texten ist sichergestellt, daß die vereinbarte Länge der
Textvariablen nicht überschritten wird.

Die *Ausgabe* erfolgt in beiden Übergabearten immer in der vereinbarten Länge. Stören
die als Füllzeichen verwendeten Leerzeichen am Ende des Textes, so können sie mit der
vordefinierten Funktion **TRIM** entfernt werden. Die Eingabe und Ausgabe von Texten
ist z.T. systemabhängig; mit dem in *Bild 5-23* dargestellten Testprogramm lassen sich
die Verhältnisse untersuchen.

```
! k5b23.for  Bild 5-23: Ein-/Ausgabe von Zeichenketten
     IMPLICIT NONE
     INTEGER  test                 ! fuer Eingabekontrolle
     CHARACTER (LEN=*), PARAMETER :: meld1 = '* Eingabe ->'
     CHARACTER*12, meld2
     DATA meld2 /"A Eingabe ->"/   ! besser mit PARAMETER
     CHARACTER (LEN=20) :: text     ! maximal 20 Zeichen
     WRITE(*, "(1X, A)") 'Ende mit STRG^Z oder >ende<'
     DO
       PRINT "('0', A)", meld1; READ *, text
       PRINT *, '..........>', text, '<<<'
       IF (text == 'ende') EXIT
       PRINT "('0', A)",meld2; READ(*, "(A)",IOSTAT=test) text
       PRINT "(' ..........>', A, '<<<')", text
       PRINT "(' verkuerzt..>', A, '<<<')", TRIM(text)
       IF (test /= 0 .OR. text == 'ende') EXIT
     END DO
     END
```

```
Ende mit STRG^Z oder >ende<
* Eingabe ->Adam und Eva
..........>Adam<<<

A Eingabe ->Adam und Eva
..........>Adam und Eva          <<<
verkuerzt..>Adam und Eva<<<
```

Bild 5-23: Eingabe und Ausgabe von Zeichenketten

Bei *Vergleichen* zwischen Zeichenketten unterschiedlicher Länge wird der kürzere Operand durch Anhängen von Leerzeichen auf die Größe des längeren ausgedehnt. Zwei Texte sind *gleich*, wenn sie in allen Zeichenpositionen übereinstimmen. Beim alphabetischen *Sortieren* gilt die Reihenfolge des mit dem Artparameter (KIND) eingestellten Zeichensatzes. Für den in Bild 5-20 dargestellten ASCII Code sind die Buchstaben und Ziffern aufsteigend sortiert; der Buchstabe 'A' mit der Codenummer 65 ist kleiner als der Buchstabe 'B' mit der Codenummer 66. Der Vergleich zweier Zeichenketten beginnt mit der ersten Position und endet mit der Position, in der sie ungleich sind, bzw. mit der letzten, wenn die Zeichenketten gleich sind. *Bild 5-24* zeigt vordefinierte Vergleichsfunktionen, die bei Texten anstelle der bei Zahlen üblichen Vergleichsoperatoren verwendet werden können.

Ergebnis	Funktion	Parameter	Wirkung
ganz	LEN	(Text)	liefert vereinbarte Textlänge
ganz	LEN_TRIM	(Text)	liefert Textlänge ohne folgende Leerzeichen
Text	TRIM	(Text)	liefert Zeichenkette ohne folgende Leerz.
Text	ADJUSTR	(Text)	liefert Zeichenkette rechtsbündig
Text	ADJUSTL	(Text)	liefert Zeichenkette linksbündig
Text	REPEAT	(Text,Anzahl n)	liefert Zeichenkette mit n mal wiederh. Text
ganz	INDEX	(Text,Teil [,BACK])	Position, in der Teil erstmals in Text auftritt
ganz	SCAN	(Text,Folge [,BACK])	Position, in der ein Zeichen der Folge auftr.
ganz	VERIFY	(Text,Folge [,BACK])	Position, in der ein Zeichen nicht auftritt
logisch	LGT	(Text_1, Text_2)	prüft, ob Text_1 .GT. (bzw. >) Text_2
logisch	LGE	(Text_1, Text_2)	prüft, ob Text_1 .GE. (bzw. >=) Text_2
logisch	LLE	(Text_1, Text_2)	prüft, ob Text_1 .LE. (bzw. <=) Text_2
logisch	LLT	(Text_1, Text_2)	prüft, ob Text_1 .LT. (bzw. <) Text_2

Bild 5-24: vordefinierte Funktionen für Zeichenketten

Die folgenden Beispiele zeigen Anwendungen der Zeichenfunktionen. Die Grenzen der auszugebenden Texte wurden durch die Marken '>' und '<' gekennzeichnet.

```
CHARACTER (LEN = 5) :: x, y, z
x = '*';                        ! 1 Stern und 4 Leerzeichen
PRINT *, '>', x, '<'            ! gibt >*   <     Gesamtlaenge
PRINT *, '>', TRIM(x), '<' ! gibt >*<        ohne Leerz.
x = REPEAT('*', LEN(x))    !                 5 Sterne
PRINT *, '>', x, '<'            ! gibt >*****<     Gesamtlaenge
y = 'Adam' ; z = 'Eva'
IF (y /= z)     PRINT *, 'Adam und Eva sind nicht gleich'
IF (LLT(y, z)) PRINT *, 'Adam ist geringer als Eva'
```

Für die Speicherung von zeilenorientierten Texten lassen sich *Felder* vereinbaren, deren Elemente aus *Zeichenketten* bestehen. Die Längenangabe enthält die Anzahl der Zeichen pro Zeile; die Feldvereinbarung die Anzahl der Zeilen des Textes.

CHARACTER (LEN = *Zeilenlänge*), **DIMENSION**(*Zeilenzahl*) :: *Name*
Ausdruck: Name (*Zeilenindex*) [(*Zeichenposition*)]

Erscheint in Ausdrücken nur der Name des Textfeldes, so sind alle Zeichenpositionen aller Zeilen ausgewählt. Teilfelder, also bestimmte Zeilen, werden durch einen in runde Klammern zu setzenden Indexbereich angegeben. Eine optionale zweite runde Klammer mit Positionsangaben bestimmt die Grenzen einer Teilzeichenkette. Konstante Textfelder wie z.B. Bilder gibt man entweder als Liste konstruierter Feldwerte zwischen **(/** und **/)** oder mit DATA an. Die Ausgabe von Textfeldern kann systemabhängig sein; für die listengesteuerte Ausgabe war bei dem untersuchten System eine DO Schleife erforderlich, um die Zeilen untereinander anzuordnen. Bei der Ausgabe im A-Format ohne Längenangabe wurden alle Zeilen automatisch nacheinander ausgegeben. Beispiele:

```
   INTEGER i
   CHARACTER (LEN = 14), DIMENSION(3) :: wider = (/
  &"     +------+     ",
  &"---I        I---",
  &"     +------+     " /)
   CHARACTER*14 spule(3)
   DATA   spule /
  &"**************",
  &"**************",
  &"**************" /
   DO i = 1, 3
     PRINT *, wider(i)        ! listengesteuert
   END DO
   PRINT "(1X, A)", spule     ! formatgebunden
```

Für die Übergabe von Zeichenketten als *aktuelle Parameter* an externe Unterprogramme gelten im wesentlichen die gleichen Regeln wie die für Felder:
- die Länge der Zeichenketten ist im Hauptprogramm fest zu vereinbaren,
- ein * kennzeichnet für formale Parameter eine übernommene Länge,
- lokale Zeichenkettem müssen fest vereinbart werden und
- die Standardfunktion LEN liefert die tatsächlich übernommene Länge.

Funktionen, die eine Zeichenkette als Ergebnis zurückliefern, sind im Hauptprogramm fest zu dimensionieren; die Funktion selbst kann mit einem * für eine übernommene Länge vereinbart werden.

Hauptprogramm:
CHARACTER (LEN = fest) :: *Funktionsname*
Funktion:
CHARACTER (LEN = *)** FUNCTION** *Funktionsname(Liste)*

Das in *Bild 5-25* dargestellte Programmbeispiel zeigt eine Subroutine ausgabe, die eine Zeichenkette übernommener Größe ausgibt. Die Funktion gross liefert eine Zeichenkette, in der alle Kleinbuchstaben der übergebenen aktuellen Zeichenkette in Großbuchstaben umgewandelt wurden. Für den Bereich der Buchstaben a bis z geschieht dies mit einem Rechenverfahren; für die deutschen Umlaute ä, ö und ü sind Tabellen erforderlich, da diese Zeichen nicht im Standardzeichensatz enthalten sind.

```
! k5b25.for Bild 5-25: Zeichenketten in Unterprogrammen
      PROGRAM haupt
      IMPLICIT NONE
      CHARACTER (LEN = 40) :: ein, aus, gross   ! Laenge fest
      DO
        PRINT *, ' -> '; READ(*, "(A)") ein  ! Text lesen
        aus = gross(ein)                    ! klein -> gross
        CALL ausgabe(aus)                   ! Text ausgeben
        IF (ein == 'exit') EXIT             ! Ende der Eingabe
      END DO
      END PROGRAM haupt
! Externe Subroutine gibt Text uebernommener Laenge aus
      SUBROUTINE ausgabe(x)
      IMPLICIT NONE
      CHARACTER (LEN = *) :: x                ! Laenge uebernommen
      PRINT * , ' == ' // x
      END SUBROUTINE ausgabe
! Externe Funktion gross verwandelt Klein- nach Grossbuchstaben
      CHARACTER (LEN = *) FUNCTION gross(x)! Laenge uebernommen
      IMPLICIT NONE
      CHARACTER (LEN = *) :: x                ! Laenge uebernommen
      CHARACTER (LEN = 3), PARAMETER :: umkl='äöü', umgr='ÄÖÜ'
      INTEGER i, j
      DO i = 1, LEN(x)                        ! fuer alle Textzeichen
        IF (x(i:i) .GE. 'a' .AND. x(i:i) .LE. 'z') THEN
          gross(i:i) = CHAR(ICHAR(x(i:i)) - 32) ! a-z umrechnen
        ELSE
          j = SCAN( umkl, x(i:i) )            ! Umlaute umsetzen
          IF (j /= 0) THEN
            gross(i:i) = umgr(j:j)
          ELSE
            gross(i:i) = x(i:i)               ! alle anderen Zeichen
          END IF
        END IF
      END DO
      END FUNCTION gross
```

```
-> Günter öffnet 123 die Tür !

== GÜNTER ÖFFNET 123 DIE TÜR !
-> exit

== EXIT
```

Bild 5-25: Zeichenketten als Parameter in externen Unterprogrammen

5.6 Beispiele und Übungen mit Texten

Im Gegensatz zu anderen Programmiersprachen kennt Fortran normmäßig weder Standardunterprogramme zur Positionierung des Bildschirms noch Graphikprogramme zur Ausgabe von Kurven; einige Fortran Systeme stellen jedoch entsprechende zusätzliche Bibliotheken zur Verfügung. Die folgenden Beispiele vereinbaren benutzerdefinierte Moduln, die nur mit den standardmäßigen Funktionen des Fortran arbeiten.

Das in *Bild 5-26* dargestellte Programm zeigt die Ausgabe einer als Tabelle zu übergebenden Funktion auf dem Bildschirm. Dabei läuft die Abszisse von oben nach unten, der Maßstab der Ordinate wird so gewählt, daß die Kurve eine vorgegebene Zeilenbreite ausfüllt. Trotz der groben Rasterung von 80 x 25 Bildpunkten läßt sich der Verlauf gut verfolgen. Oft ist es vorteilhafter, die Abszisse waagerecht verlaufen zu lassen und die Maßstäbe so zu wählen, daß die gesamte Kurve auf dem Bildschirm erscheint.

```
! k5b26.for Bild 5-26: Ausgabe von Funktionen im Liniendiagramm
        MODULE kurve                    ! Modul mit USE zuordnen
        IMPLICIT NONE
        CONTAINS
        SUBROUTINE linie(x, y, n, sp)   ! x=Abszissen y=Ordnaten
        INTEGER i, n, sp, null, ind     ! n = Anzahl der Werte
        REAL, DIMENSION(n) :: x, y      ! sp = Spalten max. 70
        REAL ymin, ymax, ynull, delta, xma, xmi, yma, ymi
        CHARACTER (LEN=sp) :: zeile
        CHARACTER, PARAMETER :: se='|', pu='*', wa='—', nu = '+'
        yma = MAXVAL(y) ; ymi = MINVAL(y)          ! Extremwerte
        xma = MAXVAL(x) ; xmi = MINVAL(x)
        ymin = ymi; IF (ymin > 0) ymin = 0
        ymax = yma; IF (ymax < 0) ymax = 0
        delta = ymax - ymin                        ! Division durch
        IF (delta == 0) delta = 1e-10              ! Null abfangen
        ynull = ABS(ymin*(sp-1)/delta)             ! Lage der
        null = ynull + 1.5                         ! Abszisse
        DO i = 1, n
          zeile = ' '
          ind = ynull + y(i)*(sp-1)/delta + 1.5
          zeile(null:null) = se                    ! Abszisse
          IF( ABS(x(i)) <= SPACING(x(i)) ) THEN    ! (x(i) == 0) ?
            zeile = REPEAT(wa, sp)                  ! Ordinate
            zeile(1:1) = '<'; zeile(sp:sp) = '>'    ! Pfeile
            zeile(null:null) = nu;                  ! Nullpunkt
          END IF
```

```
        zeile(ind:ind) = pu                    ! Kurvenpunkt
        PRINT "(1x, A, ES8.1)", zeile, y(i)    ! Ordinatenwert
        IF (MOD(i, 24) == 0) THEN              ! Bildkontrolle
          PRINT *, 'Weiter mit cr -> '; READ *
        END IF
      END DO
      PRINT 100, xmi,xma, ymi,yma, '       Ende cr -> '; READ *
  100 FORMAT(' X:',ES9.2,'...',ES9.2,'  Y:',ES9.2,'...',ES9.2,A)
      END SUBROUTINE linie
      END MODULE kurve
! Hauptprogramm liefert Testwerte
      PROGRAM haupt
      USE kurve
      IMPLICIT NONE
      INTEGER i, x, xa, xe, xs
      INTEGER, PARAMETER :: anz = 1000
      REAL, DIMENSION(anz) :: wx, wy
      REAL a, b, c
      DO
        PRINT "(19X, A)", 'Funktion Y = a*X² + b*X + c'
        PRINT *, 'a  b  c  reell -> '; READ *, a, b, c
        PRINT *, 'Xa Xe Xs  ganz -> '; READ *, xa, xe, xs
        i = 1
        DO x = xa, xe, xs
          wx(i) = x
          wy(i) = a*x*x + b*x + c
          IF (i >= anz) EXIT
          i = i + 1
        END DO
        CALL linie(wx, wy, i-1, 55)
      END DO
      END PROGRAM haupt


                    Funktion Y = a*X² + b*X + c
a  b  c  reell -> 1 5 -10

Xa Xe Xs  ganz -> -6 +7  1
```

```
              *    |                                        -4.0E+00
           *       |                                        -1.0E+01
        *          |                                        -1.4E+01
      *            |                                        -1.6E+01
      *            |                                        -1.6E+01
       *           |                                        -1.4E+01
<——*———————————————————————————————————————————————————>-1.0E+01
          *        |                                        -4.0E+00
              *    |                                         4.0E+00
                  *|                                         1.4E+01
                   |  *                                      2.6E+01
                   |       *                                 4.0E+01
                   |            *                            5.6E+01
                   |                  *                7.4E+01
X:-6.00E+00... 7.00E+00   Y:-1.60E+01... 7.40E+01      Ende cr ->
```

Bild 5-26: Modul zur graphischen Ausgabe eines Liniendiagramms

Das in *Bild 5-27* dargestellte Beispiel enthält eine Reihe von Bildschirmunterprogrammen, die zunächst in ein Textfeld von Spalte 1 bis 80 und Zeile 1 bis 24 schreiben. Dieses füllt bei der Ausgabe den Bildschirm bis auf die unterste Zeile aus, auf der nun Eingaben erfolgen können. Es stehen folgende *Subroutinen* zur Verfügung:

baus ohne Parameter gibt das gesamte Textfeld auf den Bildschirm aus.

fuell(Zeichen) füllt das gesamte Textfeld mit einem Zeichen.

loesch ohne Parameter löscht das gesamte Feld mit Leerzeichen.

ausxyt(x, y, Text) gibt den gesamten Text auf der Position (x,y) aus.

ausxy(x, y, Text) gibt den Text ohne nachfolgende Leerzeichen aus.

iausxy(x, y, ganz) gibt eine ganze Zahl ohne Leerzeichen aus.

rausxy(x, y, reell, n) gibt eine reelle Zahl mit n Nachpunktstellen aus.

Die beiden letzten Subroutinen geben die Zahlen im Gegensatz zur standardmäßigen Ausgabe des Fortran nicht in einer festen Breite, sondern nur als Ziffernfolge variabler Länge aus. Sie rufen dazu zwei ebenfalls benutzerdefinierte Funktionen auf, die numerische Werte übernehmen und die entsprechenden Zeichenketten zurückliefern.

idude(ganz) liefert die Ziffern einer INTEGER Zahl.

rdude(reell, n) liefert die Ziffern einer REAL Zahl mit n Nachpunktstellen.

```fortran
! k5b27.for Bild 6-27: Modul mit Bildschirmfunktionen
      MODULE bildschirm
      IMPLICIT NONE
      INTEGER, PARAMETER :: nz = 24, ns = 80
      CHARACTER (LEN = ns), DIMENSION(nz) :: bild
      CONTAINS

! Bild mit Zeichen besetzen
      SUBROUTINE fuell(zeichen)
      CHARACTER zeichen
      bild(1:nz)(1:ns) = REPEAT(zeichen, ns)
      END SUBROUTINE fuell

! Bild loeschen
      SUBROUTINE loesch
      bild(1:nz) = ' '
      END SUBROUTINE loesch

! Bild ausgeben
      SUBROUTINE baus
      INTEGER i
      WRITE(*, *, ADVANCE = 'NO')
      DO i = 1, nz
        WRITE(* , * , ADVANCE = "NO" ) bild(i)
      END DO
      END SUBROUTINE baus

! String nach Bild schreiben ohne Leerzeichen am Ende
      SUBROUTINE ausxy(x, y, s)
      INTEGER x, y
      CHARACTER (LEN = *) s
      bild (y) (x:x+LEN_TRIM(s)-1) = s
      END SUBROUTINE ausxy
```

```
! String nach Bild schreiben mit Leerzeichen am Ende
      SUBROUTINE ausxyt(x, y, s)
      INTEGER x, y
      CHARACTER (LEN = *) s
      bild (y) (x:x+LEN(s)-1) = s
      END SUBROUTINE ausxyt

! INTEGER - Zahl nach Bild schreiben
      SUBROUTINE iausxy(x, y, i)
      INTEGER x, y, i
      CHARACTER (LEN = 80) :: zeile
      zeile = idude(i)
      CALL ausxy(x, y, zeile)
      END SUBROUTINE iausxy

! liefert Zeichen einer INTEGER Zahl
      FUNCTION idude(x)
      INTEGER x, i, z
      CHARACTER (LEN = 80) :: idude
      idude = ' '
      IF (x == 0) THEN
        idude = '0'
      ELSE
        z = x
        i = IFIX(LOG10(FLOAT(ABS(z)))) + 1
        IF (x < 0) THEN
          z = -z
          idude(1:1) = '-'
          i = i + 1
        END IF
        DO WHILE (z > 0)
          idude(i:i) = CHAR (MOD(z, 10) + 48)
          i = i - 1
          z = z / 10
        END DO
      END IF
      END FUNCTION idude

! REAL Zahl nach Bild schreiben
      SUBROUTINE rausxy(x, y, r, ns)
      INTEGER x, y, ns
      REAL r
      CHARACTER (LEN=80) :: zeich
      zeich = rdude(r, ns)
      CALL ausxy(x, y, TRIM(zeich))
      END SUBROUTINE rausxy

! liefert Zeichen einer REAL Zahl
      FUNCTION rdude(x, ns)
      REAL x
      INTEGER i, ns, vor, nach, fak
      CHARACTER (LEN = 80) :: rdude, snach
      rdude = ' '
      IF (ABS(x) > HUGE(vor)) THEN
        rdude(1:ns+2) = REPEAT('*', ns+2)
      ELSE
        fak = 10**ABS(ns)
```

```
      vor = INT(x)
      nach = NINT( (ABS(x) - FLOAT(ABS(vor)) )*fak )
      snach = ' '
      DO i = 1, ns
        fak = fak / 10
        snach(i:i) = CHAR(nach/fak + 48)
        nach = MOD(nach, fak)
      END DO
      rdude = TRIM(idude(vor)) // '.' // TRIM(snach)
      IF (x < 0 .AND. x > -1.0) rdude = '-' // rdude
    END IF
    END FUNCTION rdude

! zeichnet Funktion im Koordinatensystem auf Bildschirm
    SUBROUTINE zeichne(x, y, n)
    INTEGER i, n, nullx, nully, ix, iy
    REAL, DIMENSION(n) :: x, y
    REAL xmin,xmax,ymin,ymax,xnull,ynull,dx,dy,xmi,xma,ymi,yma
    CHARACTER :: se = '|', wa = '-', nu ='+'
    xmi = MINVAL(x) ; xma = MAXVAL(x)
    ymi = MINVAL(y) ; yma = MAXVAL(y)
    xmin = xmi; IF (xmin > 0) xmin = 0
    xmax = xma; IF (xmax < 0) xmax = 0
    ymin = ymi; IF (ymin > 0) ymin = 0
    ymax = yma; IF (ymax < 0) ymax = 0
    dx = xmax - xmin; IF (dx == 0) dx = 1e-10
    dy = ymax - ymin; IF (dy == 0) dy = 1e-10
    xnull = ABS(xmin*79/dx)
    nullx = IFIX(xnull + 1.5)
    ynull = ABS(ymin*23/dy)
    nully = 25 - IFIX(ynull + 1.5)
    CALL loesch
    DO i = 1, 80
      CALL ausxy(i, nully, wa)
    END DO
    DO i = 1, 24
      CALL ausxy(nullx, i, se)
    END DO
    CALL ausxy(nullx, nully, nu)
    DO i = 1, n
      ix = IFIX(xnull + x(i)*79/dx + 1.5)
      iy = 25 - IFIX(ynull + y(i)*23/dy + 1.5)
      CALL ausxy(ix, iy, '*')
    END DO
    CALL ausxy( 1,24,'Xmin='//TRIM(rdude(xmi, 1) ))
    CALL ausxy(15,24,'Ymin='//TRIM(rdude(ymi, 1) ))
    CALL ausxy(50, 1,'Ymax='//TRIM(rdude(yma, 1) ))
    CALL ausxy(65, 1,'Xmax='//TRIM(rdude(xma, 1) ))
    CALL baus
    PRINT *,'Ende mit cr -> '; READ *
    END SUBROUTINE zeichne
    END MODULE bildschirm

! Hauptprogramm zum Testen der Bildfunktionen
    PROGRAM haupt
    USE bildschirm
    IMPLICIT NONE
```

```
      INTEGER   i, n
      REAL r
      CHARACTER (LEN=80) zeile
      DO
         WRITE(*,*,ADVANCE='NO')' ganze Zahl -> '; READ *, i
         r = SQRT(FLOAT(i))
         WRITE(*,*,ADVANCE='NO')'  n Stellen -> '; READ *, n
         PRINT *, '    √ ',TRIM(idude(i)),' = ',TRIM(rdude(r,n))
         CALL loesch                     ! Bild loeschen
         CALL ausxy( 1, 22, '::Wurzel::::::::::::::::::::::::')
         CALL rausxy(10, 22, r, n)       ! nur Zahl ausgeben
         zeile = rdude(r, n)             ! Zahl umwandeln
         CALL ausxy(22, 22, '>>> ' // TRIM(zeile) // ' <<<')
         CALL ausxy( 1, 20, 'Radikand:::::::::::::::::::::::::')
         CALL iausxy(10, 20, i)          ! nur Zahl ausgeben
         zeile = idude(i)                ! Zahl umwandeln
         CALL ausxy(22, 20, '>>> ' // TRIM(zeile) // ' <<<')
         PRINT *, 'Bildausgabe mit cr -> '; READ *
         CALL baus                       ! Bild auf Schirm ausgeben
      END DO
      END PROGRAM haupt

  ganze Zahl -> 12345
  n Stellen -> 3
      √ 12345 = 111.108
Bildausgabe mit cr ->

-------------------------------------------------------------------




Radikand:12345:::::::>>> 12345 <<<

::Wurzel:111.108::::::>>> 111.108 <<<

  ganze Zahl ->

-------------------------------------------------------------------
```

Bild 5-27: Modul mit Bildschirmunterprogrammen

Das Hauptprogramm liest eine ganze Zahl und gibt sie zusammen mit der Quadratwurzel als Ziffernfolge sowohl mit der Standardausgabe PRINT und WRITE als auch mit den Bildschirmunterprogrammen aus. Da nur die Ziffern und gegebenenfalls ein negatives Vorzeichen erscheinen, lassen sich damit Zahlen gut in laufende Texte einbauen. Abschnitt 6.6.4 zeigt eine bessere Lösung mit einer internen Datei.

Das in *Bild 5-28* dargestellte Hauptprogramm ordnet die Unterprogramme mit USE bildschirm zu und verwendet daraus die Subroutine zeichne zur Darstellung von Kurven auf dem Bildschirm. Die Ausgabe erfolgt mit waagerechter Abszisse. Das Beispiel zeigt die Funktion y = sin(x) + sin(2x) + sin(3x) + sin(4x).

```
! k5b28.for Bild 5-28:   Ausgabe im Koordinatensystem
      PROGRAM haupt
      USE bildschirm     ! Modul enthaelt Bildschirmfunktionen
      IMPLICIT NONE
      INTEGER i, x, xa, xe, xs
      INTEGER, PARAMETER :: anz = 1000
      REAL, DIMENSION(anz) :: wx, wy
      REAL a, b, c, bog
      DO
        PRINT "(19X, A)", 'Funktion Y = a*X² + b*X + c'
        PRINT *, 'a  b  c  reell -> '; READ *, a, b, c
        PRINT *, 'Xa Xe Xs  ganz -> '; READ *, xa, xe, xs
        i = 1
        DO x = xa, xe, xs
          wx(i) = x;   wy(i) = a*x*x + b*x + c;  i = i + 1
        END DO
        CALL zeichne(wx, wy, i-1)
        DO i = 1, 37
          wx(i) = FLOAT(i-1)*5.0
          bog = wx(i) * 3.1415927 / 180.0
          wy(i) = SIN(bog) + SIN(2*bog) + SIN(3*bog) + SIN(4*bog)
        END DO
        CALL zeichne(wx, wy, 37)
      END DO
      END PROGRAM haupt
```

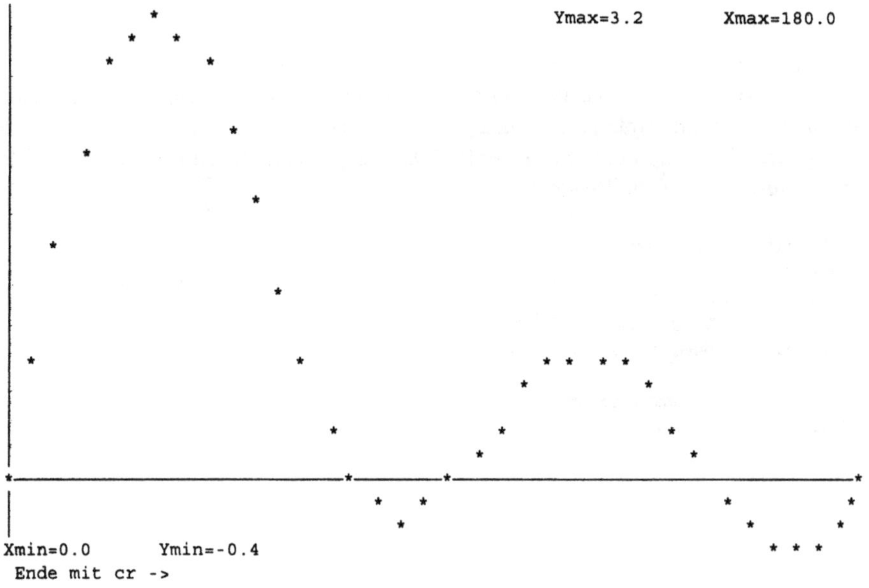

Bild 5-28: Ausgabe der Kurve y = sin(x) + sin(2x) + sin(3x) + sin(4x)

1. Aufgabe:
Die folgende trigonometrische Tabelle ist mit Umrandungen versehen auszugeben. Anstelle der Blockgraphikzeichen können auch Zeichen des Standard ASCII Zeichensatzes verwendet werden.

Grad	Sinus	Cosinus	Tangens
0	0.0000	1.0000	0.0000
15	0.2588	0.9659	0.2679
30	0.5000	0.8660	0.5774
45	0.7071	0.7071	1.0000
60	0.8660	0.5000	1.7321
75	0.9659	0.2588	3.7321
90	1.0000	0.0000	********

2. Aufgabe:
Das Schaltbild einer RLC-Schaltung ist als konstantes Textfeld zu entwerfen und auszugeben. Beispiel:

3. Aufgabe:
In einer Leseschleife sind Namen zu lesen und in einem Textfeld zu speichern. Sie sind in einem Subroutine Unterprogramm alphabetisch zu ordnen. Dazu kann das in Bild 5-5 angegebene Verfahren verwendet werden. Das Hauptprogramm soll die sortierte Liste zur Kontrolle ausgeben. Beispiel:

```
Ende mit NONAME Name -> Kain
Ende mit NONAME Name -> Eva
Ende mit NONAME Name -> Abel
Ende mit NONAME Name -> Adam
Ende mit NONAME Name -> NONAME

        4 Namen eingegeben
Abel
Adam
Eva
Kain
```

6. Datenstrukturen

Die vordefinierten *einfachen* (skalaren) Datentypen INTEGER, REAL und CHARACTER wurden mit Beispielen behandelt; die Abschnitte 6.1 und 6.2 dieses Kapitels zeigen technisch orientierte Anwendungen für die Datentypen COMPLEX und LOGICAL. Ein Feld ist eine *zusammengesetzte* Datenstruktur; die Elemente bestehen aus skalaren Daten *gleichen* Typs. Bei einer Zeichenkette sind die Elemente Zeichen vom Datentyp CHARACTER. Der Abschnitt 6.3 zeigt benutzerdefinierte Datentypen, die aus Elementen *unterschiedlicher* Datentypen aufgebaut sein können. Die in Abschnitt 6.4 behandelten Datendateien dienen zur langfristigen Aufbewahrung von Daten auf externen Speichermedien (z.B. Festplatte).

6.1 Komplexe Berechnung von Wechselstromschaltungen

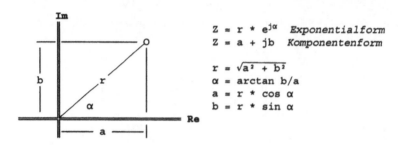

$$Z = r * e^{j\alpha} \quad \textit{Exponentialform}$$
$$Z = a + jb \quad \textit{Komponentenform}$$

$$r = \sqrt{a^2 + b^2}$$
$$\alpha = \arctan b/a$$
$$a = r * \cos \alpha$$
$$b = r * \sin \alpha$$

Ergebnis	Funktion	Parameter	Wirkung
komplex	CMPLX	(reell, reell)	liefert komplexe Größe aus Realteil, Imaginärteil
komplex	CONJ	(komplex)	liefert konjugiert komplexen Wert a - j b
reell	REAL	(komplex)	liefert Realteil des komplexen Parameters
reell	AIMAG	(komplex)	liefert Imaginärteil des komplexen Parameters
reell	CABS	(komplex)	liefert Absolutwert des komplexen Parameters
reell	ATAN2	(y, x) reell	liefert Arctan(y/x) im Bogen von $-\pi$ bis $+\pi$

Bild 6-1: Komplexe Darstellung und Umwandlungsfunktionen

Fortran speichert komplexe Zahlen vom Datentyp **COMPLEX** in der in *Bild 6-1* dargestellten Komponentenform. Bei einem voreingestellten Artparameter (KIND) von 4 bestehen die Komponenten aus zwei REAL Größen der Länge 4 byte (Tabelle Bild 2-5). Neben den vordefinierten Umwandlungsfunktionen sind eine Reihe von mathematischen Funktionen (SIN, COS, EXP, LOG und SQRT) für komplexe Argumente definiert.

Komplexe *Literale* bestehen aus einem Realteil und einem Imaginärteil, die durch ein Komma getrennt und in runde Klammern gesetzt werden. Komplexe benannte Kon-

stanten und Variablen werden als Datentyp **COMPLEX** vereinbart. Auf komplexe
Größen lassen sich alle in Bild 2-6 zusammengestellten arithmetischen Operatoren
anwenden. Beispiele:

```
COMPLEX   i, z                              ! Variablen
COMPLEX, PARAMETER :: uein = (10.0,0)       ! Konstante 10 +j0
z = (100.0, 10.0)                           ! Literal 100 +j10
i = uein / z                                ! komplexe Rechnung
```

```
! k6b2.for Bild 6-2: Strom durch eine Spule
      IMPLICIT NONE
      REAL, PARAMETER :: pi = 3.14159265
      REAL   r, l, ureal, wink
      INTEGER f, fa, fe, fs, zeile
      COMPLEX i, u, z
      CHARACTER (LEN=47), DIMENSION(5) :: bild = (/
     &"                                             ",
     &"0----[        ]======[███████]----------0",
     &"                                             ",
     &"           R              L                  ",
     &"                                             " /)
      DO zeile = 1, 5
         PRINT *, bild(zeile)
      END DO
      PRINT *, '   R und L reell -> '; READ *, r, l
      PRINT *, '        U reell -> '; READ *, ureal
      PRINT *, 'fa  fe  fs  ganz -> '; READ *, fa, fe, fs
      u = CMPLX(ureal, 0.0)
      PRINT *, '      f(Hz)    Iabso(mA)        Winkel(°)'
      DO f = fa, fe, fs
         z = CMPLX(r, 2*pi*f*l)
         i = u / z
         wink = ATAN2(AIMAG(i), REAL(i))*180/pi
         PRINT*, f, CABS(i)*1e3, wink
      END DO
      END
```

Bild 6-2: Berechnung des komplexen Stroms einer Spule

Das in *Bild 6-2* dargestellte Programmbeispiel berechnet den durch eine Spule fließen-
den Strom in Abhängigkeit von der Frequenz. Die Spannung wird als REAL Größe
gelesen und nach COMPLEX umgeformt. Der Strom erscheint in der Ausgabe in der
Exponentialdarstellung.

Die numerischen Datentypen INTEGER und REAL werden bei Operationen mit komplexen Größen in den Realteil des Datentyps COMPLEX umgeformt; der Imaginärteil
wird dabei 0 gesetzt. Erscheint auf der linken Seite einer Ergibtanweisung eine komplexe Variable, so wird ein rechts stehender ganzzahliger oder reeller Ausdruck als
Realteil übernommen, und der Imaginärteil wird 0 gesetzt. Steht links eine ganzzahlige
oder reelle Variable, so wird nur der Realteil eines rechts stehenden komplexen Ausdrucks übernommen; bei ganzzahligen Variablen werden die Nachpunktstellen des
Realteils abgeschnitten. Beispiele:

```
COMPLEX   x, y, z    ! komplexe Variablen
REAL   a, b          ! reelle Variablen
x = (1, 2)           ! x = (1 + j2)
y = x + 1            ! y = (1 + j2) + (1 + j0) = (2 + j2)
z = x * 2            ! z = (1 + j2) * (2 * j0) = (2 + j4)
a = 3
z = a                ! z = (3 + j0)
b = x                ! b = (1 + j2) = 1
```

Bei der listengesteuerten *Eingabe* von komplexen Variablen sind zwei reelle Zahlen einzugeben; sie können durch ein Komma getrennt und in runde Klammern eingeschlossen werden. Für die formatgebundene Eingabe sind zwei reelle Formatangaben und zwei reelle Eingabewerte erforderlich, die auf der Eingabezeile formatgerecht anzuordnen sind.

Bei der listengesteuerten *Ausgabe* komplexer Werte erscheinen zwei durch ein Komma getrennte reelle Zahlen, die in runde Klammern eingeschlossen sind. Für die Ausgabe von Tabellen ist die formatgebundene Ausgabe mit zwei reellen Formatangaben zu bevorzugen. Das in *Bild 6-3* dargestellte Beispiel berechnet den komplexen Eingangsstrom einer Tiefpaßschaltung und gibt ihn in der Komponentenform aus.

```
! k6b3.for Bild 6-3: Scheinwiderstand eines Tiefpass
      IMPLICIT NONE
      INTEGER :: i, nz = 0
      REAL ,PARAMETER :: pi = 3.15159265
      REAL :: omega, l = 50e-3, r = 600, c = 0.2e-6
      INTEGER :: f, fa = 0, fe = 5000, fs = 100
      COMPLEX z1, z2, z3, zg, uein, iein
      CHARACTER (LEN=47), DIMENSION(8) :: tief = (/
     &" 0──────■■■■■■──────────■■■■■■──────────────o      ",
     &"        L = 50 mH       L = 50 mH                  ",
     &"   Iein ->                                         ",
     &"                                                   ",
     &" Uein              ══ C = 0.2 uF    │ R = 600 Ω ", 
     &" f = 0...5 kHz                                     ",
     &"                                                   ",
     &" 0──────────────────────────────────o      " /)
      DO i = 1, 8
        PRINT *, tief(i)
      END DO
      PRINT *, 'Eingangsspannung Ureal, Uimag -> '; READ *, uein
      PRINT *, ' f(Hz)  Ireal(mA)  Iimag(mA)'
      DO f = fa, fe, fs
        omega = 2 * pi * f
        z1 = CMPLX(0, omega*l)
        IF (omega == 0) THEN
          z2 = CMPLX(0, -1e30)
        ELSE
          z2 = CMPLX(0, -1/(omega*c))
        END IF
        z3 = CMPLX(r, omega*l)
        zg = z1 + z2*z3/(z2 + z3)
        iein = uein / zg
```

```
PRINT "(I7, 2F11.3)", f, iein*1000
nz = nz + 1
IF (MOD(nz, 23) == 0) THEN
  PRINT *, 'Weiter -> '; READ *
  PRINT *, ' f(Hz)  Ireal(mA)  Iimag(mA)'
END IF
END DO
END
```

Bild 6-3: Eingangsstrom einer Tiefpaßschaltung

6.2 Logische Schaltungen und Bitoperationen

Ergebnis	Rang	Operator	Operanden	Wirkung
logisch	7	.NOT.	logisch	Negation (Verneinung) des Operanden
logisch	8	.AND.	logisch	wahr, wenn beide Operanden wahr sind
logisch	9	.OR.	logisch	wahr, wenn einer oder beide wahr sind
logisch	10	.EQV.	logisch	wahr, wenn beide Operanden gleich sind
logisch	10	.NEQV.	logisch	wahr, wenn beide Operanden ungleich

Ergebnis	Funktion	Parameter	Wirkung
logisch	LOGICAL	(logisch, Art)	Umwandlung in *Art* (KIND)
wie *Form*	TRANSFER	(Quelle,Form,[Größe])	Umwandlung der *Quelle* nach *Form*

Bild 6-4: Logische Operatoren und Standardfunktionen

Logische Größen wurden in Abschnitt 3.1 für arithmetische Vergleiche und Schalter-variablen eingeführt und für die Kontrolle von Programmverzweigungen und Schleifen verwendet. Die folgenden Beispiele behandeln die Rechen- und Speicherschaltungen des Abschnitts 1.2 mit Fortran Programmen.

Es gibt nur die beiden logischen *Konstanten* .FALSE. (logisch 0) und .TRUE. (logisch 1). Die logischen Operatoren und wichtigsten vordefinierten Funktionen sind in *Bild 6-4* zusammengestellt. Dazu kommen die Feldfunktionen ALL, ANY, COUNT sowie die Funktion DOT_PRODUCT, die eine logische Und Verknüpfung auf alle Elemente zweier logischer Vektoren anwendet. Bei einem voreingestellten Artparameter (KIND) von 4 belegt eine logische Größe 4 Bytes oder 32 Bits, obwohl nur ein Bit benötigt wird. Operationen und Wertzuweisungen mit den anderen vordefinierten Datentypen sind nur über die TRANSFER Funktion möglich. Anstelle der numerischen Vergleichsoperatoren sind die logischen Operatoren .EQV. für eine Prüfung auf Gleichheit bzw. .NEQV. für ungleich zu verwenden. Beispiele:

```
LOGICAL :: a = .TRUE., b = .FALSE.
IF (a .EQV.  b) PRINT *, 'a gleich b'
IF (a. NEQV. b) PRINT *, 'a ungleich b'
```

Logische Größen können sowohl listengesteuert als auch formatgebunden mit der Angabe L gelesen und ausgegeben werden. Für die *Eingabe* von logischen Daten sind Wörter zu verwenden, die mit den Buchstaben 'f' oder 'F' bzw. 't' oder 'T' beginnen; sie können wahlweise auch zwischen Begrenzungspunkte wie bei den logischen Konstanten gesetzt werden. Bei der *Ausgabe* erscheinen nur die Buchstaben F für FALSE bzw. T für TRUE. Die DO Zählschleife ist nur für numerische Laufvariablen verwendbar; logische Schleifen müssen besonders konstruiert werden. Das folgende Beispiel gibt die Wahrheitstabelle eines Halbaddierers (Schaltung Bild 1-9) aus.

```
LOGICAL a, b, c, s
a = .FALSE.                   ! 1. Summand
DO
  b = .FALSE.                 ! 2. Summand
  DO
    c = a .AND. b             ! Carry = Uebertrag
    s = a .NEQV. b            ! Summe
    PRINT *, a, b, c, s
    IF (b) EXIT
    b = .NOT. b
  END DO
  IF (a) EXIT
  a = .NOT. a
END DO
```

```
Ausgabe: F F F F
           F T F T
           T F F T
           T T T F
```

Für die Eingabe und Ausgabe mit den Zeichen 0 und 1 anstelle von F und T müssen ganzzahlige Hilfsvariablen verwendet werden, die mit der Funktion TRANSFER umzuwandeln sind. Beispiel:

```
LOGIGAL  a, b, c , s          ! logische Variablen
INTEGER ia, ib, ic, is        ! ganzzahlige Hilfsvariablen
PRINT *, 'a 0/1 -> '; READ *, ia; a = TRANSFER(ia, a)
PRINT *, 'b 0/1 -> '; READ *, ib; b = TRANSFER(ib, b)
c = a .AND. b        ; ic = TRANSFER(c, ic)
s = a .NEQV. b       ; is = TRANSFER(s, is)
PRINT "(I3, ' +',I2,' =', 2I2)", ia, ib, ic, is
```

```
! k6b5.for  Bild 6-5: Tabelle der logischen Operatoren
      IMPLICIT NONE
      LOGICAL x, y, znot, zand, zor, zeqv, zneqv
      INTEGER ix, iy, iznot, izand, izor, izeqv, izneqv
      PRINT *, '┌─────┬──────┐ ┌─────┬─────┬──────┬─────┬──────┬───────┐ '
      PRINT *, '│ X │ .NOT.│ │ X │ Y │ .AND.│ .OR.│ .EQV.│ .NEQV.│ '
      PRINT *, '├─────┼──────┤ ├─────┼─────┼──────┼─────┼──────┼───────┤ '
```

```
      DO ix = 0, 1
        DO iy = 0, 1
          x = TRANSFER(ix, x); y = TRANSFER(iy, y)
          znot = .NOT. x      ; iznot = TRANSFER(znot, iznot)
          zand = x .AND. y     ; izand = TRANSFER(zand, izand)
          zor  = x .OR. y      ; izor  = TRANSFER(zor, izor)
          zeqv = x .EQV. y     ; izeqv = TRANSFER(zeqv, izeqv)
          zneqv= x .NEQV. y    ; izneqv= TRANSFER(zneqv, izneqv)
          PRINT 200, ix, iznot, ix,iy,izand,izor,izeqv,izneqv
200       FORMAT(1x,'  ',I2,'  ',I3,'    '
    &     I2,'  ',I2,'  ',I3,'   ',I3,'  ',I3,'  ',I4,'  ')
        END DO
      END DO
      PRINT *, '                                             '
      END
```

X	.NOT.
0	1
0	1
1	0
1	0

X	Y	.AND.	.OR.	.EQV.	.NEQV.
0	0	0	0	1	0
0	1	0	1	0	1
1	0	0	1	0	1
1	1	1	1	1	0

Bild 6-5: Wahrheitstabelle der logischen Operatoren

Das in *Bild 6-5* dargestellte Programmbeispiel gibt die Wahrheitstabelle der logischen Operatoren mit den Zeichen 0 und 1 aus. Die digitalen Rechen- und Speicherschaltungen des ersten Kapitels lassen sich mit logischen Größen berechnen; es wäre jedoch außerordentlich mühsam, die ganzzahligen Hilfsgrößen der Schleifen und Ein-/Ausgabe dauernd mit TRANSFER umzuwandeln. Die vordefinierten *Bitoperationen* bieten die Möglichkeit, logische Operationen auch auf ganzzahlige Größen anzuwenden.

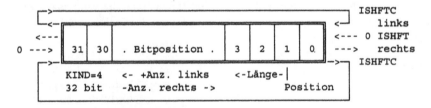

Vordefinierte Standardsubroutine zum Kopieren von Teilbitfeldern:

```
CALL MVBITS(Quelle, Q_POS, Länge, Ziel, Z_POS)
```

Kopiere ab Position Q_POS der *Quelle* in der *Länge* nach Position Z_POS des *Ziels*.

Ergebnis	Funktion	Parameter	Wirkung
ganz	NOT	(ganz)	Einerkomplement aller Bitpositionen
ganz	IAND	(ganz, ganz)	Und (.AND.) aller Bitpositionen
ganz	IOR	(ganz, ganz)	Oder (.OR.) aller Bitpositionen
ganz	IEOR	(ganz, ganz)	Eoder (.NEQV.) aller Bitpos. (XOR)
ganz	IBSET	(ganz, POS)	setze Bit an Position POS auf 1
ganz	IBCLR	(ganz, POS)	lösche Bit an Position POS nach 0
ganz	ISHFT	(ganz, *Anz*)	schiebe logisch um *Anz* Bitpositionen *Anz* positiv: links *Anz* negativ: rechts
ganz	ISHFTC	(ganz,*Anz*,[*Länge*])	schiebe zyklisch ab Pos. 0 bis *Länge*
logisch	BTST	(ganz, POS)	.TRUE. wenn Bitposition POS = 1
ganz	BIT_SIZE	(ganz)	Speichergröße = Zahl der Bitpositionen
ganz	IBITS	(ganz, POS, *Länge*)	Teilbitfolge links von POS in *Länge*

Bild 6-6: Standardunterprogramme für Bitoperationen

Die in *Bild 6-6* zusammengestellten Standardunterprogramme führen Bitoperationen parallel mit allen Bitpositionen von ganzzahligen Größen aus, bei einem voreingestellten Artparameter (KIND) von 4 mit allen 32 Bitpositionen. Das in *Bild 6-7* dargestellte Beispiel gibt die Wahrheitstabelle eines Halbaddierers mit ganzzahligen Größen aus.

```
! k6b7.for  Bild 6-7: Wahrheitstabelle eines Halbaddierers
      IMPLICIT NONE
      CHARACTER (LEN = 24), DIMENSION(8) :: bild = (/
     &"        a          b      ",
     &"                          ",
     &"                          ",
     &"                          ",
     &"                          ",
     &"       &          =1      ",
     &"                          ",
     &"                          ",
     &"        c          s      " /)
      INTEGER i, a, b, c, s  ! anstelle von logischen Variablen
      DO i = 1, 8
        PRINT *, bild(i)      ! Schaltbild des Halbaddierers
      END DO
      PRINT *, '  a  b  c  s'
      DO a = 0, 1            ! INTEGER DO Schleifen fuer
        DO b = 0, 1          ! den Aufbau der Tabelle
          c = IAND(a, b)     ! Bitoperation fuer c = a .AND. b
          s = IEOR(a, b)     ! Bitoperation fuer s = a .NEQV. b
          PRINT "(1x, 4I3)", a, b, c, s   ! Ausgabe mit 0 und 1
        END DO
      END DO
      END
```

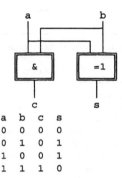

a b c s
0 0 0 0
0 1 0 1
1 0 0 1
1 1 1 0

Bild 6-7: Wahrheitstabelle eines Halbaddierers

Verwendet man anstelle von logischen Größen ganzzahlige vom Datentyp INTEGER, so ist wegen der parallelen Verknüpfung aller Bitpositionen darauf zu achten, daß alle Stellen außer der wertniedrigsten 0 sind. Anstelle der Bitoperation NOT sollte für das logische Nicht das IEOR mit der Konstanten 1 verwendet werden. Für Logikschaltungen mit mehreren Eingängen vereinbart man Funktionsunterprogramme. Beispiele:

```
INTEGER :: a, b, c = 0, d = 1, Oder4
PRINT *,' a =  0/1 -> '; READ *, a ! nur 0 oder 1 erlaubt
IF (a /= 1) a = 0                   ! brutale Kontrolle
b = IEOR(a, 1)                      ! statt b = .NOT. a
PRINT *, ' a .OR. b .OR. c .OR. d =', Oder4(a, b, c, d)


! Logisches Oder mit vier Eingaengen
INTEGER FUNCTION Oder4(w, x, y, z)
INTEGER w, x, y, z
Oder4 = IOR(IOR(w, x), IOR(y, z))
END FUNCTION Oder4


! k6b8.for Bild 6-8: duale Addition mit einem Volladdierer
      MODULE addierer
      IMPLICIT NONE
      CONTAINS                      ! Modulunterprogramme
! Subroutine Halbaddierer
      SUBROUTINE hadd(a, b, c, s)
      INTEGER a, b, c, s            ! statt LOGICAL
      c = IAND(a, b)                ! statt c = a .AND. b
      s = IEOR(a, b)                ! statt s = a .NEQV. b
      END SUBROUTINE hadd
! Subroutine Volladdierer ruft zweimal Halbaddierer auf
      SUBROUTINE vadd(a, b, cv, cn, s)
      INTEGER a, b, cv, cn, s, c1, c2, s1
      CALL hadd(a, b, c1, s1)       ! linker Halbaddierer
      CALL hadd(s1, cv, c2, s)      ! rechter Halbaddierer
      cn = IOR(c1, c2)              ! statt cn = c1 .OR. c2
      END SUBROUTINE vadd
      END MODULE addierer
```

```
! Hauptprogramm
      PROGRAM haupt
      USE addierer
      CHARACTER (LEN = 16), DIMENSION(11) :: bild = (/
     &"     a   b   v    ",
     &"     |   |   |    ",
     &"    +---+   |     ",
     &"    |HA |   |     ",
     &"    +---+   |     ",
     &"      |   +---+   ",
     &"      |   |HA |   ",
     &"      |   +---+   ",
     &"    +---+ |       ",
     &"    |>1 | |       ",
     &"    +---+ |       ",
     &"      c   s       " /)
      INTEGER i, a, b, c, v, s     ! statt logischer Groessen
      DO i = 1, 11
         PRINT *, bild(i)              ! Schaltbild ausgeben
      END DO
      DO                               ! Leseschleife
         PRINT *, 'ende mit -1  a = 0/1 -> '; READ *, a
         IF (a == -1) EXIT             ! Ende der Leseschleife
         IF (a /= 1) a = 0             ! Eingabekontrolle
         PRINT *, '                 b = 0/1 -> '; READ *, b
         IF (b /= 0) b = 1            ! Eingabekontrolle
         DO                            ! Kontrollschleife
            PRINT *, '                v = 0/1 -> '; READ *, v
            IF (v == 0 .OR. v == 1) EXIT    ! Eingabe war gut
         END DO                            ! sonst nochmal
         CALL VADD(a, b, v, c, s)          ! nun rechne mal
         PRINT "(I2,' +',I2,' +',I2,' =', 2I2)", a, b, v, c, s
      END DO
      END PROGRAM haupt
```

```
  a  b  v
  |  |  |
 +---+ |
 |HA | |
 +---+ |
   |  +---+
   |  |HA |
   |  +---+
 +---+ |
 |>1 | |
 +---+ |
   c  s
ende mit -1  a = 0/1 -> 1

                b = 0/1 -> 1

                v = 0/1 -> 1

 1 + 1 + 1 = 1 1
```

Bild 6-8: Unterprogramme für logische Schaltungen

Logische Schaltungen lassen sich als Unterprogramme formulieren und als Modul ablegen. Das in *Bild 6-8* dargestellte Beispiel zeigt die duale Addition zweier einstelliger Dualzahlen unter Berücksichtigung des Übertrags einer Vorgängerstelle. Dabei ruft das Unterprogramm vadd zweimal den Halbaddierer hadd auf. Das Hauptprogramm zeigt mehrere Möglichkeiten, die Eingabe auf 0 bzw. 1 zu kontrollieren.

```
! k6b9.for   Bild 6-9: Paralleladdierer
      IMPLICIT NONE
      INTEGER, PARAMETER :: ste = 8
      INTEGER a, b, c, v, s, ar(ste),br(ste),sr(ste)
      INTEGER  i
      CHARACTER (LEN=51), DIMENSION(7) :: bild = (/
     &"    A3 B3       A2 B2       A1 B1       A0 B0      ",
     &"                                                 V ",
     &"                                                   ",
     &"     VA          VA          VA          VA        ",
     &"                                                   ",
     &"                                                   ",
     &"C        S3          S2          S1          S0    " /)
      DO i = 1, 7
         PRINT *, bild(i)              ! Schaltbild ausgeben
      END DO
      DO                               ! a und b dezimal lesen
         PRINT "(/' ende=-1  V=  0/1-> ')" ; READ *, v  ! binaer
         IF (v == -1) EXIT             ! Ende der Schleife
         IF (v /= 1) v = 0             ! Eingabekontrolle
         PRINT "(' A 0 ..',I4,' ganz -> ')", 2**ste-1; READ *, a
         PRINT "(' B 0 ..',I4,' ganz -> ')", 2**ste-1; READ *, b
! Dualstellen trennen und in Felder ar und br speichern
         DO i = 1, ste                 ! fuer alle Stellen
            ar(i) = MOD(a, 2); a = a/2 ! Dezimal-Dual-Umwandlung
            br(i) = IBITS(b, i-1, 1)   ! Bitoperation statt
         END DO                        ! Dezimal-Dual-Umwandlung
         CALL padd(ar, br, v, c, sr, ste)
         PRINT "(' Operand A =', 3X, 20I3)", (ar(i),i=ste,1,-1)
         PRINT "(' Operand B =', 3X, 20I3)", (br(i),i=ste,1,-1)
         PRINT "('   Carry V =', 24X, I3)", v
         PRINT "('    Summe =', 21I3)", c, (sr(i),i=ste,1,-1)
! Felder mit Dualstellen wieder in Zahlen verwandeln
         a = 0; b = 0; s = 0;
         DO i = 1, ste                 ! fuer alle Stellen
            a = a + ar(i)*2**(i-1)     ! Dual-Dezimal-Umwandlung
            CALL MVBITS(br(i),0,1, b,i-1)! Bitoperation
            CALL MVBITS(sr(i),0,1, s,i-1)! Bitoperation statt
         END DO                        ! Dual-Dezimal-Umwandlung
         s = s + c*2**ste              ! Ergebnis 1 Stelle mehr
         PRINT "('0', I4,' +',I4,' +',I2,' =',I5)", a, b, v, s
! a und b enthalten alle Stellen der Dualzahlen
         CALL adder(a, b, v, c, s, ste)
         CALL MVBITS(c,0,1, s,ste)     ! Ergebnis 1 Stelle mehr
         PRINT "(' ', I4,' +',I4,' +',I2,' =',I5)", a, b, v, s
      END DO
      END
! externe Subroutine Paralleladdierer fuer n stellige Felder
      SUBROUTINE padd(a, b, cv, cn, s, n)
      USE addierer              ! Modulsubroutine Bild 6-8
```

```
IMPLICIT NONE
INTEGER n, cv, cn, i, ci
INTEGER, DIMENSION(n) :: a, b, s
ci = cv
DO i = 1, n            ! fuer alle Feldelemente = Stellen
  CALL vadd(a(i), b(i), ci, ci, s(i))
END DO
cn = ci
END SUBROUTINE padd
! externe Subroutine adder fuer INTEGER Variablen in n Stellen
SUBROUTINE adder(a, b, cv, cn, s, n)
USE addierer           ! Modulsubroutine VADD Bild 6-8
IMPLICIT NONE
INTEGER a, b, cv, cn, s, n, i, ai, bi, ci, si
ci = cv; s = 0         ! Bitoperation keine Wertzuweisung!
DO i = 1, n            ! fuer alle Bitpositionen = Stellen
  ai = IBITS(a, i-1, 1)        ! Bit ausschneiden
  bi = IBITS(b, i-1, 1)        ! Bit ausschneiden
  CALL vadd(ai, bi, ci, ci, si)
  CALL MVBITS(si,0,1, s,i-1)   ! Bit wieder einbauen
END DO
cn = ci
END SUBROUTINE adder
```

```
ende=-1  V=  0/1-> 1
A 0 .. 255 ganz -> 12
B 0 .. 255 ganz -> 12

Operand A =     0  0  0  0  1  1  0  0
Operand B =     0  0  0  0  1  1  0  0
  Carry V =                       1
   Summe =  0  0  0  0  1  1  0  0  1

12 + 12 + 1 =    25
12 + 12 + 1 =    25
```

Bild 6-9: Behandlung mehrstelliger Dualzahlen

Für die Behandlung mehrstelliger Dualzahlen in einem Paralleladdierer können die Stellen entweder als Feld oder in einer einzigen Variablen gespeichert werden. Die erste Lösung verschwendet Speicherplatz und verlangt Schleifen; die zweite benötigt "trickreiche" Bitoperationen, um die Bitpositionen einzeln zu behandeln. Das in *Bild 6-9* dargestellte Programmbeispiel zeigt beide Verfahren mit dezimaler Eingabe. Das Trennen und Zusammensetzen der Bitpositionen wird sowohl mit Zahlenumwandlungen dezimal - dual und dual- dezimal auch mit Bitoperationen durchgeführt.

```
! k6b10.for  Bild 6-10: Taktzustandsgesteuertes D-Flipflop
      PROGRAM haupt
      IMPLICIT NONE
      CHARACTER (LEN = 55), DIMENSION(16) :: bild = (/
     &"                                                       ",
     &"D = x ──────────■────┌─────┐                           ",
     &"                     │  &  │■───┐                       ",
     &"                     │     │   x  ┌─────┐               ",
     &"                     │     │      │  &  │■────■──○ Q = x ",
     &"                     └─────┘      │     │               ",
     &"                                  │     │               ",
     &"T = x ─┌─┐─■─────────────────■────│     │               ",
     &"       │1│■                       └─────┘               ",
     &"       └─┘                                              ",
     &"                     ┌─────┐      ┌─────┐               ",
     &"                  x  │  &  │■───┐ │  &  │■────■──○ Q̄ = x ",
     &"              ┌─■─────│     │   x └─────┘               ",
     &"           ┌─┐│       │  &  │                           ",
     &"           │1││       └─────┘                           ",
     &"           └─┘                                          ",
     &"T = 0 aktiv   taktzustandsgesteuertes D-Flipflop       " /)
      INTEGER i, d, t, ns, nr, q, nq
      d = 0; t = 1; nq = 0                       ! Anfangswerte
      DO                                         ! Leseschleife
        CALL dflipflop(d,t, ns,nr, q,nq)         ! Flipflop schalten
        bild (2)   (5:5)   = CHAR(d + 48)        ! Zeichen nach Bild
        bild (8)   (5:5)   = CHAR(t + 48)
        bild (4)   (28:28) = CHAR(ns + 48)
        bild (11)  (28:28) = CHAR(nr + 48)
        bild (4)   (51:51) = CHAR(q + 48)
        bild (11)  (51:51) = CHAR(nq + 48)
        PRINT "(6(/))"                           ! Zeilenvorschuebe
        DO i = 1, 16                             ! Bild ausgeben
          PRINT *, bild(i)
        END DO
        PRINT "('0  -1=Ende  D , T  0/1 -> ')"; READ *, d, t
        IF (d == -1 .OR. t == -1) EXIT           ! Programmende
        IF (d /= 1) d = 0; IF (t /= 0) t = 1 ! Eingabekontrolle
      END DO
      END PROGRAM haupt
! Externe Funktion nicht wirkt als Negierer
      INTEGER FUNCTION nicht(x)
      IMPLICIT NONE
      INTEGER x
      nicht = IEOR(x, 1)
      END FUNCTION nicht
! Externe Funktion nand = Nicht Und mit 2 Eingaengen
      INTEGER FUNCTION nand(x, y)
      IMPLICIT NONE
      INTEGER x, y, nicht
      nand = nicht(IAND(x, y))
      END FUNCTION nand
! Externe Subroutine dflipflop simuliert DFF
      SUBROUTINE dflipflop(d, t, ns, nr, q, nq)
      IMPLICIT NONE
      INTEGER d, t, ns, nr, q, nq, nand, nicht
      ns = nand(d, nicht(t))               ! Setzeingang
      nr = nand(nicht(d), nicht(t))        ! Ruecksetzeingang
```

```
q  = nand(ns, nq)                ! Q Basisflipflop
nq = nand(nr, q)                 ! NQ Basisflipflop
q  = nand(ns, nq)                ! Rueckkopplung !!!!
END SUBROUTINE dflipflop
```

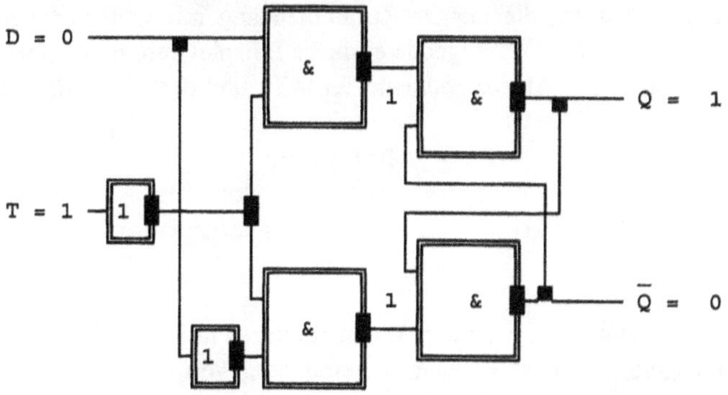

```
T = 0 aktiv    taktzustandsgesteuertes D-Flipflop

 -1=Ende  D , T    0/1 -> 0  1
```

Bild 6-10: Darstellung eines Flipflops

Das in *Bild 6-10* dargestellte Programm stellt das Verhalten einer Speicherschaltung (Flipflop Kapitel 1 Bild 1-6) auf dem Bildschirm dar. Dabei werden die Änderungen der Eingabezustände und der daraus resultierenden Ausgänge in das Schaltbild eingebaut, das nach jeder Eingabe erneut auf dem Bildschirm erscheint. Das Programm benutzt für den Negierer, die NAND Schaltung (Nicht Und) und das Flipflop externe Unterprogramme, die auch als Modulunterprogramme vereinbart werden könnten, um sie anderen Programmeinheiten zugänglich zu machen.

6.3 Benutzerdefinierte Datentypen und Objekte

Benutzerdefinierte Datentypen bestehen aus Komponenten, die den vordefinierten Typen (z.B. INTEGER) bzw. bereits definierten eigenen Typen angehören. Sie erhalten einen frei gewählten *Namen* (Bezeichner). Mit einem benutzerdefinierten Datentyp wird der Aufbau einer *Datenstruktur* beschrieben.

```
TYPE [, Attribute]  [::]  Typname
[ PRIVATE ]
[ SEQUENCE ]
Datentyp_1  Komponentenliste_1
Datentyp_2..Komponentenliste_2
 .  .  .  .  .  .  .  .  .  .  .  .
END TYPE [Typname]
```

Die optionale Angabe PRIVATE kennzeichnet, daß der Datentyp nur in dem Modul verfügbar ist, in dem er vereinbart wird; sonst ist er öffentlich zugänglich (PUBLIC). Die optionale Angabe SEQUENCE legt eine bestimmte Speicheranordnung fest. Sie kann z.B. für die Übergabe von Objekten an externe Unterprogramme erforderlich sein. Die Komponenten erhalten Namen, die nur im Zusammenhang mit Objekten des Datentyps verwendet werden dürfen. Das folgende einfache Beispiel vereinbart einen Datentyp logo, der aus der LOGICAL Komponente inhalt und der CHARACTER Komponente bild besteht.

```
TYPE logo                        ! Datentyp
   LOGICAL inhalt                ! eine Komponente
   CHARACTER (LEN = 10) bild     ! Text als Komponente
END TYPE logo
```

Der Datentyp ist ein Muster (Bauplan), nach dem Datenstrukturen in Form von Variablen oder Konstanten angelegt werden können. Vereinbarung von Strukturobjektvariablen, auch Objektvariablen oder kurz *Objekte* genannt:

```
TYPE (Typname) [,Attribute] [::] Namensliste
```

Die Liste enthält die Namen von *Variablen*, die Daten des Typs enthalten sollen, bzw. von Funktionen, die entsprechende Ergebnisse zurückliefern. Das folgende einfache Beispiel legt die Objekte a, b und c vom Datentyp logo an.

```
TYPE (logo)  a, b, c            ! Objekte vom Datentyp logo
```

Objekte mit *konstantem* Inhalt (Strukturobjektkonstanten) werden durch den Typnamen und eine in runde Klammern gesetzte Liste von Konstanten gebildet. Enthält die Liste Ausdrücke, so spricht man von einem konstruierten Strukturobjekt. Aufbau von konstruierten Strukturobjektkonstanten und konstruierten Strukturobjekten oder kurz *konstruierten Objekten*:

```
Typname (Konstantenliste)
Typname (Ausdruckliste)
```

Die Konstruktion von Objekten gleicht formal einem Funktionsaufruf mit dem Namen des Datentyps und entsprechenden aktuellen Parametern. Das folgende Beispiel weist dem Objekt a Anfangswerte zu und besetzt die Objekte b und c mit *konstruierten* Konstanten bzw. Objekten.

```
LOGICAL :: x = .FALSE., y = .TRUE.          ! vordefinierter Typ
CHARACTER (LEN = 10) :: text = 'c ='        ! vordefinierter Typ
TYPE (logo) :: a = logo(.TRUE.,'a ='), b,c  ! a wird vorbesetzt
b = logo(.FALSE., 'b=')                     ! Objektkonstante
c = logo(x .AND. y, text)                   ! konstr. Objekt
```

Objekte können über ihre *Komponenten* angesprochen werden. Dabei wird der Name der Objektvariablen durch den Operator % von dem Namen der Komponente getrennt. Zwischen den Namen und dem Operator % können wahlweise auch Leerzeichen stehen.

Ist eine Komponente ein benutzerdefinierter Datentyp, so können weitere Komponenten mit % Zeichen angehängt werden.

```
Objektvariable % Komponente_1 [ % Komponente_n]
```

Die Komponenten von Objekten sind skalare Größen und werden wie die entsprechenden vordefinierten Datentypen behandelt. Sie können in Ausdrücken, in Ein- /Ausgabeanweisungen und als aktuelle Parameter von Unterprogrammaufrufen erscheinen. Die folgenden Beispiele weisen den Objekten b und c Werte über ihre Komponenten inhalt und bild zu.

```
b % inhalt = .TRUE.;        PRINT *, b%inhalt
b % bild = 'bbbbbbbbb';      PRINT *, b%bild
c % inhalt = x .AND. y;      PRINT *, c%inhalt
c % bild = text;             PRINT *, c%bild
```

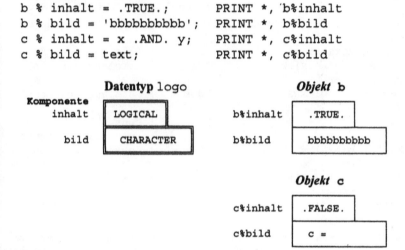

Erscheint nur der Name des Objektes, so wird die Anweisung mit *allen Komponenten* des Objektes durchgeführt. Dies gibt es nur für
- die Wertzuweisung von Objekten,
- Objekte in Ein-/Ausgabeanweisungen und
- Objekte als Parameter in Unterprogrammen.

Vergleiche zwischen Objekten, auch auf gleich bzw. ungleich, sind nur über die Komponenten möglich, nicht über die Objektnamen. Das folgende Beispiel liest alle Komponenten des Objektes a, weist sie dem Objekt b zu und gibt das Objekt b aus. Die beiden Objekte a und b werden komponentenweise miteinander verglichen.

```
PRINT *, 't/f Text -> '; READ *, a    ! Eingabe: t otto
b = a
PRINT *, b%bild, ' = ', b%inhalt       ! Ausgabe: otto = T
IF (a%bild == b%bild .AND. (a%inhalt .EQV. b%inhalt)) PRINT *, '='
```

Ein benutzerdefinierter Datentyp (Oberstruktur) kann einen vorher definierten Datentyp als Komponente (Unterstruktur) enthalten. An die Komponente der Oberstruktur werden die Komponenten der Unterstruktur mit einem weiteren % Zeichen angehängt. In dem folgenden Beispiel besteht eine Struktur aus einem Wert (Inhalt und Bild) sowie aus einer Position auf dem Bildschirm.

```
TYPE  flip                              ! Oberstruktur
  TYPE (logo) wert                      ! Unterstruktur logo
  INTEGER  xpos, ypos                   ! vordefinierter Datentyp
END TYPE flip
TYPE (flip) carry                       ! Objekt vom Typ flip
carry % wert % inhalt = .TRUE.          ! Wert
carry % wert % bild = 'I x I'           ! Darstellung
carry % xpos = 47                       ! X-Position
carry % ypos = 11                       ! Y-Position
```

Ein benutzerdefinierter Datentyp kann *Felder* als Komponenten enthalten. Ein *Feld*
kann aus Elementen bestehen, die Objekte sind. Das folgende Beispiel vereinbart einen
Datentyp register mit einer Feldkomponente vom Datentyp LOGICAL und vereinbart ein Feld bank, dessen Elemente aus Objekten vom Typ register bestehen.

```
TYPE register
  LOGICAL ,DIMENSION(8) :: bit          ! Feld aus 8 Bits
  CHARACTER (LEN = 32) bild             ! Zeichenkette
END TYPE register
TYPE (register) ,DIMENSION(16) :: bank  ! Feld aus Objekten
INTEGER i, j
DO i = 1, 16                            ! fuer alle Objekte
  DO j = 1,8                            ! fuer alle Elemente
    bank(i) % bit(j) = .TRUE.           ! Inhalt festlegen
  END DO
  bank(i) % bild = ' Registerbank'      ! Text einsetzen
END DO
PRINT "(1X, 8L2, A)", bank              ! Objekt ausgeben
```

Objekte können als aktuelle Parameter an *Unterprogramme* übergeben und auch als
Funktionsergebnisse zurückgeliefert werden. Bei externen Unterprogrammen sollten die
Option SEQUENCE und ein *Interface* verwendet werden, in dem der Datentyp des
formalen Parameters mit den gleichen Bezeichnern wie im Hauptprogramm vereinbart
wird. Das in *Bild 6-11* dargestellte Programmbeispiel vereinbart in dem Modul bool
einen eigenen logischen Datentyp mit eigenen Operatoren und Unterprogrammen.
Abschnitt 4.5.4 behandelt benutzerdefinierte Operatoren und Zuweisungen, Abschnitt
4.6.2 die Definition und Zuordnung von Moduln.

```
! k6b11.for  Bild 6-11: Benutzerdefinierte Bool'sche Algebra
    MODULE bool                 ! Modul Datentyp und Upros
    IMPLICIT NONE
    TYPE logo                   ! Datentyp logisch
      LOGICAL inhalt            ! Element LOGICAL
      CHARACTER (LEN=10) bild   ! reserviert fuer Bezeichnung
    END TYPE logo
    INTERFACE ASSIGNMENT (=)    ! Zuweisung logo = logo
      MODULE PROCEDURE logologo
    END INTERFACE
    INTERFACE ASSIGNMENT (=)    ! Zuweisung logo = INTEGER
      MODULE PROCEDURE logoint
    END INTERFACE
```

```
INTERFACE OPERATOR (-)      ! Operation logo = NOT logo
  MODULE PROCEDURE nicht
END INTERFACE
INTERFACE OPERATOR (+)      ! Operation logo = logo  OR  logo
  MODULE PROCEDURE oder
END INTERFACE
INTERFACE OPERATOR (*)      ! Operation logo = logo AND logo
  MODULE PROCEDURE und
END INTERFACe
INTERFACE OPERATOR (-)      ! Operation logo = logo NEQV logo
  MODULE PROCEDURE eoder
END INTERFACE
CONTAINS                    ! Modulunterprogramme
SUBROUTINE logologo(x, y)   ! Zuweisung logo = logo
TYPE (logo) ,INTENT(OUT) :: x
TYPE (logo) ,INTENT(IN) :: y
x%inhalt = y%inhalt         ! Nur Inhalte uebernehmen
END SUBROUTINE logologo
SUBROUTINE logoint(x, y)    ! Zuweisung logo = INTEGER
TYPE (logo) ,INTENT(OUT) :: x
INTEGER ,INTENT(IN) :: y
x%inhalt = TRANSFER(y, x%inhalt) ! INTEGER nach LOGICAL
END SUBROUTINE logoint
FUNCTION nicht(x)           ! unaerer Operator -
TYPE (logo) nicht, x
nicht%inhalt = .NOT. x%inhalt
END FUNCTION nicht
FUNCTION oder(x, y)         ! binaerer Operator + =  OR
TYPE (logo) oder, x, y
oder%inhalt = x%inhalt .OR. y%inhalt
END FUNCTION oder
FUNCTION und(x, y)          ! binaerer Operator * =  AND
TYPE (logo) und, x, y
und%inhalt = x%inhalt .AND. y%inhalt
END FUNCTION und
FUNCTION eoder(x, y)        ! binaerer Operator - =  NEQV
TYPE (logo) eoder, x, y
eoder%inhalt = x%inhalt .NEQV. y%inhalt
END FUNCTION eoder
SUBROUTINE ein(text, x)     ! logo mit Fehlerkontrolle lesen
TYPE (logo) ,INTENT(OUT) :: x
CHARACTER (LEN=*) ,INTENT(IN) :: text
INTEGER wert, test
DO                          ! Kontrollschleife nur 0 oder 1
  PRINT *,text;  READ (*, *, IOSTAT=test) wert
  x%inhalt = TRANSFER(wert, x%inhalt)
  IF ((wert == 0 .OR. wert == 1) .AND. test == 0) EXIT
  PRINT *,'Fehlerhafte Eingabe wiederholen !'
END DO
END SUBROUTINE ein
INTEGER FUNCTION aus(x)     ! liefert inhalt INTEGER
TYPE (logo) :: x
aus = TRANSFER(x%inhalt, aus)
END FUNCTION aus
END MODULE bool             ! Ende des Moduls
```

```
! Hauptprogramm Ausgabe Wahrheitstabelle und Addierschaltung
      PROGRAM haupt
      USE bool                    ! Modul mit BOOL'scher Algebra
      INTEGER f1, f2              ! fuer Zaehler
      CHARACTER ant               ! fuer Leseschleife
      TYPE (logo) :: a, b, c, d, e, f    ! Logische Variablen
      PRINT *, ' a -a    a b   * + -'    ! Ueberschrift
      DO f1 = 0, 1                ! Wahrheitstabelle der Operatoren
       DO f2 = 0, 1              ! INTEGER DO Schleifen
         a = f1;  b = f2         ! Zuweisungen logo = INTEGER
         c = - a                 ! c = nicht(a)   c = .NOT. a
         d = a * b               ! d = und(a,b)   d = a .AND. b
         e = a + b               ! e = oder(a,b)  e = a .OR. b
         f = a - b               ! f = eoder(a,b) f = a .NEQV. b
         PRINT 1,aus(a),aus(c),aus(a),aus(b),aus(d),aus(e),aus(f)
    1    FORMAT(2I3, 3X, 2I2, 2x, 3I2)
       END DO
      END DO
      PRINT *, 'Halbaddierer a und b eingeben'
      DO                          ! Leseschleife
        CALL ein('a -> ', a)      ! Eingabe mit Kontrolle
        CALL ein('b -> ', b)      ! Eingabe mit Kontrolle
        c = und(a, b)             ! Carry als Funktionsaufruf
        d = (a + b) * (-(a * b))  ! Summe mit Operatoren wie NEQV
        PRINT 2, aus(a), aus(b), aus(c), aus(d)
    2   FORMAT(' Addierer:', I2, ' +' ,I2, ' =', 2I2)
        PRINT *,'Nochmal ? ->'; READ *, ant
        IF (ant /= 'j') EXIT      ! bis nicht j
      END DO
      END PROGRAM haupt


   a -a    a b    * + -
   0  1    0 0    0 0 0
   0  1    0 1    0 1 1
   1  0    1 0    0 1 1
   1  0    1 1    1 1 0
Halbaddierer a und b eingeben
a -> 1
b -> 1
Addierer: 1 + 1 = 1 0
Nochmal ? ->
```

Bild 6-11: Benutzerdefinierte Boolsche Algebra

Die benutzerdefinierten Datentypen des Fortran werden in C++ und Pascal als Strukturen (struct) bzw. Verbunde (RECORD) bezeichnet. In der Objektorientierten Programmierung (OOP) dieser Sprachen deklariert man aus Daten und Unterprogrammen Klassen (class) bzw. Objekttypen (OBJECT). Sie werden als Muster für die Definition von Objekten bzw. Instanzen verwendet. In Fortran gibt es diese Verbindung von Daten und Unterprogrammen, die sie bearbeiten, nur in der Form von Moduln.

6.4 Datendateien

Eine *Datendatei* ist ein Datenbereich auf einer Festplatte (Harddisk) oder einer Wechselplatte (Floppydisk), der unter einem *Systemnamen* im Inhaltsverzeichnis des Betriebssystems eingetragen ist. Unter DOS besteht der Name aus maximal acht Zeichen und kann hinter einem Punkt als Trennzeichen um eine Typbezeichnung erweitert werden, die aus maximal drei Zeichen besteht. Die Programmbeispiele dieses Abschnitts verwenden die Typbezeichnung dat für alle Datendateien. In den Fortran Anweisungen erscheint anstelle des Systemnamens eine Gerätenummer als Einheit.

6.4.1 Der Aufbau von Datendateien

Eine Datei besteht aus *Datensätzen*, die z.B. einen Meßwert oder den Namen eines Studenten oder eine Zeile eines Schaltbildes enthalten. Beim *fortlaufenden* (sequentiellen) Zugriff werden die Datensätze in der Reihenfolge angesprochen, in der sie in der Datei angeordnet sind. Beim *direkten* (random) Zugriff gibt man die Nummer des Datensatzes an, der gelesen oder beschrieben werden soll. Man unterscheidet die *formatgebundene* Übertragung, bei der die Daten wie bei der Eingabe und Ausgabe über die Konsole umgewandelt werden, und die *formatfreie* Übertragung, bei der der binäre Inhalt des Arbeitsspeichers unverändert auch in der Datei erscheint. Die OPEN Anweisung ordnet dem Systemnamen eine Gerätenummer als Einheit zu und legt die Eigenschaften der Datei fest. Die Angaben der Parameterliste können in beliebiger Reihenfolge erscheinen, bei fehlenden Parametern werden Voreinstellungen wirksam.

```
OPEN([UNIT =] Einheit, Parameterliste)
```

Die *Einheit* ist eine ganze Zahl mit der Gerätenummer. Die Nummern 5, 6 und * sind standardmäßig für die Konsoleingabe, die Konsolausgabe und als allgemeine Konsolbezeichnung vorgesehen.

Der Parameter IOSTAT = *ganzzahlige Variable* enthält nach der Ausführung der Anweisung den Status 0, wenn kein Fehler aufgetreten ist, sonst einen Fehlercode. Der Parameter ERR = *Marke* gibt eine Anweisungsnummer an, zu der im Fehlerfall gesprungen werden soll.

Der Parameter FILE = *Systemname* ist eine Zeichenkette (Variable oder Konstante) mit dem Betriebssystemnamen der zu eröffnenden Datei. Der Parameter STATUS = *Status* ist eine Zeichenkette mit der Art der Datei. Eine bereits bestehende Datei wird mit 'OLD' gekennzeichnet. Bei 'NEW' wird eine neue Datei angelegt. 'SCRATCH' kennzeichnet eine temporäre Arbeitsdatei, die ohne Namen nur während der Programmausführung angelegt wird. 'REPLACE' überschreibt eine alte Datei bzw. eröffnet eine neue, wenn sie noch nicht besteht. Bei 'UNKNOWN' ist das Verhalten systemabhängig.

Der Parameter ACCESS = *Zugriffsart* ist eine Zeichenkette, die mit 'SEQUENTIAL' (voreingestellt) den fortlaufenden Zugriff oder mit 'DIRECT' den direkten Zugriff angibt. Bei FORM = *Übertragungsart* wird mit 'FORMATTED' (bei sequentiell voreingestellt) bzw. 'UNFORMATTED' (bei direkt voreingestellt) die Form der Datenüber-tragung angegeben. Der Parameter **RECL** = *Satzlänge* muß bei direktem Zugriff eine ganze Zahl mit der Anzahl der Bytes eines Datensatzes enthalten; bei sequentiellem Zugriff kann eine maximale Länge angegeben werden.

Der Parameter **POSITION** = *Einstellung* ist eine Zeichenkette, die mit 'REWIND' die Datei auf den Anfang bzw. mit 'APPEND' auf das Dateiende einstellt. Mit 'ASIS' (voreingestellt) wird keine Positionierung vorgenommen. Der Parameter **ACTION** = *Richtung* ist eine Zeichenkette, die mit 'READ' Nur-Lese-Dateien bzw. mit 'WRITE' Nur-Schreib-Dateien kennzeichnet; bei 'READWRITE' (voreingestellt) sind beide Richtungen möglich.

Der Parameter **BLANK** = *Zeichen* gibt bei formatierter Übertragung an, ob mit 'NULL' (Voreinstellung) Leerzeichen ignoriert werden sollen oder mit 'ZERO' Leerzeichen als Nullen behandelt werden. Der Parameter **DELIM** = *Zeichen* gibt bei formatierter Aus-gabe von Texten an, ob diese durch 'APOSTROPHE' mit Apostrophzeichen oder durch 'QUOTE' mit Anführungszeichen begrenzt werden sollen. Bei 'NONE' (voreingestellt) findet keine Begrenzung statt. Der Parameter **PAD** = *Zeichen* gibt bei formatierter Eingabe an, ob Datensätze mit 'YES' (voreingestellt) gegebenenfalls mit Leerzeichen aufgefüllt werden sollen. Bei 'NO' müssen die Datensätze in der geforderten Länge vorliegen.

Durch die Eröffnung mit OPEN wird die Datei in eine Liste geöffneter Dateien des Betriebssystems eingetragen und kann nun mit READ und WRITE bearbeitet werden. Sie muß mit **CLOSE** wieder geschlossen werden.

```
CLOSE([UNIT =] Einheit, [IOSTAT= , ERR= , STATUS= Status])
```

Die Parameter UNIT, IOSTAT und ERR haben die gleiche Bedeutung wie bei OPEN. Für den *Status* 'KEEP' (voreingestellt) bleibt die Datei im Inhaltsverzeichnis des Be-triebssystems erhalten, außer bei temporären Arbeitsdateien, die mit SCRATCH gekenn-zeichnet sind. Mit 'DELETE' wird die Datei aus dem Inhaltsverzeichnis entfernt.

Für die *Datenübertragung* zwischen dem Arbeitsspeicher und der Datei gibt es wie für die Arbeit mit der Konsole die Anweisungen

```
READ([UNIT=] Einheit, [FMT=] Format, Parameter) Eingabe
WRITE([UNIT=] Einheit, [FMT=] Format, Parameter) Ausgabe
```

Die **Einheit** ist eine ganze Zahl mit der Gerätenummer. Die Nummern 5, 6 und * sind standardmäßig für die Konsoleingabe, die Konsolausgabe und als allgemeine Konsolbe-zeichnung vorgesehen. Das *Format* ist entweder ein * (listengesteuerte Übertragung), eine Zeichenkette (Variable oder Konstante) mit den Formatangaben oder die An-weisungsmarke einer FORMAT Anweisung.

Die Angaben der Parameterliste können in beliebiger Reihenfolge erscheinen, bei fehlenden Parametern werden Voreinstellungen wirksam. Der Parameter **NML** = *Name* wird nur bei namenlistengesteuerter Übertragung (Abschnitt 6.4.4) verwendet. Der Parameter **IOSTAT** = *ganzzahlige Variable* enthält nach der Ausführung der Anweisung den Status 0, wenn kein Fehler aufgetreten ist. Negative Werte kennzeichnen das Erreichen des Dateiendes, Werte größer null enthalten einen Fehlercode. Der Parameter **END** = *Marke* gibt eine Anweisungsnummer an, zu der beim Erreichen des Dateiendes gesprungen werden soll. Der Parameter **EOR** = *Marke* gibt eine Anweisungsnummer an, zu der beim Erreichen des Satzendes gesprungen werden soll. Der Parameter **ERR** = *Marke* gibt eine Anweisungsnummer an, zu der im Fehlerfall gesprungen werden soll.

Der Parameter **REC** = *Nummer* gibt *nur bei direktem* Zugriff (DIRECT) an, welcher Satz als nächster bearbeitet werden soll. Die ganzzahlige Nummer liegt im Bereich von 1 bis zur Anzahl der Sätze der Direktzugriffdatei.

Der Parameter **ADVANCE** = *Vorrücken* gibt bei der formatierten sequentiellen Übertragung mit einer Zeichenkette (Variable oder Konstante) an, ob mit 'YES' (voreingestellt) vorrückend oder mit 'NO' nicht vorrückend übertragen werden soll. Bei nichtvorrückender Übertragung legt der Parameter **SIZE** = *Länge* die Anzahl der zu übertragenden Zeichen fest.

6.4.2 Datendateien im sequentiellen Zugriff

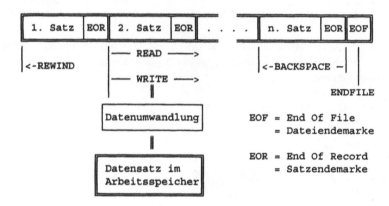

Bild 6-12: Sequentieller formatgebundener Dateizugriff

Der **sequentielle Dateizugriff** (*Bild 6-12*) arbeitet wie ein Kassettenrecorder. Nach der Öffnung mit OPEN bzw. nach REWIND steht der erste Satz zur Bearbeitung zur Verfügung. Bei jedem Zugriff durch Lesen oder Schreiben rückt die Datei um einen Satz weiter vor. Es gibt folgende Steueranweisungen, die *nur* bei sequentiellem Datenzugriff anzuwenden sind:

```
   REWIND([UNIT=] Einheit, [IOSTAT= , ERR =])
  ENDFILE([UNIT=] Einheit, [IOSTAT= , ERR =])
BACKSPACE([UNIT=] Einheit, [IOSTAT= , ERR =])
oder kürzer
   REWIND Einheit
   ENDFILE Einheit
BACKSPACE Einheit
```

REWIND setzt die Datei auf den ersten Satz. **BACKSPACE** setzt die Datei um einen Satz
zurück, so daß der zuletzt gelesene oder beschriebene Satz erneut zur Verarbeitung zur
Verfügung steht. **ENDFILE** schreibt eine Dateiendemarke. Die wahlfreien Parameter
entsprechen der OPEN Anweisung. Das folgende Beispiel zeigt das Öffnen, Schreiben,
Lesen und Schließen einer sequentiellen Datei mit formatierter Übertragung.

```
! Sequentielle formatierte Testdatei
     OPEN(10, FILE='seqform.dat', STATUS='REPLACE',
    &          ACCESS='SEQUENTIAL', FORM='FORMATTED')
     DO i = 1, 4      ! Datei aus vier Saetzen aufbauen
       WRITE(10, FMT="(I6)") i
     END DO
     REWIND 10        ! Datei auf Anfang zuruecksetzen
     DO               ! Leseschleife bis Endemarke
       READ(10, IOSTAT=test, FMT="(I6)") x
       IF (test /= 0) EXIT
       PRINT *, 'sequentiell formatiert  ', x
     END DO
     CLOSE (10)       ! Datei schliessen
```

Die folgenden Beispiele behandeln Aufgaben aus der technisch orientierten Programmierung. Auf umfangreiche Fehlerabfragen wurde zugunsten einfacher und übersicht-
licher Programme verzichtet.

```
! k6b13.for Bild 6-13: Schaltbild als Textdatei aufbauen
     IMPLICIT NONE
     CHARACTER (LEN=47) :: zeile, datei = 'spule.dat'
     INTEGER test, nr
     CHARACTER (LEN=47), DIMENSION(5) :: bild = (/
    &"                                               ",
    &"0—[      ]———[██████]———0",
    &"                                               ",
    &"          R            L            ",
    &"                                            " /)
     OPEN(10, IOSTAT=test, FILE=datei, STATUS='REPLACE',
    &          ACCESS='SEQUENTIAL', FORM='FORMATTED')
     IF (test /= 0) PRINT *, 'OPEN-Fehler ', test
     DO nr = 1, 5                ! Datei aufbauen
       WRITE(10, FMT = "(A)", IOSTAT=test) bild(nr)
       IF (test /= 0) PRINT *, 'WRITE-Fehler ', test
     END DO
     ENDFILE 10                  ! Dateiendemarke schreiben
```

```
PRINT *, 'Kontrollausgabe des Schaltbildes ', datei
REWIND 10              ! Auf Dateianfang setzen
DO
   READ(10, IOSTAT=test, FMT = "(A)") zeile
   IF (test /= 0) EXIT    ! bis Dateiende
   PRINT *, zeile
END DO
CLOSE(10)              ! Datei schliessen
END
```

Bild 6-13: Abspeicherung eines Schaltbildes als Datei

Das in *Bild 6-13* dargestellte Programmbeispiel legt das Schaltbild einer Spule als formatierte sequentielle Textdatei ab und gibt sie zur Kontrolle auf dem Bildschirm aus. Der Dateiname wird als Textkonstante fest vorgegeben. Das Schaltbild ließe sich auch mit einem Texteditor oder einem speziellen Blockgraphikeditor aufbauen und als Datei abspeichern.

```
! k6b14.for  Bild 6-14: sequentielle formatierte Datei lesen
    IMPLICIT NONE
    INTEGER  test, n
    CHARACTER (LEN = 80) datei, zeile
    DO                       ! Dateinamen lesen
      PRINT *, 'READ_Dateiname.erw -> '; READ *, datei
      OPEN(10, FILE = datei, IOSTAT = test, STATUS = 'OLD',
   &           FORM = 'FORMATTED')
      IF (test == 0) EXIT    ! fertig: Name war vorhanden
      PRINT *, 'OPEN-Fehler ', test   ! Name nicht vorhanden
    END DO
    n = 0                    ! Zeilenzaehler loeschen
    DO                       ! lesen und auf Bildschirm ausgeben
      READ (10, IOSTAT = test, FMT = "(A)") zeile
      IF(test /= 0) EXIT
      WRITE(*, "(' ', A)") TRIM(zeile)
      n = n + 1              ! Zeilenzaehler
      IF (MOD(n, 24) == 0) THEN
         WRITE( *, "(' Weiter -> ')" ); READ *  ! warten auf cr
      END IF
    END DO                   ! Ende der Leseschleife
    IF (test > 0) THEN
      PRINT *, 'READ-Fehler ', test
    ELSE
      PRINT *, n, ' Saetze gelesen Ende -> '; READ *
    END IF
    CLOSE (10)  ! Datei schliessen
    END
```

Bild 6-14: Lesen und Ausgeben von Textdateien

Das in *Bild 6-14* dargestellte Programmbeispiel dient dazu, beliebige formatierte sequentielle Textdateien auf dem Bildschirm auszugeben. Dazu gibt der Benutzer den Namen der Datei ein. Das Programm gibt eine Fehlermeldung aus, wenn die Datei nicht eröffnet werden konnte, weil z.B. der Name nicht im Inhaltsverzeichnis enthalten ist.

```
! k6b15.for  Bild 6-15: Datei mit Zufallszahlen aufbauen
      IMPLICIT NONE
      CHARACTER (LEN = 20) datei, typ
      CHARACTER ant
      INTEGER  test, nwert, i
      REAL wert
      typ = 'NEW'
      DO
        PRINT *, TRIM(typ),'_Dateiname.erw -> '; READ *, datei
        OPEN(10, IOSTAT = test, FILE = datei, STATUS = typ,
     &       ACCESS = 'SEQUENTIAL', FORM = 'FORMATTED')
       IF (test == 0) EXIT
        PRINT *, ' Datei ueberschreiben ? j = ja -> '
        READ *, ant; IF (ant == 'j') typ = 'REPLACE'
      END DO
      PRINT *, 'Anzahl der Werte ganz -> '; READ *, nwert
      CALL RANDOM_SEED
      DO i = 1, nwert
        CALL RANDOM_NUMBER(wert)
        WRITE (10, "(E14.8)") wert
      END DO
      REWIND 10
      i = 1
      PRINT *, 'Kontrollausgabe Datei ', datei
      DO
        READ (10, IOSTAT = test, FMT = "(E14.8)") wert
        IF (test /= 0) EXIT
        PRINT *, i, '.Wert =', wert
        i = i + 1
        IF (MOD(i,24) == 0) READ *              ! Seitenkontrolle
      END DO
      CLOSE(10)
      END
```

Bild 6-15: Aufbau einer Meßwertdatei aus Zufallszahlen

Das in *Bild 6-15* dargestellte Programmbeispiel baut eine Datei aus reellen Meßwerten auf, die als Eingabe zum Test von Auswertungsprogrammen verwendet werden kann. Der Benutzer gibt den Namen der Datei und die Anzahl der abzuspeichernden Werte an, die mit dem vordefinierten Zufallszahlengenerator erzeugt werden. Die Kontrollausgabe erscheint auf dem Bildschirm.

```
! k6b16.for  Bild 6-16: Auswerten einer Messwertdatei
      IMPLICIT NONE
      INTEGER  test, n
      REAL wert, summ
      CHARACTER (LEN = 80) datei
      DO                              ! Dateinamen lesen
        PRINT *, 'READ_Dateiname.erw -> '; READ *, datei
        OPEN(10, FILE = datei, IOSTAT = test, STATUS = 'OLD',
     &         FORM = 'FORMATTED')
        IF (test == 0) EXIT   ! fertig: Name war vorhanden
        PRINT *, 'OPEN-Fehler ', test !  Name nicht vorhanden
      END DO
      n = 0                           ! Zaehler loeschen
      summ = 0.0
```

```
DO                          ! Leseschleife bis Dateiende
  READ (10, IOSTAT = test, FMT = *) wert  ! listengesteuert
  IF(test /= 0) EXIT
  PRINT *, n+1,'.Wert =', wert           ! Kontrollausgabe
  summ = summ + wert    ! summieren
  n = n + 1             ! zaehlen
  IF (MOD(n,24) == 0) READ *             ! Seitenkontrolle
END DO                    ! Ende der Leseschleife
IF (test > 0) THEN
  PRINT *, 'READ-Fehler ', test
ELSE
  PRINT *, n, ' Werte  Mittelwert = ', summ/n  ! Ergebnisse
END IF
CLOSE (10)   ! Datei schliessen
END
```

Bild 6-16: Auswerten einer Meßwertdatei

Das in *Bild 6-16* dargestellte Programmbeispiel wertet die in Bild 6-15 aufgebaute Meßwertdatei aus. Die Werte erscheinen mit Seitenkontrolle auf dem Bildschirm. Das Leseformat ist durch die Angabe FMT = * listengesteuert wie bei der entsprechenden Konsoleingabe, obwohl die Datei im Format F10.3 aufgebaut wurde.

Im Gegensatz zu formatierten Dateien lassen sich *binäre Dateien*, die Zahlen enthalten. nicht mit Texteditoren lesen. Sie haben den Vorteil, daß sie weniger Speicher benötigen und schneller übertragen werden. Das folgende Beispiel zeigt das Öffnen, Schreiben, Lesen und Schließen einer sequentiellen Datei mit unformatierter (binärer) Übertragung.

```
! Sequentielle unformatierte Testdatei
    OPEN(11, FILE='sequform.dat', STATUS='REPLACE',
    &          ACCESS='SEQUENTIAL', FORM='UNFORMATTED')
    DO i = 1, 4
      WRITE(11) i
    END DO
    REWIND 11
    DO
      READ(11, IOSTAT=test) x
      IF (test /= 0) EXIT
      PRINT *, 'sequentiell unformatiert', x
    END DO
    CLOSE(11)
```

6.4.3 Datendateien im direkten Zugriff

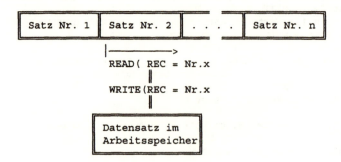

Bild 6-17: Direkter formatfreier Dateizugriff

Der direkte Datenzugriff (*Bild 6-17*) verlangt bei der Eröffung mit OPEN die Angabe einer Satzlänge und beim Zugriff mit READ bzw. WRITE die Angabe einer Satznummer. Das folgende Beispiel baut eine binäre Datei mit ganzzahligen Werten auf. Bei der Kontrollausgabe wird die Leseschleife mit der Dateiendebedingung abgebrochen.

```
! Direkte unformatierte Testdatei
      OPEN(12, FILE='diruform.dat', STATUS=
     &'REPLACE', ACCESS='DIRECT', FORM='UNFORMATTED', RECL=4)
      DO i = 1, 4
        WRITE(12, REC=i) i
      END DO
      i = 1
      DO
        READ(12, REC = i, IOSTAT=test) x
        IF (test /= 0) EXIT
        PRINT *, '     direkt unformatiert', x
        i = i + 1
      END DO
      CLOSE(12)
```

Direktzugriffdateien werden meist unformatiert übertragen und enthalten dann den binären Speicherinhalt, der sich nicht mehr mit Texteditoren lesen läßt.

```
! k6b18.for  Bild 6-18: Messwertdatei fuer Direktzugriff aufbauen
      IMPLICIT NONE
      INTEGER  stest, dtest, n
      CHARACTER  ant
      CHARACTER (LEN = 80) sdatei, ddatei, typ
      REAL wert
      DO                          ! sequentiellen Dateinamen lesen
        PRINT *, 'READ_Dateiname.erw -> '; READ *, sdatei
        OPEN(10, FILE = sdatei, IOSTAT = stest, STATUS = 'OLD',
     &          FORM = 'FORMATTED', ACCESS = 'SEQUENTIAL')
        IF (stest == 0) EXIT ! fertig: Datei war vorhanden
        PRINT *, 'Nicht vorhanden OPEN-Fehler ', stest
      END DO
      typ = 'NEW'
```

```
DO                              ! direkten Dateinamen lesen
   PRINT *, TRIM(typ),'_Dateiname.erw -> '; READ *, ddatei
   OPEN(20, FILE = ddatei, IOSTAT = dtest, STATUS = typ,
&            FORM = 'UNFORMATTED', ACCESS = 'DIRECT', RECL=4)
   IF (dtest == 0) EXIT  ! fertig: Datei jetzt vorhanden
   PRINT *, 'Ueberschreiben ? j = ja -> '; READ *, ant
   IF (ant == 'j') typ = 'REPLACE'
END DO
n = 0                           ! laufende Satznummer
DO                              ! sequentiell lesen  direkt schreiben
   READ (10, IOSTAT = stest, FMT = "(F10.3)") wert
   IF(stest /= 0) EXIT
    n = n + 1                   ! neue Satznummer
   WRITE(20, IOSTAT = dtest, REC = n) wert
END DO
PRINT *, 'Datei ', TRIM(ddatei), ' enthaelt', n, ' Saetze'
CLOSE (10)                      ! sequentielle Datei schliessen
CLOSE (20)                      ! direkte Datei schliessen
END
```

Bild 6-18: Aufbau einer binären Meßwertdatei im Direkzugriff

Das in *Bild 6-18* dargestellte Programmbeispiel liest die in Bild 6-15 aufgebaute sequentielle Meßwertdatei und überträgt die Werte in eine binäre (unformatierte) Direktzugriffdatei. Das untersuchte System speicherte die 30 Meßwerte sequentiell formatiert in 510 Bytes und direkt unformatiert in 124 Bytes.

```
! k6b19.for  Bild 6-19: Direktzugriffdatei auswerten und aendern
    IMPLICIT NONE
    INTEGER  test, satz, n
    CHARACTER (LEN = 80) datei
    REAL wert, summ
    DO
       PRINT *, 'READ_Dateiname.erw -> '; READ *, datei
       OPEN(10, FILE = datei, IOSTAT = test, STATUS = 'OLD',
&               FORM = 'UNFORMATTED', ACCESS = 'DIRECT', RECL = 4)
       IF (test == 0) EXIT    ! fertig: Datei war vorhanden
       PRINT *, 'OPEN-Fehler ', test
    END DO
    satz = 1                      ! laufende Satznummer
    summ = 0.0
    DO                            ! sequentiell lesen und ausgeben
       READ (10, IOSTAT = test, REC = satz) wert
       IF(test /= 0) EXIT
       PRINT *, satz, '.Wert =', wert
       IF (MOD(satz, 24) == 0) READ *
       summ = summ + wert         ! Werte summieren
       satz = satz + 1            ! Saetze zaehlen
    END DO
    n = satz - 1                  ! Anzahl der Saetze
    PRINT *, '        Mittelwert =', summ / n
    PRINT *,'Saetze aendern Ende mit Satz-Nr.  < 1 oder > ', n
    DO                            ! direkt lesen und schreiben
       PRINT "('  Satz-Nr. 1..', I3,' -> ')", n; READ *, satz
       READ (10, IOSTAT = test, REC = satz) wert     ! lesen
       IF(test /= 0) EXIT    ! Abbruch bei Fehler
```

```
      PRINT *, satz, '.Wert =', wert
      PRINT *, '     neuer Wert -> '; READ *, wert
      WRITE (10, IOSTAT = test, REC = satz) wert
   END DO
   CLOSE (10)
   END
```

Bild 6-19: Auswerten und Ändern einer Direktzugriffdatei

Das in *Bild 6-19* dargestellte Programmbeispiel wertet die in Bild 6-18 aufgebaute Datei durch Lesen bis zur Dateiendemarke aus. Dann können einzelne Sätze (Werte) nach Eingabe der Satznummer im Direktzugriff überschrieben werden. Bei einer sequentiell aufgebauten Datei wären Änderungen erheblich aufwendiger.

Formatiert aufgebaute Direktzugriffdateien lassen sich nur bedingt mit Editoren lesen und ändern, da Satzendemarken in Form der Steuerzeichen *Wagenrücklauf* und *Zeilenvorschub* fehlen. Das folgende Beispiel zeigt den Aufbau und das Auslesen einer formatierten Direktzugriffdatei.

```
! Direkte formatierte Testdatei
      OPEN(13, FILE='dirform.dat', STATUS='REPLACE', ACCESS=
     &'DIRECT', FORM='FORMATTED', RECL=6)
      DO i = 1, 4
         WRITE(13, FMT="(I6)", REC=i) i
      END DO
      i = 1
      DO
         READ(13, REC = i, IOSTAT=test, FMT="(I6)") x
         IF (test /= 0) EXIT
         PRINT *, '     direkt formatiert ', x
         i = i + 1
      END DO
      CLOSE(13)
```

6.4.4 Sonderfragen

Bei der Arbeit mit unbekannten Dateien erhebt sich oft die Frage nach ihrem Aufbau. Die **INQUIRE** Anweisung dient zur Abfrage

- einer Datei (FILE = *Systemname*),
- eines Gerätes (UNIT = *Einheit*) oder
- einer Ausgabeliste (IOLENGTH = *Datensatzlänge*).

Sie liefert bei gegebenem Systemnamen die *Eigenschaften* der Datei.

```
INQUIRE(FILE = Systemname, Parameter)
```

Die Bedeutung der Parameter kann den Systemunterlagen entnommen werden. Das in *Bild 6-20* dargestellte Programmbeispiel zeigt die Ermittlung der wichtigsten Dateieigenschaften, die für einen Zugriff auf eine unbekannte Datei erforderlich sind.

```
! k6b20.for Bild 6-20:  Eigenschaften einer Datei ermitteln
      IMPLICIT NONE
      CHARACTER (LEN = 80) dat, zu, for
      LOGICAL  vor
      INTEGER  lae
      DO
       PRINT *, 'Ende mit * Dateiname.erw -> '; READ *, dat
       IF (dat == '*') EXIT
       INQUIRE(FILE=dat, EXIST=vor, ACCESS=zu, FORM=for, RECL=lae)
       IF (vor) THEN
         OPEN(10, FILE=dat, STATUS='OLD', ACCESS=zu, FORM=for)
         INQUIRE(FILE=dat, RECL=lae)
         PRINT *, TRIM(zu), ' ', TRIM(for), ' Satzlaenge', lae
         CLOSE(10)
       ELSE
         PRINT *, 'Nicht vorhanden'
       END IF
      END DO
      END
```

```
Ende mit * Dateiname.erw -> dimess.dat
DIRECT UNFORMATTED Satzlaenge            4

Ende mit * Dateiname.erw -> semess.dat
SEQUENTIAL FORMATTED Satzlaenge            80
```

Bild 6-20: Abfrage von Eigenschaften einer Datei

Bei der Eingabe und Ausgabe von Daten erscheinen üblicherweise nur die Zahlenwerte, nicht die Bezeichner (Namen) der entsprechenden Variablen. Mit der Anweisung **NAMELIST** läßt sich für eine Gruppe von Variablen ein Gruppenname vereinbaren, der die zusätzliche Eingabe und Ausgabe von Variablenbezeichnern ermöglicht. Die Anweisungen lauten in der einfachen Form

```
NAMELIST / Gruppenname / Variablenliste
 READ (Einheit, NML = Gruppenname)
WRITE (Einheit, NML = Gruppenname)
```

Bei der Eingabe der Daten z.B. von der Konsole ist hinter dem Zeichen **&** der *Gruppenname* anzugeben. Dann folgen die Variablenbezeichner und die dafür vorgesehenen Werte wie bei listengesteuerter Eingabe. Die Liste der Eingabewerte kann kleiner sein als die Liste der mit NAMELIST vereinbarten Variablen. Ein Schrägstrich schließt die Eingabezeile ab. Bei der Ausgabe mit NAMELIST erscheint die gleiche Anordnung.

```
&Gruppenname Variable = Wert, [ . . . ] /
```

Das folgende Beispiel zeigt die Eingabe von drei Zahlen zusammen mit den Variablenbezeichnern und eine entsprechende Kontrollausgabe.

```
! Test NAMELIST
IMPLICIT NONE
INTEGER a, b
REAL z
NAMELIST /daten/ a, b, z
PRINT *, '&daten a = xx b = xx z = x.x /  -> '
READ (*, NML = daten)
PRINT *, 'Kontrollausgabe:'
WRITE(*, NML = daten)
END
```

```
&daten a = xx, b = xx, z = x.x /   -> &daten a=11, b=22, z=3.3 /
```

```
Kontrollausgabe:
 &DATEN A=11,B=22,Z=3.30000 /
```

Interne Dateien werden als Variablen oder Felder vom Datentyp CHARACTER im Arbeitsspeicher angelegt. Anweisungen zum Öffnen, Schließen und Positionieren entfallen. In den READ und WRITE Anweisungen erscheint anstelle der Einheit eine Zeichenkettenvariable, in die geschrieben bzw. aus der gelesen wird.

```
READ([UNIT =] Textvariable, [FMT=] Format) Eingabeliste
WRITE([UNIT =] Textvariable, [FMT=] Format) Ausgabeliste
```

Die folgende Anwendung benutzt interne Dateien zur formatierten Umwandlung von Zahlen in Zeichen und umgekehrt. Das Beispiel wandelt eine ganze Zahl mit dem Format I14 in die Zeichendarstellung um, entfernt die Leerzeichen und gibt nur die Ziffernfolge aus. Damit lassen sich Zahlenwerte ohne Rücksicht auf die Anzahl der Ziffern in Texte einbauen. Die Funktion ADJUSTL richtet die umgewandelten Ziffern linksbündig aus. Die Funktion TRIM entfernt bei der Ausgabe Leerzeichen, die rechts von der Ziffernfolge stehen.

```
! Test interne Datei fuer laengengesteuerte Ausgabe
IMPLICIT NONE
CHARACTER (LEN=80) zeile
INTEGER test, i
DO
  PRINT *, 'Ende mit STRG^Z ganze Zahl -> '
  READ (*, *, IOSTAT=test) i
  IF (test /= 0) EXIT
  WRITE(zeile, "(I14)") i
  zeile = ADJUSTL(zeile)
  PRINT *, '>>> ', TRIM(zeile), ' <<<'
END DO
END
```

```
Ende mit STRG^Z ganze Zahl -> 123
>>> 123 <<<

Ende mit STRG^Z ganze Zahl -> 1
>>> 1 <<<

Ende mit STRG^Z ganze Zahl -> 12345678
>>> 12345678 <<<

Ende mit STRG^Z ganze Zahl -> ^Z
```

6.5 Übungen mit Datenstrukturen

Die Beispielschaltungen enthalten Blockgraphikzeichen. Stehen diese nicht zur Verfügung, so können die Bilder auch aus einfachen Symbolen wie z.B. + * oder - aufgebaut werden.

1. Aufgabe:
Das folgende Schaltbild eines Reihenschwingkreises ist als Textdatei unter dem Systemnamen 16p5a1.dat abzuspeichern.

2. Aufgabe:
Das in der ersten Aufgabe abgespeicherte Schaltbild ist zu lesen und auf dem Bildschirm auszugeben. Dann sind Werte für den Widerstand R, die Induktivität L, die Kapazität C sowie Anfangswert, Endwert und Schrittweite eines Frequenzbereiches zu lesen, für den der Strom in der Exponentialdarstellung (Absolutwert und Winkel) auszugeben ist. Die Spannung betrage konstant 10 + j 0 Volt.

$$\omega = 2 * \pi * f$$

$$\underline{Z} = R + j(\omega * L - 1 /(\omega * C))$$

$$\underline{I} = \underline{U} / \underline{Z}$$

In einer Tabelle erscheine die laufende Frequenz sowie der Absolutwert und der Winkel des Stroms. Bei langen Tabellen ist es zweckmäßig, eine Seitenkontrolle einzubauen, die nach 24 Zeilen den Bildschirm anhält, bis der Benutzer durch Eingabe einer Taste die nächste Seite anfordert.

3. Aufgabe:

Das folgende Schaltbild eines Volladdierers ist als Textdatei unter dem Systemnamen
16p5a3.dat abzuspeichern.

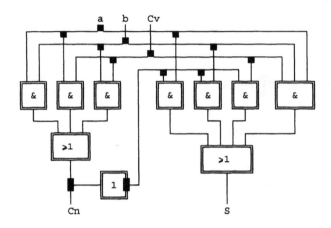

4. Aufgabe:

Das in der dritten Aufgabe abgespeicherte Schaltbild ist zu lesen und auf dem Bildschirm auszugeben. Man erstelle die Wahrheitstabelle der beiden Ausgänge Cn und S
als Funktion der drei Eingänge A, B und Cv. Die Logikgatter können als Funktionen
vereinbart werden. Beispiel:

```
INTEGER FUNCTION Oder3 (a, b, c)
INTEGER a, b, c
Oder3 = IOR(IOR(a,b), c)
END FUNCTION Oder3
```

Aufruf:
```
cn = Oder3( Und2(a,b), Und2(a,cv), Und2(b,cv) )
```

Die benutzerdefinierten Funktionen der Logikgatter können aufgebaut werden
- als Modulunterprogramme oder
- als interne Unterprogramme oder
- als externe Unterprogramme.

7. Zeiger und verkettete Datenstrukturen

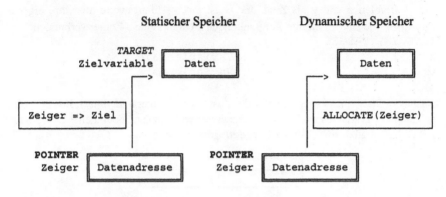

Bild 7-1: Zeiger und Zeigerziele

Zeiger sind variable Speicherstellen, die Adressen von Datenspeicherstellen (Zielen) enthalten. Sie müssen mit dem Attribut **POINTER** für einen bestimmten Datentyp als Ziel vereinbart werden.

```
Datentyp, POINTER [, Attribute] [::] Zeigerliste
oder auch
POINTER   Zeigerliste
```

Da es in Fortran keine Zeigeroperationen, sondern nur Operationen mit Zeigerzielen gibt, kann man Zeiger auch als Synonyme (Zweitnamen, Aliasnamen) für die Ziel-variablen auffassen. Das folgende Beispiel vereinbart zwei Zeiger, die später für die Arbeit mit INTEGER Größen verwendet werden.
INTEGER, POINTER :: a, b

Zeiger werden Zielen zugeordnet und können dann Operationen mit den dort enthalte-nen Daten durchführen. Man unterscheidet statische Ziele, die wie gewöhnliche Varia-blen im Datenspeicher angelegt werden, und dynamische Ziele, deren Adressen mit der ALLOCATE Anweisung zugeteilt werden.

7.1 Statische Zeigerziele

Statische Ziele, allgemein auch Objekte genannt, sind mit dem Attribut **TARGET** zu vereinbaren.

```
Datentyp, TARGET [, Attribute] [::] Objektliste
oder auch
TARGET   Objektliste
```

Mit dem Attribut `TARGET` vereinbarte Variablen können zunächst mit ihrem Namen (Objektbezeichner) angesprochen werden. Das folgende Beispiel vereinbart die `INTE-GER` Variablen x und y als Ziele und weist ihnen Anfangswerte über ihre eigenen Namen zu. Sie sind zu diesem Zeitpunkt noch nicht mit einem Zeiger verbunden.

```
INTEGER, TARGET :: x, y
x = 123               ! Variablenname
y = x                 ! Variablenname
```

Nach dem Start eines Programms ist der Zustand der Zeiger *undefiniert*. Das bedeutet, daß die Zeigervariablen noch keine Datenadresse enthalten und noch keine Operationen mit Daten möglich sind. Mit der *Zuordnungsanweisung*

```
Zeiger => Zeigerziel
```

wird der Zeiger mit einem Ziel verbunden oder einer statischen Zielvariablen zugeordnet. Das bedeutet, daß die Speicheradresse der Zielvariablen in den Zeiger eingetragen wird. Das folgende Beispiel setzt den Zeiger a auf die Zielvariable x.

```
a => x                ! setze Zeiger a auf Zielvariable x
```

Die Speicherstelle x kann nun sowohl mit ihrem Bezeichner x als auch über den Zeiger a angesprochen werden. Mit der *Zuordnungsanweisung*

```
Zeiger_1 => Zeiger_2
```

wird der `Zeiger_1` mit dem gleichen Ziel verbunden, auf das der `Zeiger_2` zeigt. War der Zustand von `Zeiger_2` undefiniert oder gelöst, so wird dieser Zustand in den `Zeiger_1` übernommen. Das folgende Beispiel verbindet den Zeiger b mit der Zielvariablen, auf die der Zeiger a zeigt.

```
b => a                ! setze Zeiger b auf das Ziel von a
```

Die Speicherstelle x kann nun sowohl mit ihrem Bezeichner x als auch mit den Zeigern a und b angesprochen werden. Die Verbindung zwischen Zeiger und Ziel bleibt solange erhalten, bis sie durch eine neue Zuordnungsanweisung verändert oder mit der Anweisung

```
NULLIFY(Zeigerliste)
```

wieder gelöst wird. In diesem Zustand zeigt der Zeiger auf "*Nichts*" und darf nicht mehr für Operationen mit Zielen verwendet werden. Das folgende Beispiel löst die Verbindung des Zeigers b mit der augenblicklichen Zielvariablen.

```
NULLIFY(b)            ! loese die Verbindung des Zeigers b
```

Mit der vordefinierten Funktion

```
ASSOCIATED (Zeiger)
ASSOCIATED (Zeiger, Zielvariable)
```

läßt sich überprüfen, ob ein Zeiger überhaupt mit einem Ziel oder mit einem bestimmten Ziel verbunden ist. Das logische Ergebnis ist TRUE (wahr), wenn der Zeiger an ein Ziel gebunden ist, sonst ist das Ergebnis FALSE (falsch). Das folgende Beispiel prüft die Eigenschaften der Zeiger a und b.

```
IF (ASSOCIATED(a)) PRINT *, 'Zeiger a ist verbunden'
IF (ASSOCIATED(b, x)) PRINT *, 'Zeiger b mit x verbunden'
```

Nach der Verbindung mit einem Ziel wird der Zeiger für Datenoperationen wie ein zweiter Variablenname verwendet. Das folgende vollständige Beispiel setzt den Zeiger a auf das Objekt x und führt Operationen mit den Daten durch.

```
INTEGER, POINTER :: a          ! Zeigervariable
INTEGER, TARGET :: x           ! statische Zielvariable
a => x                         ! Zeiger a auf Objekt x
PRINT *, 'ganz -> '; READ *, a ! wie READ *, x
a = a + 1                      ! wie x = x + 1
PRINT *, 'x = a = ', a         ! wie PRINT *, x
```

7.2 Dynamische Ziele und dynamische Felder

Dynamische Ziele werden erst zur Laufzeit des Programms angelegt und können nur über Zeiger angesprochen werden, da sie nicht explizit vereinbart werden und keine eigenen Bezeichner haben. Die Anweisung

```
ALLOCATE(Zeigerliste [, STAT = Status])
```

legt Speicherplätze in einem zusätzlichen Speicher an und verbindet sie mit den in der Liste angegebenen Zeigern. Die optionale Statusvariable hat den Wert 0, wenn die Zuordnung erfolgreich war. Das folgende Beispiel vereinbart einen Zeiger a, setzt ihn auf ein dynamisches Zielobjekt und führt Operationen mit den durch ihn adressierten Daten durch.

```
INTEGER, POINTER :: a          ! Zeigervariable
ALLOCATE(a)                    ! dynamisches Ziel
PRINT *, 'ganz -> '; READ *, a ! Daten lesen
a = a + 1                      ! Daten veraendern
PRINT *, 'Inhalt = ', a        ! Daten ausgeben
```

Die Verbindung zwischen dem Zeiger und dem dynamischen Ziel kann durch die Anweisung NULLIFY wieder gelöst werden. Dann bleibt jedoch der Speicher belegt.

Die Anweisung

```
DEALLOCATE(Zeigerliste [, STAT = Status])
```

löst die Verbindung der Zeiger mit den dynamischen Objekten und gibt den Speicher wieder frei. War die Verbindung bereits durch NULLIFY gelöst worden, so liegt ein Fehler vor. Die vordefinierte Funktion

```
ASSOCIATED (Zeiger)
```

überprüft, ob der Zeiger mit einem Ziel verbunden ist. Das logische Ergebnis ist TRUE (wahr), wenn der Zeiger an ein Ziel gebunden ist, sonst ist das Ergebnis FALSE (falsch). Das folgende Beispiel löst die Verbindung des Zeigers a nur, wenn die Verbindung noch besteht.
IF (ASSOCIATED(a)) DEALLOCATE(a)

Die Anweisung DEALLOCATE löst die Verbindung und gibt den Speicher frei, der durch eine neue ALLOCATE Anweisung wieder belegt werden kann. Wird ein dynamisch belegter Zeiger mit DEALLOCATE freigegeben, so müssen alle anderen Zeiger, die durch eine *Zeigerzuweisung* auf das gleiche Objekt zeigen, mit NULLIFY gelöst werden. Beispiel:
```
INTEGER, POINTER :: a, b    ! zwei Zeiger
ALLOCATE(a)                 ! a dynamisch belegt
b => a                      ! b zeigt auf gleiches Objekt

DEALLOCATE(a)               ! Speicher freigeben, a loesen
NULLIFY(b)                  ! auch b loesen
```

Für die **dynamische Zuordnung von Feldern** durch Feldzeiger (siehe auch Abschnitt 5.4.4) muß die Gestalt des Feldes mit dem Attribut ALLOCATABLE vereinbart werden. Dabei bleibt die Größe des Feldes offen; die Doppelpunkte bestimmen lediglich die *Gestalt* (Anzahl der Dimensionen).

```
Datentyp, ALLOCATABLE, DIMENSION( : [, :]) :: Liste
oder auch
ALLOCATABLE Feldzeigerliste
```

Die Größe des Feldes wird erst bei der Zuordnung des Speichers mit ALLOCATE bestimmt. In der Liste können mehrere Feldzeiger mit ihren Größenangaben erscheinen, die mit der vereinbarten Gestalt übereinstimmen müssen.

```
ALLOCATE(Feldzeiger (Größe [,Größe]) [, STAT = Status])
```

Die Größe wird durch die Anzahl der Elemente oder durch die Indexgrenzen angegeben. Das folgende Beispiel vereinbart einen Zeiger wert auf ein eindimensionales Feld und fordert Speicher für 100 Elemente an.

```
REAL, ALLOCATABLE, DIMENSION( : ) :: wert ! Vektorgestalt
ALLOCATE(wert(100))                        ! Groesse 100
```

Der mit ALLOCATE zugewiesene Speicherplatz wird beim Ende des Programms bzw. Unterprogramms automatisch wieder freigegeben. Die Anweisung

```
DEALLOCATE(Feldzeigerliste [, STAT = Status] )
```

gibt den Speicherplatz vorzeitig frei und löst die Verbindung zum Feldzeiger. Die Verbindung kann mit der vordefinierten Funktion

```
ALLOCATED(Feldzeigername)
```

geprüft werden. Das Ergebnis ist TRUE, wenn der Feldzeiger verbunden ist und dem Feld zur Zeit Speicherplatz zur Verfügung steht. Das in *Bild 7-2* dargestellte Programmbeispiel vereinbart ein dynamisches eindimensionales Feld und liest die Größe des Feldes ein.

```
! k7b2.for Bild 7-2: Dynamisches Feld
      IMPLICIT NONE
      REAL, ALLOCATABLE, DIMENSION( : ) :: wert
      INTEGER  i, n
      REAL summ, mittel
      summ = 0.0
      PRINT *, 'Anzahl der Werte ganz -> '; READ *, n
      ALLOCATE( wert (n) )
      DO i = 1, n
        PRINT *, i, '.Wert reell -> '; READ *, wert(i)
        summ = summ + wert(i)
      END DO
      mittel = summ / n
      PRINT *, '       Wert       Abweichung'
      DO i = 1, n
        PRINT *, wert(i), wert(i) - mittel
      END DO
      IF (ALLOCATED(wert)) THEN
        DEALLOCATE(wert)
        PRINT *, 'Speicher freigegeben'
      END IF
      END
```

Bild 7-2: Dynamisches Feld mit Meßwerten

7.3 Operationen mit Zielvariablen über Zeiger

In Gegensatz zu anderen Programmiersprachen, die z.B. auch eine Zeigerarithmetik enthalten, lassen sich Zeiger in Fortran nur
- auf eine Zieladresse setzen (Operator => bzw. ALLOCATE Anweisung),
- in den nichtverbundenen Zustand versetzen (NULLIFY bzw. DEALLOCATE) und
- auf den Verbindungszustand überprüfen (ASSOCIATED bzw. ALLOCATED).

In allen anderen *Ausdrücken*, in denen die Bezeichner von Zeigern erscheinen, werden die Operationen mit den Zieldaten vorgenommen, auf die die Zeiger zur Zeit gesetzt sind. Dies betrifft auch die Wertzuweisung, bei der Zieldaten und nicht die Zeigerinhalte kopiert werden. Beispiel:

```
INTEGER, POINTER :: a, b  ! zwei Zeiger vereinbart
ALLOCATE(a, b)            ! dynamische Ziele
a = 1                     ! Wertzuweisung an Ziel von a
b = a                     ! Ziel von b = Wert des Ziels a
PRINT *, 'Ziel von a=', a, ' Ziel von b =', b
```

Zeiger können beim Aufruf von *Unterprogrammen* als aktuelle Parameter verwendet werden. In einfachsten Fall sind die entsprechenden formalen Parameter Platzhalter wie beim Aufruf mit gewöhnlichen statischen Variablen. Beispiel:

```
INTEGER, POINTER :: a, b, c
ALLOCATE(a, b, c)
a = 1; b = 2
CALL summ(a, b, c)            ! Zeiger als Parameter
PRINT *, a, ' +', b,' = ', c

! Aufruf mit Zeigern oder statischen Variablen
SUBROUTINE summ(x, y, z)
INTEGER x, y, z               ! Platzhalter
z = x + y
END SUBROUTINE summ
```

Zeiger können auch als Komponenten von *benutzerdefinierten Datentypen* (Strukturen) verwendet werden. Dann darf jedoch der Strukturname nicht mehr in Ein- /Ausgabeanweisungen erscheinen. Beispiel:

```
TYPE styp                    ! Strukturtyp vereinbaren
  REAL wert                  ! statische Komponente
  INTEGER, POINTER :: nr     ! Zeigerkomponente
END TYPE styp
TYPE (styp) :: otto          ! Objekt anlegen
otto % wert = 12.34          ! statische Komponente
ALLOCATE(otto % nr)          ! Zeiger dynamisch besetzen
otto % nr = 123              ! Wertzuweisung an Ziel
PRINT *,otto % nr,otto % wert ! nur komponentenweise !!!
```

7.4 Verkettete Listen

In den bisher verwendeten Datenstrukturen (Feld, Text und Datei) war die Reihenfolge der Listenelemente durch einen Index oder eine Satznummer festgelegt. Einzelne Elemente konnten weder entfernt noch eingefügt werden.

Verkettete Listen werden dynamisch im Zusatzspeicher aufgebaut. Sie bestehen aus Elementen, die zusätzlich zu den Daten Zeiger auf die Nachbarelemente enthalten. Dazu ist ein entsprechender benutzerdefinierter Datentyp, eine Struktur, zu vereinbaren, die neben den Datenkomponenten einen Zeiger auf "sich selbst" enthält.

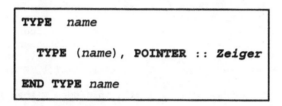

```
TYPE   name

   TYPE (name), POINTER :: Zeiger

END TYPE name
```

Das folgende Beispiel vereinbart einen Datentyp mit der Bezeichnung `styp` für Elemente einer verketteten Liste. Die Komponenten sind eine reelle Variable und ein Zeiger auf den Datentyp.

```
TYPE  styp
   REAL :: daten                    ! Datenkomponente
   TYPE (styp), POINTER :: nach  ! Zeigerkomponente
END TYPE styp
```

Die verkettete Liste wird über Zeiger verwaltet. Das folgende Beispiel vereinbart drei Zeiger `kopf`, `vor` und `lauf`, die auf Elemente des Typs `styp` zeigen sollen.

```
TYPE (styp), POINTER :: kopf, vor, lauf
```

Neue Elemente werden durch die `ALLOCATE` Anweisung angefordert und auf den laufenden Zeiger `lauf` gesetzt. Beispiel:

```
ALLOCATE(lauf)
```

Das in *Bild 7-3* dargestellte Beispiel zeigt den Aufbau und die Ausgabe einer *einfach verketteten Liste*. Der Zeiger `kopf` zeigt auf das erste Element. Der Zeiger `lauf` zeigt auf das laufende Element; der Zeiger `vor` auf das vorletzte.

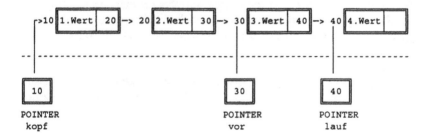

```
! k7b3.for Bild 7-3: Einfach verkettete Liste aufbauen und ausgeben
      IMPLICIT NONE
      TYPE styp                        ! Typ der Listenelemente
        REAL daten                     ! Datenkomponente
        TYPE (styp), POINTER :: nach   ! Zeigerkomponente
      END TYPE styp
      REAL wert
      INTEGER test
      TYPE(styp), POINTER :: kopf, vor, lauf    ! Verwaltungszeiger
! Einfach verkettete Liste aufbauen
      NULLIFY(kopf, vor, lauf)         ! Endemarken
      DO
        PRINT *, 'Ende mit STRG^Z reell -> '
        READ (*, *, IOSTAT = test) wert
        IF (test .NE. 0) EXIT          ! Schleifenkontrolle
        ALLOCATE(lauf)                 ! Speicher fuer neues Element
        lauf % daten = wert            ! Datenkomponente
        IF (.NOT. ASSOCIATED(kopf)) THEN        ! Listenanfang ?
          kopf => lauf                 ! kopf zeigt auf 1. Element
        ELSE
          vor % nach => lauf           ! alle folgenden Elemente anhaengen
        END IF
        vor => lauf
      END DO
      NULLIFY(lauf % nach)        ! Endemarke in das letzte Element
! Einfach verkettete Liste ausgeben
      PRINT *, 'Kontrollausgabe:'
      lauf => kopf                     ! Beginne mit Kopfelement
      DO
        IF (.NOT.ASSOCIATED(lauf)) EXIT ! bis Endemarke
        PRINT *, lauf % daten           ! Daten ausgeben
        lauf => lauf % nach             ! Zeiger auf Nachfolger
      END DO
      END
```

Bild 7-3: Aufbau und Ausgabe einer einfach verketteten Liste

Eine *einfach verkettete* Liste läßt sich nur in einer Richtung vom Kopfzeiger bis zur Endemarke durchlaufen. Sollen Elemente entfernt werden, so ist der Zeiger auf den Nachfolger in das Zeigerfeld des Vorgängers einzutragen. Damit ist das Element aus der Kette ausgeschlossen und kann freigegeben werden. Beim Einfügen neuer Elemente ist der Zeiger auf den Nachfolger in das neue Element zu übernehmen. In die Zeigerkomponente des Vorgängers ist die Adresse des neuen Elementes einzutragen.

Bei einer *doppelt verketteten* Liste enthält jedes Element neben der Datenkomponente zwei Zeiger, einen auf den Vorgänger und einen auf den Nachfolger. Die Liste kann nun in beiden Richtungen durchlaufen werden. Bei Änderungen sind beide Nachbarelemente zu berücksichtigen.

Das in *Bild 7-4* dargestellte Programmbeispiel baut eine *doppelt verkettete* Liste aus Meßwerten auf, die eingelesen werden. Dabei sind keine Angaben über die Anzahl der Werte erforderlich.

```
! k7b4.for Bild 7-4: doppelt verkettete Liste
      IMPLICIT NONE
      TYPE styp
        REAL daten                          ! Datenkomponente
        TYPE (styp), POINTER :: vorg, nach  ! Zeigerkomponenten
      END TYPE styp                         ! Vorgaenger und
      REAL wert                             ! Nachfolger
      INTEGER test
      TYPE(styp), POINTER :: kopf, vor, lauf, ende
      NULLIFY(kopf, vor, lauf, ende)             ! Endemarken setzen
      DO
        PRINT *, 'Ende mit STRG^Z  reell -> '
        READ (*, *, IOSTAT = test) wert
        IF (test .NE. 0) EXIT              ! Schleifenkontrolle
        ALLOCATE(lauf)                     ! Speicher fuer neues Element
        lauf % daten = wert                ! Datenkomponente eintragen
        IF (.NOT. ASSOCIATED(kopf)) THEN      ! Listenanfang ?
          kopf => lauf              ! kopf zeigt auf 1. Element
          NULLIFY(lauf % vorg)     ! 1. Element hat keinen Vorgaenger
        ELSE
          vor % nach => lauf       ! Vorgaenger: Zeiger auf Nachfolger
          lauf % vorg => vor       ! Nachfolger: Zeiger auf Vorgaenger
        END IF
        vor => lauf                ! laufendes Element wird altes
      END DO
      NULLIFY(lauf % nach)         ! letztes Element ohne Nachfolger
      ende => lauf                 ! Zeiger auf Schlusselement
! Doppelt verkettete Liste rueckwaerts ausgeben
      PRINT *, 'Kontrollausgabe rueckwaerts:'
      lauf => ende                          ! Beginne mit Schlusselement
      DO
        IF (.NOT.ASSOCIATED(lauf)) EXIT ! bis Endemarke
        PRINT *, lauf % daten           ! Daten ausgeben
        lauf => lauf % vorg             ! Zeiger auf Vorgaenger
      END DO
! Doppelt verkettete Liste vorwaerts ausgeben
      PRINT *, 'Kontrollausgabe vorwaerts:'
      lauf => kopf                          ! Beginne mit Kopfelement
      DO
        IF (.NOT.ASSOCIATED(lauf)) EXIT ! bis Endemarke
        PRINT *, lauf % daten           ! Daten ausgeben
        lauf => lauf % nach             ! Zeiger auf Nachfolger
      END DO
      END
```

```
Ende mit STRG^Z  reell -> 1
Ende mit STRG^Z  reell -> 2
Ende mit STRG^Z  reell -> 3
Ende mit STRG^Z  reell -> ^Z

Kontrollausgabe rueckwaerts:
    3.00000
    2.00000
    1.00000
Kontrollausgabe vorwaerts:
    1.00000
    2.00000
    3.00000
```

Bild 7-4: Doppelt verkettete Liste aufbauen und ausgeben

In einer Baumstruktur hat jedes Element, Knoten genannt, mehrere Nachfolger. Bei einem binären Baum entsprechend *Bild 7-5* enthält jeder Knoten neben den Daten zwei Zeiger auf zwei Nachfolger. Bei Ankettung neuer Elemente kann man z.B. alle Werte, die numerisch oder alphabetisch höher sind, in den oberen (oder linken) Zweig legen. Alle niedrigeren werden dann im unteren Zweig angekettet. Ein Zeiger, der auf keinen Nachfolger zeigt, wird durch eine Endemarke gekennzeichnet.

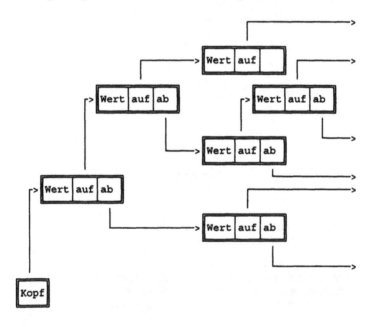

Bild 7-5: Binäre Baumstruktur

8. Lösungen

8.1 Abschnitt 2.6 Formelprogrammierung

```
! l2p6a1.for   Uebungen 2.6 Aufgabe 1: Kugelberechnung
      IMPLICIT NONE
      REAL, PARAMETER :: pi = 3.14159265
      REAL :: durch, volum, ober
      PRINT *, 'Kugeldurchmesser -> '; READ *, durch
      volum = pi * durch**3 / 6.0
      ober = pi * durch**2
      PRINT *, 'D =', durch, ' V =', volum, ' M =', ober
      END
```

```
! l2p6a2.for   Uebungen 2.6 Aufgabe 2: Scheinwiderstand einer Spule
      IMPLICIT NONE
      REAL, PARAMETER :: pi = 3.14159265
      REAL :: r, f, l, z
      PRINT *, '    Widerstand in Ohm -> '; READ *, r
      PRINT *, '    Frequenz in Hertz -> '; READ *, f
      PRINT *, 'Induktivitaet in Henry -> '; READ *, l
      z = SQRT(r**2 + (2.0*pi*f*l)**2)
      PRINT *, 'Scheinwiderstand =', z, ' Ohm'
      END
```

```
! l2p6a3.for   Uebungen 2.6 Aufgabe 3: Traegerberechnung
      IMPLICIT NONE
      REAL :: laenge, last, aufla, biege
      PRINT *, 'Traegerlaenge in m -> '; READ *, laenge
      PRINT *, ' Belastung in kp/m -> '; READ *, last
      aufla = last * laenge / 2.0
      biege = last * laenge**2 / 8.0
      PRINT *, 'Lagerkraft  =', aufla, ' kp'
      PRINT *, 'Biegemoment =', biege, ' kpm'
      END
```

```
! l2p6a4.for   Uebungen 2.6 Aufgabe 4: Reihen- und Parallelwiderstand
      IMPLICIT NONE
      REAL :: r1, r2, reihe, paral
      PRINT *, 'Widerstand R1 in Ohm -> '; READ *, r1
      PRINT *, 'Widerstand R2 in Ohm -> '; READ *, r2
      reihe = r1 + r2
      paral = (r1 * r2) / (r1 + r2)
      PRINT *, '  Reihenwiderstand =', reihe, ' Ohm'
      PRINT *, 'Parallelwiderstand =', paral, ' Ohm'
      END
```

```
! 12p6a5.for  Uebungen 2.6 Aufgabe 5: Systemtest INTEGER und REAL
      IMPLICIT NONE
      REAL, PARAMETER :: pi = 3.14159265
      INTEGER :: a, b
      REAL :: x, y
      PRINT *, ' Zwei ganze Zahlen -> '; READ *, a, b
      PRINT *, a+b, a-b, a*b, a/b, MOD(a,b)
      PRINT *, 'Zwei reelle Zahlen -> '; READ *, x, y
      PRINT *, x+y, x-y, x*y, x/y
      PRINT *, 'Winkel in Grad -> '; READ *, x
      y = x * pi / 180.0
      PRINT *, SIN(y), COS(y), TAN(y), 1.0/TAN(y)
      PRINT *, 'Argumente ATAN und ATAN2 -> '; READ *, x, y
      PRINT *, ATAN(x/y)*180/pi, ATAN2(x,y)*180/pi
      PRINT *, 'Argument SQRT, LOG und LOG10 -> '; READ *, x
      PRINT *, SQRT(x), LOG(x), LOG10(x)
      END
```

8.2 Abschnitt 3.3 Programmverzweigungen

```
! 13p3a1.for  Uebungen 3.3 Aufgabe 1: Bereichstest
      IMPLICIT NONE
      REAL, PARAMETER :: unt=0.0, obe = 100.0
      REAL x
      PRINT *, 'reelle Zahl -> '; READ *, x
      IF (unt .LE. x .AND. x .LE. obe) THEN
         PRINT *, unt, ' <= ', x, ' <= ', obe
      ELSE
         PRINT *, x, ' ausserhalb', unt, '...', obe
      END IF
      END
```

```
! 13p3a2.for  Uebungen 3.3 Aufgabe 2: Tendenz zweier Messwerte
      IMPLICIT NONE
      REAL x1, x2
      PRINT *, '1. Wert reell -> '; READ *, x1
      PRINT *, '2. Wert reell -> '; READ *, x2
      IF (x2 .LT. x1) THEN
         PRINT *, 'Tendenz fallend'
      ELSE IF (x2 .GT. x1) THEN
         PRINT *, 'Tendenz steigend'
      ELSE
         PRINT *, 'Tendenz gleichbleibend'
      END IF
      END
```

```
! 13p3a3.for  Uebungen 3.3 Aufgabe 3: Koordinaten
      IMPLICIT NONE
      REAL x, y
      PRINT *, 'X-Koordinate -> '; READ *, x
      PRINT *, 'Y-Koordinate -> '; READ *, y
      IF (x .EQ. 0 .AND. y .EQ. 0) THEN
         PRINT *, 'Nullpunkt'
      ELSE IF (x .EQ. 0 .AND. y .GT. 0) THEN
         PRINT *, 'positive Y-Achse'
```

```
      ELSE IF (x .EQ. 0 .AND. y .LT. 0) THEN
        PRINT *, 'negative Y-Achse'
      ELSE IF (y .EQ. 0 .AND. x .GT. 0) THEN
        PRINT *, 'positive X-Achse'
      ELSE IF (y .EQ. 0 .AND. x .LT. 0) THEN
        PRINT *, 'negative X-Achse'
      ELSE IF (x .GT. 0 .AND. y .GT. 0) THEN
        PRINT *, '1. Quadrant'
      ELSE IF (x .LT. 0 .AND. y .GT. 0) THEN
        PRINT *, '2. Quadrant'
      ELSE IF (x .LT. 0 .AND. y .LT. 0) THEN
        PRINT *, '3. Quadrant'
      ELSE IF (x .GT. 0 .AND. y .LT. 0) THEN
        PRINT *, '4. Quadrant'
      END IF
      END


! l3p3a4.for Uebungen 3.3 Aufgabe 4: Reihenwiderstand
      IMPLICIT NONE
      REAL  r1, r2, rges
      PRINT *, 'Widerstand R1 in Ohm -> '; READ *, r1
      PRINT *, 'Widerstand R2 in Ohm -> '; READ *, r2
      rges = r1 + r2
      IF (rges .LT. 1.0) THEN
        PRINT *, 'R = ', rges*1000, ' Milli_Ohm'
      ELSE IF (rges .GE. 1.0 .AND. rges .LT. 1000) THEN
        PRINT *, 'R = ', rges, ' Ohm'
      ELSE IF (rges .GE. 1000 .AND. rges .LT. 1E6) THEN
        PRINT *, 'R = ', rges*0.001, ' Kilo_Ohm'
      ELSE IF (rges .GE. 1E6) THEN
        PRINT *, 'R = ', rges*1E-6, ' Mega_Ohm'
      END IF
      END


! l3p3a5.for Uebungen 3.3 Aufgabe 5: Parallelwiderstand
      IMPLICIT NONE
      REAL  r1, r2, rges
      PRINT *, 'Widerstand R1 > 0 in Ohm -> '; READ *, r1
      PRINT *, 'Widerstand R2 > 0 in Ohm -> '; READ *, r2
      IF (r1. LE. 0 .OR. r2 .LE. 0) THEN
        PRINT *, 'Widerstand kleiner/gleich 0 unzulaessig'
      ELSE
        rges = r1 * r2 /(r1 + r2)
        IF (rges .LT. 1.0) THEN
          PRINT *, 'R = ', rges*1000, ' Milli_Ohm'
        ELSE IF (rges .GE. 1.0 .AND. rges .LT. 1000) THEN
          PRINT *, 'R = ', rges, ' Ohm'
        ELSE IF (rges .GE. 1000 .AND. rges .LT. 1E6) THEN
          PRINT *, 'R = ', rges*0.001, ' Kilo_Ohm'
        ELSE IF (rges .GE. 1E6) THEN
          PRINT *, 'R = ', rges*1E-6, ' Mega_Ohm'
        END IF
      END IF
      END
```

```
! l3p3a6.for Uebungen 3.3 Aufgabe 6: Drahtwiderstand
      IMPLICIT NONE
      REAL, PARAMETER :: pi = 3.14159265
      REAL lae, durch, flae, wid, kappa
      CHARACTER kenn
      LOGICAL :: fehler = .FALSE.
      PRINT *, 'Drahtlaenge in  m -> '; READ *, lae
      PRINT *, 'Durchmesser in mm -> '; READ *, durch
      PRINT *, 's = Silber k = Kupfer a = Alu, m = Messing -> '
      READ *, kenn
      SELECT CASE (kenn)
      CASE ('s', 'S')
        kappa = 60.6 ; PRINT *, 'Silberdraht'
      CASE ('k', 'K')
        kappa = 56.8 ; PRINT *, 'Kupferdraht'
      CASE ('a', 'A')
        kappa = 36.0 ; PRINT *, 'Aluminiumdraht'
      CASE ('m', 'M')
        kappa = 13.3 ; PRINT *, 'Messingdraht'
      CASE DEFAULT
        PRINT *, 'Nicht vereinbarter Kennbuchstabe: ', kenn
        fehler = .TRUE.
      END SELECT
      IF (.NOT. fehler) THEN
        flae = pi * durch**2 / 4
        wid = lae /(kappa * flae)
        PRINT *, 'Widerstand = ', wid, ' Ohm'
      END IF
      END


! l3p3a7.for Uebungen 3.3 Aufgabe 7: Funktionsbereiche
      IMPLICIT NONE
      REAL x
      PRINT *, 'X-Wert reell -> '; READ *, x
! Folge von logischen IFs ermittelt Funktionswert
      IF (x .LE. 0) PRINT *, 'Y = 0'
      IF (0 .LT. x .AND. x .LE. 1) PRINT *, 'Y = ', x**2
      IF (1 .LT. x .AND. x .LE. 10) PRINT *, 'Y = ', x
      IF (x .GT. 10) PRINT *, 'Y = 10'
! Schachtelung von Block IFs ermittelt Bereich
      IF (x .LE. 0) THEN
        PRINT *, 'Bereich null'
      ELSE
        IF (0 .LT. x .AND. x .LE. 1) THEN
          PRINT *, 'Bereich quadratisch'
        ELSE
          IF (1 .LT. x .AND. x .LE. 10) THEN
            PRINT *, 'Bereich linear'
          ELSE
           PRINT *, 'Bereich konstant'
          END IF
        END IF
      END IF
      END
```

```
! l3p3a8.for Uebungen 3.3 Aufgabe 8: Formel sin**2 + cos**2
      IMPLICIT NONE
      REAL, PARAMETER :: pi = 3.14159265
      REAL :: x, bogen, wert, delta
      PRINT *, 'Winkel in Grad -> '; READ *, x
      bogen = x * pi / 180
      wert  = SIN(bogen)**2 + COS(bogen)**2
      delta = ABS(wert - 1.0)
      IF (delta .EQ. 0.0) THEN
         PRINT *, 'Sin**2 + Cos**2 gleich 1'
      ELSE
         PRINT *, ' ungleich 1: Delta =', delta
      END IF
      END


! l3p3a9.for Uebungen 3.3 Aufgabe 9: Taschenrechner
      IMPLICIT NONE
      INTEGER a, b
      CHARACTER op
      PRINT *, ' 1. Operand ganz -> '; READ *, a
      PRINT *, ' 2. Operand ganz -> '; READ *, b
      PRINT *, 'Operation + - * : -> '; READ *, op
      SELECT CASE (op)
      CASE ('+')
         PRINT *, a, ' +', b, ' =', a+b
      CASE ('-')
         PRINT *, a, ' -', b, ' =', a-b
      CASE ('*')
         PRINT *, a, ' *', b, ' =', a*b
      CASE (':')
         IF (b .EQ. 0) THEN
            PRINT *, 'Durch Null dividiere ich nicht'
         ELSE
            PRINT *, a, ' :', b, ' =', a/b, ' Rest', MOD(a,b)
         END IF
      CASE DEFAULT
         PRINT *, 'Falsches Operationszeichen: ', op
      END SELECT
      END
```

8.3 Abschnitt 3.5 Zählschleifen

```
! l3p5a1.for Uebungen 3.5 Aufgabe 1: Zahlen summieren
      IMPLICIT NONE
      INTEGER  i, summe
      summe = 0
      DO i = 1, 100
         summe = summe + i
      END DO
      PRINT *, 'Summe der Zahlen von 1 bis 100:', summe
      END
```

```
! 13p5a2.for Uebungen 3.5 Aufgabe 2: Fakultaet n!
      IMPLICIT NONE
      INTEGER  i, n
      REAL   fakul
      PRINT *, ' n > 0 ganz -> '; READ *, n
      fakul = 1
      DO i = 1, n
        fakul = fakul * i
      END DO
      PRINT *, n, ' ! =', fakul
      END


! 13p5a3.for Uebungen 3.5 Aufgabe 3: Summe und Mittelwert
      IMPLICIT NONE
      INTEGER  i, n
      REAL   summe, wert, mittel
      PRINT *, ' Anzahl der Werte > 0 ganz -> '; READ *, n
      IF (n .LE. 0) THEN
        PRINT *, 'Falsche Eingaben bearbeite ich nicht'
      ELSE
        summe = 0
        DO i = 1, n
          PRINT *, i, '.Wert reell -> '; READ *, wert
          summe = summe + wert
        END DO
        mittel = summe / n
        PRINT *, 'Summe =', summe, ' Mittel =', mittel
      END IF
      END


! 13p5a4.for Uebungen 3.5 Aufgabe 4: Fakultaetentabelle
      IMPLICIT NONE
      INTEGER  i, nmax, nz
      REAL   fak
      PRINT *, 'nmax > 0 ganz -> '; READ *, nmax
      nz = 0
      fak = 1
      DO i = 1, nmax
        fak = fak * i
        PRINT *, i, '! = ', fak
! Zeilenkontrolle haelt Bildschirm nach einer Seite an
        nz = nz + 1
        IF (nz .EQ. 24) THEN
          PRINT *, 'Weiter -> '; READ *
          nz = 0
        END IF
! Ueberlaufkontrolle systemabhaengig!!!!
        IF (fak .GT. HUGE(fak)) THEN
          PRINT *, 'Abbruch wegen Ueberlauf'
          EXIT
        END IF
      END DO
      END
```

```
! 13p5a5.for Uebungen 3.5 Aufgabe 5: Scheinwiderstand einer Spule
      IMPLICIT NONE
      INTEGER  nz
      REAL, PARAMETER :: pi = 3.14159265
      REAL  r, l, f, fa, fe, fs, zre, zim, zab, zwi
      PRINT *, 'Scheinwiderstand einer Spule'
      PRINT *, '             R in Ohm -> '; READ *, r
      PRINT *, '             L in Henry -> '; READ *, l
      PRINT *, 'Anfangsfrequenz in Hz -> '; READ *, fa
      PRINT *, '   Endfrequenz in Hz -> '; READ *, fe
      PRINT *, '  Schrittweite in Hz -> '; READ *, fs
      nz = 1
      DO f = fa, fe + 0.5*fs, fs
        zre = r
        zim = 2 * pi * f * l
        zab = SQRT(zre**2 + zim**2)
        zwi = ATAN2(zim, zre) * 180 / pi
        IF (nz .EQ. 1) THEN
          PRINT 100
100       FORMAT(5X,'f(Hz) Zre(Ohm) Zim(Ohm) Zab(Ohm)  Winkel')
        END IF
        PRINT 200, f, zre, zim, zab, zwi
200     FORMAT(1X, 4F9.1, F6.1, ' Grad')
        nz = nz + 1
        IF (nz .EQ. 24) THEN
          PRINT *, 'Weiter -> '; READ *
          nz = 1
        END IF
      END DO
      END


! 13p5a6.for Uebungen 3.5 Aufgabe 6: Trigonometrische Funktionen
      IMPLICIT NONE
      INTEGER wink, wanf, wend, wsch, nz
      REAL, PARAMETER :: pi = 3.14159265
      REAL  bog, tang, ctang
      PRINT *, 'Anfangswinkel ganz in Grad -> '; READ *, wanf
      PRINT *, '   Endwinkel ganz in Grad -> '; READ *, wend
      PRINT *, ' Schrittweite ganz in Grad -> '; READ *, wsch
      IF (wsch .EQ. 0) THEN
        PRINT *, 'Die Schrittweite null mag ich nicht'
      ELSE
      nz = 1
      DO wink = wanf, wend, wsch
        bog = wink * pi / 180
        tang = TAN(bog)
        IF (tang .EQ. 0) THEN
          ctang = 1e10
        ELSE
          ctang = 1 / tang
        END IF
        IF (nz .EQ. 1) THEN
          PRINT 100
100       FORMAT(1X,'Winkel',5X,'Sin',9X,'Cos',9X,'Tan',9X,'Cot')
        END IF
        PRINT 200, wink, SIN(bog), COS(bog), tang, ctang
200     FORMAT(1X, I6, 4G12.3)
```

```
      nz = nz + 1
      IF (nz .EQ. 24) THEN
        PRINT *, 'Weiter -> '; READ *
        nz = 1
      END IF
    END DO
    END IF
    END
```

! 13p5a7.for *Uebungen 3.5 Aufgabe 7:* Pythagoras

```
      IMPLICIT NONE
      INTEGER  a, b
      PRINT 100
100   FORMAT(13X,'Hypothenuse im rechtwinkligen Dreieck')
      PRINT 200, (a, a = 1, 8)
200   FORMAT(5X, 8(' a=', I2) )
      DO b = 1, 10
        PRINT 300, b, (SQRT(REAL(a**2 + b**2)), a = 1, 8)
300     FORMAT(1X,'b=', I2, 8F6.1)
      END DO
      END
```

! 13p5a8.for *Uebungen 3.5 Aufgabe 8:* Drahttabelle

```
      IMPLICIT NONE
      INTEGER :: lae, lanf, lend, lsch, nz, d, da=5, de=10
      REAL, PARAMETER :: pi = 3.14159265 , kappa = 56.8
      REAL  fak
      PRINT *, 'Anfangslaenge ganz in m -> '; READ *, lanf
      PRINT *, '   Endlaenge ganz in m -> '; READ *, lend
      PRINT *, ' Schrittweite ganz in m -> '; READ *, lsch
      IF (lsch .EQ. 0) THEN
        PRINT *, 'Die Schrittweite null mag ich nicht'
      ELSE
      fak = 4 / (kappa * pi)
      nz = 2
      DO lae = lanf, lend, lsch
        IF (nz .EQ. 2) THEN
          PRINT 100
100       FORMAT(10X,'Widerstand eines Kupferdrahtes in Ohm')
          PRINT 200, (0.1*d, d=da, de)
200       FORMAT(3X,'l(m)', 10(' D=',F3.1,'mm':) )
        END IF
        PRINT 300, lae, (fak * lae / (0.1*d)**2, d = da, de)
300     FORMAT(1X, I6, 10F8.3)
        nz = nz + 1
        IF (nz .EQ. 24) THEN
          PRINT *, 'Weiter -> '; READ *
          nz = 2
        END IF
      END DO
      END IF
      END
```

```
! l3p5a9.for Uebungen 3.5 Aufgabe 9: Dezimal/Dual-Umwandlung
      IMPLICIT NONE
      INTEGER :: dezi, i, teiler, stellen = 16
      PRINT "(' 0 bis', I7, ' ganz -> ')", 2**stellen - 1
      READ *, dezi
      IF (dezi .LT. 0 .OR. dezi .GE. 2**stellen) THEN
        PRINT *, 'Die Zahl liegt ausserhalb des Bereiches'
      ELSE
        WRITE (*, *, ADVANCE = 'NO') dezi, ' dezimal = dual '
        teiler = 2**(stellen -1)
        DO i = 1, stellen
          WRITE(*, "(I1)", ADVANCE = 'NO') dezi / teiler
          dezi = MOD(dezi, teiler)
          teiler = teiler / 2
        END DO
      END IF
      END
```

8.4 Abschnitt 3.7 Schleifen

```
! l3p7a1.for  Uebungen 3.7 Aufgabe 1: Mittelwert
      IMPLICIT NONE
      INTEGER  n
      REAL  wert, summ, marke
      PRINT *, 'Endemarke reell -> '; READ *, marke
      n = 0; summ = 0
      DO
        PRINT *, n+1, '.Wert reell -> '; READ *, wert
        IF (wert .EQ. marke) EXIT ! WARNUNG beachten wir nicht
        n = n + 1
        summ = summ + wert
      END DO
      IF (n .EQ. 0) THEN
        PRINT *, 'Keine Werte eingegeben'
      ELSE
        PRINT *, 'Mittel = ', summ / n
      END IF
      END
```

```
! l3p7a2.for  Uebungen 3.7 Aufgabe 2: Wurzel mit Kontrollen
      IMPLICIT NONE
      INTEGER  test
      REAL  radi
      lese:DO
      kon:   DO
                PRINT *, 'Ende mit Strg-Z  Radikand > 0 -> '
                READ (*, *, IOSTAT = test) radi
                IF (test .LT. 0) EXIT lese
                IF (test .EQ. 0 .AND. radi .GT. 0) EXIT kon
                PRINT *, 'Eingabefehler'
             END DO kon
             PRINT *, 'Wurzel aus', radi, ' =', SQRT(radi)
          END DO lese
      PRINT *, 'Ende der Eingabe'
      END
```

```
! l3p7a3.for  Uebungen 3.7 Aufgabe 3: Schiefer Wurf
      IMPLICIT NONE
      REAL, PARAMETER :: pi = 3.14159265 , g = 9.81
      REAL vanf, wanf, ts, t, xweite, yhoehe, ymax
      PRINT *, 'Abwurfgeschwindigkeit m/s -> '; READ *, vanf
      PRINT *, 'Abwurfwinkel 0 .. 90 Grad -> '; READ *, wanf
      PRINT *, 'Schrittweite der Zeit sek -> '; READ *, ts
      t = ts; ymax = 0
      PRINT *,' Zeit (sek)        Weite(m)          Hoehe(m)'
      DO
         xweite = vanf*t*COS(wanf*pi/180)
         yhoehe = vanf*t*SIN(wanf*pi/180) - 0.5*g*t**2
         IF (ymax .LT. yhoehe) ymax = yhoehe
         IF (yhoehe .LE. 0) EXIT
         PRINT *, t, xweite, yhoehe
         t = t + ts
      END DO
         PRINT *, '   Hoechster berechneter Punkt', ymax, 'm'
      END


! l3p7a4.for  Uebungen 3.7 Aufgabe 4: Dritte Wurzel nach Newton
      IMPLICIT NONE
      INTEGER  :: test, n, nmax
      REAL  :: radi, xalt, xneu, genau
      CHARACTER  ant
      PRINT *, '  Genauigkeit reell -> '; READ *, genau
      PRINT *, 'Maximale Naeherungen -> '; READ *, nmax
      lese:DO
       kontr:DO
             PRINT *, 'Radikand ungleich 0 reell -> '
             READ (*, *, IOSTAT = test) radi
             IF (test .EQ. 0 .AND. radi .NE. 0) EXIT kontr
             PRINT *, 'Eingabefehler'
          END DO kontr
          n = 0
          xneu = radi / 3
        naeh:DO
             xalt = xneu
             xneu = (2*xalt  + radi/xalt**2)/3
             n = n + 1
             IF (ABS( (xalt-xneu)/xneu) < genau ) EXIT naeh
             IF (n .GT. nmax) THEN
                PRINT *, 'Nach', n, ' Schritten abgebrochen'
                EXIT naeh
             END IF
          END DO naeh
          PRINT *,'3.Wurzel',radi,' =', xneu,n,' Schritte'
          PRINT *,'nochmal j = ja -> '; READ *, ant
          IF (ant .NE. 'j') EXIT lese
       END DO lese
      PRINT *, 'Auf Wiedersehen'
      END
```

```
! k3p7a5.for  Uebungen 3.7 Aufgabe 5: Reihenentwicklung
      IMPLICIT NONE
      INTEGER  n
      REAL :: x, g, eneu, ealt, abwei, genau = 1e-6
      CHARACTER ant
      DO
        PRINT *,'x reell -> '; READ *, x
        n = 1; g = 1; eneu = 1
        DO
          ealt = eneu
          g = g * x / n
          n = n + 1
          eneu = ealt + g
          IF (eneu .NE. 0) THEN
            abwei = ABS( (eneu- ealt) / eneu)
          ELSE
            abwei = 1
          END IF
          IF ( abwei .LT. genau) EXIT
        END DO
        PRINT *, 'e hoch', x, ' = ', eneu
        PRINT *,'Nochmal? j = ja -> '; READ *, ant
        IF (ant .NE. 'j') EXIT
      END DO
      END
```

8.5 Abschnitt 4.3 Unterprogrammtechnik

```
! l4p3a1.for  Uebungen 4.3 Aufgabe 1: Funktion dritte Wurzel
      IMPLICIT NONE
      REAL  radi, dwurz
      PRINT *, 'Radikand reell -> '; READ *, radi
      PRINT *,'3.Wurzel (', radi, ') =', dwurz(radi)
      END
! Externes Unterprogramm
      REAL FUNCTION dwurz(r)
      REAL :: r, xalt, xneu, genau = 1e-6
      xneu = r / 3.0
      IF (xneu .NE. 0) THEN
        DO
          xalt = xneu
          xneu = (2.0*xalt + r/xalt**2) / 3.0
          IF (ABS( (xalt-xneu) / xneu) < genau ) EXIT
        END DO
      END IF
      dwurz = xneu
      END FUNCTION dwurz


! l4p3a2.for  Uebungen 4.3 Aufgabe 2: Cotangens Funktion
      IMPLICIT NONE
      REAL  winkel, cot
      PRINT *, 'Winkel in Grad reell -> '; READ *, winkel
      PRINT *,'Cotangens (', winkel, ') =', cot(winkel)
      END
```

```
! Externes Unterprogramm
      REAL FUNCTION cot(x)
      IMPLICIT NONE
      REAL  x, tang
      tang = TAN(x * ATAN(1.0) / 45.0)
      IF (tang .EQ. 0) THEN
        cot = HUGE(tang)
      ELSE
        cot = 1.0 / tang
      END IF
      END FUNCTION cot


! 14p3a3.for  Uebungen 4.3 Aufgabe 3: trigonometrische Funktionen
      IMPLICIT NONE
      REAL  winkel, gsin, gcos, gtan, gcot
      PRINT *, 'Winkel in Grad reell -> '; READ *, winkel
      CALL trigo(winkel, gsin, gcos, gtan, gcot)
      PRINT *, winkel, ':', gsin, gcos, gtan, gcot
      END
! Externes Unterprogramm
      SUBROUTINE trigo(x, a, b, c, d)
      IMPLICIT NONE
      REAL  x, bogen, a, b, c, d
      bogen = x * ATAN(1.0) / 45.0
      a = SIN(bogen)
      b = COS(bogen)
      c = TAN(bogen)
      IF (c .EQ. 0) c = 1e-30
      d = 1.0 / c
      END SUBROUTINE trigo


! 14p3a4.for  Uebungen 4.3 Aufgabe 4: Winkel -360 .. +360 Grad
      IMPLICIT NONE
      REAL  winkel, bogen
      PRINT *, 'Winkel in Grad reell -> '; READ *, winkel
      PRINT *, 'Tan(', winkel,') =', TAN(winkel*ATAN(1.0)/45.0)
      CALL redu(winkel, bogen)
      PRINT *, 'Tan(', winkel,') =', TAN(bogen)
      END
! Externes Unterprogramm
      SUBROUTINE redu(x, bogen)
      IMPLICIT NONE
      REAL, INTENT(IN OUT) ::  x
      REAL, INTENT(OUT) :: bogen
      DO WHILE(x .GE. 360.0)
        x = x - 360.0
      END DO
      DO WHILE(x .LE. -360.0)
        x = x + 360.0
      END DO
      bogen = x * ATAN(1.0) / 45.0
      END SUBROUTINE redu
```

```
! 14p3a5.for  Uebungen 4.3 Aufgabe 5: Umwandlung komplexer Zahlen
      IMPLICIT NONE
      REAL  abso, wink, reel, imag
      PRINT *, '      Realteil -> '; READ *, reel
      PRINT *, 'Imaginaerteil -> '; READ *, imag
      CALL expo(reel, imag, abso, wink)
      PRINT *, '=', abso, '*ehochj', wink
      PRINT *, 'Absolutwert -> '; READ *, abso
      PRINT *, 'Winkel Grad -> '; READ *, wink
      CALL komp(abso, wink, reel, imag)
      PRINT *, '=', reel, ' +j', imag
      END
! Unterprogramm expo
      SUBROUTINE expo(a, b, ab, wi)
      IMPLICIT NONE
      REAL a, b, ab, wi
      ab = SQRT(a**2 + b**2)
      wi = ATAN2(b, a) * 45.0 / ATAN(1.0)
      END SUBROUTINE expo
! Unterprogramm komp
      SUBROUTINE komp(ab, wi, a, b)
      IMPLICIT NONE
      REAL ab, wi, a, b, bog
      bog = wi * ATAN(1.0) / 45.0
      a = ab * COS(bog)
      b = ab * SIN(bog)
      END SUBROUTINE komp


! 14p3a6.for Uebungen 4.3 Aufgabe 6: Fakultaetenfunktion
      IMPLICIT NONE
      INTEGER  n
      REAL  fak
      DO
         PRINT *, '0 = Ende  n > 0 -> '; READ *, n
         IF (n .EQ. 0) EXIT
         PRINT *, n, '! =', fak(n)
      END DO
      END
! Unterprogramm fak
      REAL FUNCTION fak(n)
      IMPLICIT NONE
      INTEGER  n, i
      REAL ::  f    ! nicht vorbesetzen REAL :: f = 1.0 !!
      f = 1.0       ! fuer jeden Aufruf neu zuweisen !!!!!
      DO i = 1, n
         f = f * FLOAT(i)
      END DO
      fak = f
      END FUNCTION fak
```

8.6 Abschnitt 5.3 Einfache Felder

```
! l5p3a1.for Uebungen 5.3 Aufgabe 1: Skalarprodukt und Produkvektor
      IMPLICIT NONE
      INTEGER, PARAMETER :: anz = 3
      REAL, DIMENSION(anz) :: a, b, c
      INTEGER i
      REAL :: skal = 0.0
      PRINT *,anz,' Werte Vektor A > '; READ *, (a(i), i=1,anz)
      PRINT *,anz,' Werte Vektor B > '; READ *, (b(i), i=1,anz)
      DO i = 1, anz
        skal = skal + a(i) * b(i)
        c(i) = a(i) * b(i)
      END DO
      PRINT *, 'Skalarprodukt =', skal
      PRINT *, 'Produktvektor =', (c(i), i = 1, anz)
      END
```

```
! l5p3a2.for Uebung 5.3 Aufgabe 2: Haeufigkeit der Lottozahlen
      IMPLICIT NONE
      INTEGER zahl(49), ind, i, test
      DO i = 1, 49
        zahl(i) = 0
      END DO
      DO
        PRINT *, 'ENDE mit STRG-Z Lottozahl 1..49 > '
        READ (*, *, IOSTAT = test) ind
        IF (test .LT. 0) EXIT               ! Schleifenende
        IF (test .GT. 0 .OR. ind .LE.0 .OR. IND .GT. 49) THEN
          PRINT *, 'Eingabefehler!'         ! Fehlermeldung
          CYCLE                             ! neue Eingabe
        END IF
        zahl(ind) = zahl(ind) + 1           ! Lottozahl zaehlen
      END DO
      DO i = 1, 49                          ! Zaehler /= 0 ausgeben
        IF (zahl(i) .NE. 0) PRINT 100, i, zahl(i)
100     FORMAT (1x,'Die Zahl', I3, ' kam', I3,' mal')
      END DO
      END
```

```
! l5p3a3.for  Uebungen 5.3 Aufgabe 3: Wurzeltabelle auslesen
      IMPLICIT NONE
      INTEGER, PARAMETER :: n = 100
      REAL wurz(n)
      INTEGER i, wert
      DO i = 1, n                        ! Tabelle aufbauen
        wurz(i) = SQRT(FLOAT(i))         ! SQRT( REAL )
      END DO
      DO                                 ! Leseschleife Werte
        PRINT "(' 0=Ende: 1 bis', I4, ' -> ')", n
        READ *, wert                              ! Eingabe
        IF (wert .EQ. 0) EXIT                     ! Schleifenende
        IF (wert .LT. 0 .OR. wert .GT. n) CYCLE   ! Indexfehler
        PRINT "(15x, 'Wurzel =',F8.3)", wurz(wert) ! Ausgabe
      END DO
      END
```

```
! 15p3a4.for Uebungen 5.3 Aufgabe 4: Groesstes Zeilenelement
      IMPLICIT NONE
      INTEGER, PARAMETER :: nzeil = 5, nspal = 4
      REAL matrix(nzeil, nspal)
      INTEGER i, j, maxi
      DO i = 1, nzeil              ! Matrix lesen
        PRINT *, nspal, ' Werte -> '
        READ *, (matrix(i, j), j = 1, nspal)
      END DO
      DO i = 1, nzeil                ! Zeilenschleife
        maxi = 1                     ! Maximum suchen
        DO j = 2, nspal              ! vergleiche ab Spalte 2
          IF (matrix(i,j) .GT. matrix(i,maxi) ) maxi = j
        END DO                       ! Zeile ausgeben
        PRINT 10,(matrix(i,j),j=1,nspal),matrix(i,maxi),maxi
10      FORMAT(1x,4F8.2,'  Maximum =',F8.2,' in Spalte', I2)
      END DO
      END


! 15p3a5.for Uebungen 5.3 Aufgabe 5: Funktion Skalarprodukt
      IMPLICIT NONE
      INTEGER, PARAMETER :: anz = 5
      REAL, DIMENSION(anz) :: a, b
      INTEGER i
      REAL skalpro
      PRINT *,anz,' Werte Vektor A > '; READ *, (a(i), i=1,anz)
      PRINT *,anz,' Werte Vektor B > '; READ *, (b(i), i=1,anz)
      PRINT *, 'Skalarprodukt =', skalpro(a, b, anz)
      END
! Externe Funktion ermittelt Skalarprodukt
      REAL FUNCTION skalpro(x, y, n)
      IMPLICIT NONE
      INTEGER n, i
      REAL, DIMENSION(n) :: x, y
      REAL summ
      summ = 0.0
      DO i = 1, n
        summ = summ + x(i) * y(i)
      END DO
      skalpro = summ
      END


! 15p3a6.for Uebungen 5.3 Aufgabe 6: Matrizenaddition
      IMPLICIT NONE
      INTEGER, PARAMETER :: nzmax = 5, nsmax = 4
      REAL, DIMENSION(nzmax, nsmax) :: a, b, c
      INTEGER i, j, nz, ns
      PRINT *, ' Anzahl der Zeilen 1..5 -> '; READ *, nz
      PRINT *, 'Anzahl der Spalten 1..3 -> '; READ *, ns
      PRINT *, 'Matrix A zeilenweise eingeben:'
      DO i = 1, nz                 ! Matrix A lesen
        PRINT *, ns, ' Werte -> '
        READ *, (a(i, j), j = 1, ns)
      END DO
      PRINT *, 'Matrix B zeilenweise eingeben:'
```

```
      DO i = 1, nz                         ! Matrix B lesen
        PRINT *, ns, ' Werte -> '
        READ *, (b(i, j), j = 1, ns)
      END DO
      CALL madd(a, b, c, nzmax, nsmax, nz, ns)
      PRINT *, 'Summenmatrix:'
      DO i = 1, nz                         ! Kontrollausgabe
        PRINT *, (c(i,j), j = 1,ns)
      END DO
      END
! Externe Subroutine Matrizenaddition
      SUBROUTINE madd(x, y, z, gz, gs, zn, sn)
      IMPLICIT NONE
      INTEGER gz, gs, zn, sn, i, j
      REAL, DIMENSION(gz, gs) :: x, y, z
      DO i = 1, zn                         ! Zeilenschleife
        DO j = 1, sn                       ! Spaltenschleife
          z(i,j) = x(i,j) + y(i,j)         ! Elemente addieren
        END DO
      END DO
      END SUBROUTINE madd
```

8.7 Abschnitt 5.4 Feldoperationen

```
! 15p4a1.for Uebungen 5.4 Aufgabe 1: Skalarprodukt und Produkvektor
      IMPLICIT NONE                        ! mit Feldoperationen
      INTEGER, PARAMETER :: anz = 3
      REAL, DIMENSION(anz) :: a, b
      PRINT *, anz, ' Werte Vektor A > '; READ *, a
      PRINT *, anz, ' Werte Vektor B > '; READ *, b
      PRINT *, 'Skalarprodukt =', DOT_PRODUCT(a,b)
      PRINT *, 'Produktvektor =', a*b
      END


! 15p4a2.for Uebungen 5.4 Aufgabe 2: Haeufigkeit der Lottozahlen
      IMPLICIT NONE                        ! Loesung mit Feldoperationen
      INTEGER zahl(49), ind, i, test
      zahl = 0
      DO
        PRINT *, 'ENDE mit STRG-Z Lottozahl 1..49 > '
        READ (*, *, IOSTAT = test) ind
        IF (test .LT. 0) EXIT              ! Schleifenende
        IF (test .GT. 0 .OR. ind .LE.0 .OR. IND .GT. 49) THEN
          PRINT *, 'Eingabefehler!'        ! Fehlermeldung
          CYCLE                            ! neue Eingabe
        END IF
        zahl(ind) = zahl(ind) + 1          ! Lottozahl zaehlen
      END DO
      DO i = 1, 49                         ! Zaehler /= 0 ausgeben
        IF (zahl(i) .NE. 0) PRINT 100, i, zahl(i)
100     FORMAT (1x,'Die Zahl', I3, ' kam', I3,' mal')
      END DO
      END
```

```
! 15p4a3.for Uebungen 5.4 Aufgabe 3: Wurzeltabelle auslesen
      IMPLICIT NONE                    ! Loesung mit Feldoperationen
      INTEGER, PARAMETER :: n = 100
      REAL wurz(n)
      INTEGER i, wert
      wurz = SQRT(FLOAT( (/ (i,i=1,n) /) ))       ! SQRT( REAL )
      DO                                          ! Leseschleife
        PRINT "(' 0=Ende: 1 bis', I4, ' -> ')",n
        READ *, wert                              ! Eingabe
        IF (wert .EQ. 0) EXIT                     ! Schleifenende
        IF (wert .LT. 0 .OR. wert .GT. n) CYCLE   ! Indexfehler
        PRINT "(15x,'Wurzel =',F8.3)",wurz(wert)  ! Ausgabe
      END DO
      END


! 15p4a4.for Uebungen 5.4 Aufgabe 4: Groesstes Zeilenelement
      IMPLICIT NONE                    ! Loesung mit Feldoperationen
      INTEGER, PARAMETER :: nzeil = 2, nspal = 3
      REAL matrix(nzeil, nspal)
      INTEGER i
      DO i = 1, nzeil                  ! Matrix lesen
        PRINT *, nspal, ' Werte -> '
        READ *, matrix(i, 1:nspal)
      END DO
      DO i = 1, nzeil                  ! Zeilenschleife
        PRINT 10, matrix(i,1:nspal), MAXVAL(matrix(i,1:nspal)),      &
     & MAXLOC(matrix(i,1:nspal))
 10   FORMAT(1x,3F8.2,'  Maximum =',F8.2,' in Spalte', I2)
      END DO
      END


! 15p4a5.for Uebungen 5.4 Aufgabe 5: Funktion Skalarprodukt
      IMPLICIT NONE                    ! Loesung mit Feldoperationen
      INTEGER anz
      REAL, ALLOCATABLE, DIMENSION(:) :: a, b   ! dynamisch
      REAL skalpro
      PRINT *, ' n > 0 -> '; READ*, anz         ! Groesse lesen
      ALLOCATE( a(anz), b(anz) )                ! zuordnen
      PRINT *,anz,' Werte Vektor A > '; READ *, a
      PRINT *,anz,' Werte Vektor B > '; READ *, b
      PRINT *, 'Skalarprodukt =', skalpro(a, b, anz)
      DEALLOCATE(a, b)                          ! freigeben
      END
! Externe Funktion ermittelt Skalarprodukt
      REAL FUNCTION skalpro(x, y, n)
      IMPLICIT NONE
      INTEGER n
      REAL, DIMENSION(n) :: x, y
      skalpro = DOT_PRODUCT(x,y)
      END
```

```
! 15p4a6.for Uebungen 5.4 Aufgabe 6: Matrizenaddition
      IMPLICIT NONE                    ! Loesung mit Feldoperationen
      REAL, ALLOCATABLE, DIMENSION(:, :) :: a, b, c
      INTEGER i, nz, ns
      PRINT *, ' Anzahl der Zeilen -> '; READ *, nz
      PRINT *, 'Anzahl der Spalten -> '; READ *, ns
      ALLOCATE (a(nz, ns), b(nz, ns), c(nz, ns) )
      PRINT *, 'Matrix A zeilenweise eingeben:'
      DO i = 1, nz                     ! Matrix A lesen
        PRINT *, ns, ' Werte -> '; READ *, a(i, 1:ns)
      END DO
      PRINT *, 'Matrix B zeilenweise eingeben:'
      DO i = 1, nz                     ! Matrix B lesen
        PRINT *, ns, ' Werte -> '; READ *, b(i, 1:ns)
      END DO
      CALL madd(a, b, c, nz, ns)    ! besser c = a + b !!!!
      PRINT *, 'Summenmatrix:'
      DO i = 1, nz                     ! Kontrollausgabe
        PRINT *, c(i, 1:ns)
      END DO
      DEALLOCATE (a, b, c)
      END
! Externe Subroutine Matrizenaddition ist ueberfluessig!!
      SUBROUTINE madd(x, y, z, zn, sn)
      IMPLICIT NONE
      INTEGER zn, sn
      REAL, DIMENSION(zn, sn) :: x, y, z
      z = x + y                        ! wie c = a + b !!!!
      END SUBROUTINE madd
```

8.8 Abschnitt 5.6 Zeichen und Texte

```
! 15p6a1.for  Uebungen 5.6 Aufgabe 1: Trigonometrische Tabelle
      IMPLICIT NONE
      INTEGER, PARAMETER :: anfa = 0, ende = 90, schr = 15
      INTEGER i
      REAL bog
      PRINT 100
100   FORMAT(1X,'⌐',6('─'),3('┬',8('─')),'┐')
      PRINT 101
101   FORMAT(1X,'│ Grad │  Sinus │ Cosinus│ Tangens│')
      PRINT 102
102   FORMAT(1X,'├',6('─'),3('┼',8('─')),'┤')
      DO i = anfa, ende, schr
        bog = FLOAT(i) * ATAN(1.0) / 45.0
        PRINT 200, i,  SIN(bog), COS(bog), TAN(bog)
200     FORMAT(1X,'│ ',I4,' │',3(F8.4,'│'))
      END DO
      PRINT 300
300   FORMAT(1X,'└',6('─'),3('┴',8('─')),'┘')
      END
```

```
! 15p6a2.for Uebungen 5.6 Aufgabe 2: Schaltbild ausgeben
      IMPLICIT NONE
      INTEGER i
      CHARACTER (LEN=50),DIMENSION(3) :: x = (/         &
     &"   ┌──────┐        ████████       │ │         ", &
     &"0──┤      ├────────████████───────┤ ├─0",         &
     &"   └──────┘        ████████       │ │    " /)
      DO i = 1, 3
        PRINT *, x(i)
      END DO
      END


! 15p6a3.for  Uebungen 5.6 Aufgabe 3: Namen sortieren
      IMPLICIT NONE
      INTEGER, PARAMETER :: nmax = 100, zmax = 40
      CHARACTER (LEN=zmax), DIMENSION(nmax) :: text
      INTEGER  i, n
      n = 0
      DO
        PRINT *, 'Ende mit NONAME Name -> '; READ *, text(n+1)
        IF (text (n+1) == 'NONAME'.OR. n+1 > nmax) EXIT
        n = n + 1
      END DO
      PRINT *, n, ' Namen eingegeben'
      CALL ordne(text, n)
      DO i = 1, n
        PRINT *, text(i)
      END DO
      END
! Externe Subroutine ordnet Listenelemente aufsteigend
      SUBROUTINE ordne(x, n)
      IMPLICIT NONE
      INTEGER n, i, j, oben
      CHARACTER (LEN=*), DIMENSION (*) :: x ! uebernommen
      INTEGER, PARAMETER :: ns = 80          ! muss fest sein
      CHARACTER (LEN=ns) :: hilfe            ! Hilfstext
      INTENT (IN OUT) x
      DO i = 1, n-1                ! vom 1. bis zum vorletzten
        oben = i                   !
        DO j = i+1, n              ! von naechsten bis zum letzten
          IF (x(oben) .GT. x(j) ) oben = j   ! Index merken
        END DO
        IF ( oben /= i) THEN       ! nur kleinsten tauschen
          hilfe = x(i)
          x(i) = x(oben)
          x(oben) = hilfe
        END IF
      END DO
      END SUBROUTINE ordne
```

8.9 Abschnitt 6.5 Datenstrukturen

```
! l6p5a1.for Uebungen 6.5 Aufgabe 1: Reihenschwingkreis
      IMPLICIT NONE
      CHARACTER (LEN=50),DIMENSION(4) :: x = (/                      &
     &"                                             ",               &
     &"0——  ▭  ——  ▬  ——————||——0",                                 &
     &"                                             ",               &
     &"          R             L          C     "   /)
      INTEGER i, test
      CHARACTER (LEN = 10) :: bild = 'l6p5a1.dat'
      CHARACTER (LEN = 80) zeile
      OPEN(10, FILE=bild, STATUS='REPLACE', ACCESS='SEQUENTIAL')
      DO i = 1, 4
        WRITE(10, FMT = "(A)") x(i)
      END DO
      REWIND 10
      PRINT *,' Kontrollausgabe der Datei ', bild
      DO
        READ(10, IOSTAT=test, FMT="(A)") zeile
        IF (test .NE. 0) EXIT
        PRINT *, TRIM(zeile)
      END DO
      CLOSE(10)
      END

! l6p5a2.for Uebungen 6.5 Aufgabe 2: Serienschwingkreis
      IMPLICIT NONE
      REAL, PARAMETER :: pi = 3.14159265
      REAL  r, l, c, wink, oma
      INTEGER test, f, fa, fe, fs, n
      COMPLEX :: z , i, u = (10.0, 0)
      CHARACTER (LEN=80) :: zeile, bild = 'l6p5a1.dat'
      OPEN(10,FILE=bild,IOSTAT=test,STATUS='OLD',ACCESS='SEQUENTIAL')
      IF (test .NE. 0) PRINT *, 'OPEN_Fehler'
      DO
        READ(10, IOSTAT=test, FMT="(A)") zeile
        IF (test .NE. 0) EXIT
        PRINT *, TRIM(zeile)
      END DO
      PRINT *, '                          '
      PRINT *, '   R (Ohm) reell -> '; READ *, r
      PRINT *, ' L (Henry) reell -> '; READ *, l
      PRINT *, ' C (Farad) reell -> '; READ *, c
      PRINT *, 'fa  fe  fs  ganz -> '; READ *, fa, fe, fs
      PRINT *, 'U =', REAL(u), ' + j', AIMAG(u); PRINT *
      PRINT *, '        f(Hz)   Iabso(mA)      Winkel(°)'
      n = 0
      DO f = fa, fe, fs
        oma = 2*pi*f
        z = CMPLX(r, oma*l - 1.0/(oma*c))
        i = u / z
        wink = ATAN2(AIMAG(i), REAL(i))*180/pi
        PRINT*, f, CABS(i)*1e3, wink
        n = n + 1;  IF (MOD(n,24) == 0) READ *
      END DO
      END
```

```
! 16p5a3.for Uebungen 6.5 Aufgabe 3: Schaltbild eines Volladdierers
      IMPLICIT NONE
      CHARACTER (LEN=50), DIMENSION(16) :: b = (/          &
```

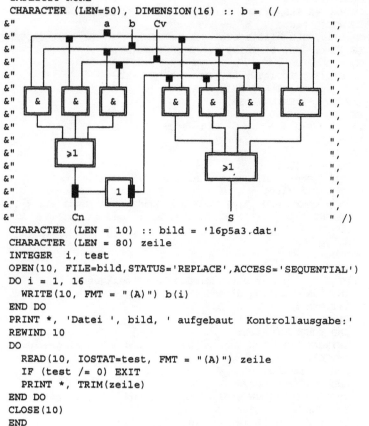

```
      CHARACTER (LEN = 10) :: bild = '16p5a3.dat'
      CHARACTER (LEN = 80) zeile
      INTEGER  i, test
      OPEN(10, FILE=bild,STATUS='REPLACE',ACCESS='SEQUENTIAL')
      DO i = 1, 16
         WRITE(10, FMT = "(A)") b(i)
      END DO
      PRINT *, 'Datei ', bild, ' aufgebaut  Kontrollausgabe:'
      REWIND 10
      DO
         READ(10, IOSTAT=test, FMT = "(A)") zeile
         IF (test /= 0) EXIT
         PRINT *, TRIM(zeile)
      END DO
      CLOSE(10)
      END
```

```
! 16p5a4.for Uebungen 6.5 Aufgabe 4: Wahrheitstabelle Volladdierer
      IMPLICIT NONE
      CHARACTER (LEN = 80) :: zeile, bild = '16p5a3.dat'
      INTEGER  test, a, b, cv, cn, s, h
      OPEN(10,FILE=bild,IOSTAT=test,STATUS='OLD',ACCESS='SEQUENTIAL')
      IF (test .NE. 0) PRINT *, 'OPEN_Fehler'
      DO
        READ(10, IOSTAT=test, FMT="(A)") zeile
        IF (test .NE. 0) EXIT
        PRINT *, TRIM(zeile)
      END DO
      PRINT *, '              A  B Cv   Cn  S'
      DO a = 0, 1
       DO b = 0, 1
        DO cv = 0, 1
          cn = Oder3(Und2(a, b), Und2(a, cv), Und2(b, cv))
          h = Nicht(cn)
          s = Oder4(Und2(h,a),Und2(h,b),Und2(h,cv),Und3(a,b,cv))
          PRINT "(14X, 3I3, 2X, 2I3)", a, b, cv, cn, s
        END DO
       END DO
      END DO
      READ *
      CONTAINS   ! interne Funktionen fuer Logikgatter
        INTEGER FUNCTION Nicht(a)      ! Negierer
        INTEGER a
        Nicht = IEOR(a, 1)
        END FUNCTION Nicht
        INTEGER FUNCTION Und2(a, b)    ! Und mit 2 Eingaengen
        INTEGER a, b
        Und2 = IAND(a, b)
        END FUNCTION Und2
        INTEGER FUNCTION Und3(a, b, c) ! Und mit 3 Eingaengen
        INTEGER a, b, c
        Und3 = IAND(IAND(a, b), c)
        END FUNCTION Und3
        INTEGER FUNCTION Oder3(a, b, c)    ! Oder mit 3 Eingaengen
        INTEGER a, b, c
        Oder3 = IOR(IOR(a, b), c)
        END FUNCTION Oder3
        INTEGER FUNCTION Oder4(a, b, c, d) ! Oder mit 4 Eingaengen
        INTEGER a, b, c, d
        Oder4 = IOR(IOR(a, b), IOR(c,d))
        END FUNCTION Oder4
      END
```

9. Anhang

9.1 Vereinfachte Struktogrammdarstellungen

Folge von Strukturblöcken

Strukturblock_1
Strukturblock_2

Folge von Anweisungen

Anweisung_11
. . . . . .
Anweisung_21
. . . . . .

Logische **IF** Anweisung

Bedingung	
wahr	falsch
eine Anweisung	
nächste Anweisung	

IF (logischer Ausdruck) *Anweisung*

Einseitig bedingte Block **IF** Struktur

Bedingung	
wahr	falsch
Anweisung_1	
. . . . .	
nächste Anweisung	

IF (logischer Ausdruck) **THEN**

   Ja_Anweisungsfolge

END IF

Zweiseitig bedingte Block **IF** Struktur

Bedingung	
wahr	falsch
Ja_Anweisung_1	Nein-Anweisung_1
. . . . . .	. . . .
nächste Anweisung	

IF (logischer Ausdruck) **THEN**

   Ja_Anweisungsfolge

ELSE

   Nein_Anweisungsfolge

END IF

Bedingte Block **IF** Auswahlstruktur

IF	ELSE IF	ELSE IF		[ELSE]
Bedingung_1 wahr	Bedingung_2 wahr	Bedingung_3 wahr	. . .	keine Bedingung wahr
Anweisung_1	Anweisung_1	Anweisung_1	. . . . . .	Anweisung_1 . . . . .
nächste Anweisung				

Die **CASE** Fallunterscheidung

	SELECT CASE (Auswahlausdruck)			
CASE (..)	CASE (..)	CASE (..)		CASE DEFAULT
Anweisung_1	Anweisung_1	Anweisung_1	. . .	Anweisung_1 . . . . .
nächste Anweisung				

Die **DO** Zählschleifenstruktur

für Anfangswert bis Endwert mit Schrittweite
Anweisung_1 . . . . . .
nächste Anweisung

Bedingte **DO** Schleifenstruktur

solange der Bedingungsausdruck wahr ist
Anweisung_1 . . . . .
nächste Anweisung

Bedingungslose **DO** Schleifenstruktur

. . . .
<<< Abbruch **EXIT** wahr
. . . .
Nächste Anweisung

. . . .
<<< neuer Durchl. *CYCLE*
<<< Schleifenabb. **EXIT**
Nächste Anweisung

9.2 ASCII Zeichentabelle (Schrift PC-8 Code Page 437)

	0	1	2	3	4	5	6	7	8	9
0_ :		☺	☻	♥	♦	♣	♠			
1_ :							►	◄	↕	‼
2_ :	¶	§	▬	↕	↑	↓			∟	↔
3_ :	▲			!	"	#	$	%	&	'
4_ :	(	)	*	+	,	-	.	/	0	1
5_ :	2	3	4	5	6	7.	8	9	:	;
6_ :	<	=	>	?	@	A	B	C	D	E
7_ :	F	G	H	I	J	K	L	M	N	O
8_ :	P	Q	R	S	T	U	V	W	X	Y
9_ :	Z	[	\	]	^	_	`	a	b	c
10_ :	d	e	f	g	h	i	j	k	l	m
11_ :	n	o	p	q	r	s	t	u	v	w
12_ :	x	y	z	{	|	}	~	⌂	Ç	ü
13_ :	é	â	ä	à	å	ç	ê	ë	è	ï
14_ :	î	ì	Ä	Å	É	æ	Æ	ô	ö	ò
15_ :	û	ù	ÿ	Ö	Ü	¢	£	¥	Pt	ƒ
16_ :	á	í	ó	ú	ñ	Ñ	ª	º	¿	⌐
17_ :	¬	½	¼	¡	«	»	⋮	▓	▦	│
18_ :	┤	╡	╢	╖	╕	╣	║	╗	╝	╜
19_ :	╛	┐	└	┴	┬	├	─	┼	╞	╟
20_ :	╚	╔	╩	╦	╠	=	╬	╧	╨	╤
21_ :	╥	╙	╘	╒	╓	╫	╪	┘	┌	█
22_ :	▄	▌	▐	▀	α	ß	Γ	π	Σ	σ
23_ :	µ	τ	Φ	θ	Ω	δ	∞	φ	ε	∩
24_ :	≡	±	≥	≤	⌠	⌡	÷	≈	°	∙
25_ :	·	√	ⁿ	²	■					

9.3 Ergänzende und weiterführende Literatur

[1] Lahey Fortran 90
Language Reference
INTERACTOR Starter Kit
User's Guide
Firmenschriften
Lahey Computer Systems Incline Village, NV 1995

[2] Wilhelm Gehrke
Fortran 90 Referenz-Handbuch
Carl Hanser Verlag München1991

[3] Walter S. Brainerd; Charles H. Goldberg; Jeanne C. Adams
Fortran 90
R. Oldenbourg Verlag München 1994

[4] Dietrich Rabenstein
Fortran 90
Carl Hanser Verlag München 1995

[5] James F. Kerrigan
Migrating to Fortran 90
O'Reilly & Associates Sebastopol, CA 1993

[6] T.M.R. Ellis; Ivor R. Philips; Thomas M. Lahey
Fortran 90 Programming
Addison-Wesley Publishing Company Wokingham 1994

10. Register

www.ingramcontent.com/pod-product-compliance
Lightning Source LLC
LaVergne TN
LVHW042123070326
832902LV00036B/556